U0051393

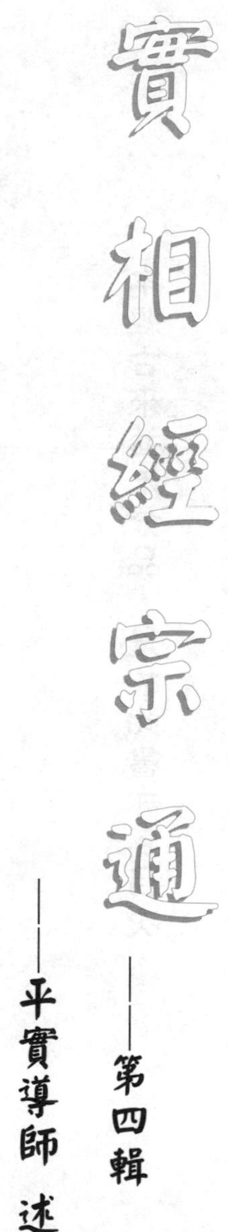

——第四輯

——平實導師 述

ISBN:978-986-6431-90-6

本經古來並未分品，是故此書亦無目次。

佛法是具體可證的，三乘菩提也都是可以親證的義學，並非不可證的思想、玄學或哲學。而三乘菩提的實證，都要依第八識如來藏的實存及常住不壞性，才能成立；否則二乘無學聖者所證的無餘涅槃即不免成爲斷滅空，而大乘菩薩所證的佛菩提道即成爲不可實證之戲論。如來藏心常住於一切有情五蘊之中，光明顯耀而不曾有絲毫遮隱；但因無明遮障的緣故，所以無法證得；只要親隨眞善知識建立正知正見，並且習得參禪功夫以及努力修集福德以後，親證如來藏而發起實相般若勝妙智慧，是指日可待的事。古來中國禪宗祖師的勝妙智慧，全都藉由參禪證得第八識如來藏而發起；佛世迴心大乘的阿羅漢們能成爲實義菩薩，也都是緣於實證如來藏才能發起實相般若勝妙智慧。如今這種勝妙智慧的實證法門，已經重現於台灣寶地，有大心的學佛人，當思自身是否願意空來人間一世而學無所成？或應奮起求證而成爲實義菩薩，頓超二乘無學及大乘凡夫之位？然後行所當爲，亦行於所不當爲，則不唐生一世也。

——平實導師

如聖教所言，成佛之道以親證阿賴耶識心體（如來藏）爲因，《華嚴經》亦說**證得阿賴耶識者獲得本覺智**，則可證實：證得阿賴耶識者方是大乘宗門之開悟者，方是大乘佛菩提之眞見道者。經中、論中又說：證得阿賴耶識而轉依**識上所顯真實性**、**如如性**，能安忍而不退失者即是**證真如**，即是大乘賢聖，在二乘法解脱道中至少爲初果聖人。由此聖教，當知親證阿賴耶識而確認不疑時即是開悟眞見道也；除此以外，別無大乘宗門之眞見道。若別以他法作爲大乘見道者，或堅執**離念靈知**亦是實相心者（堅持意識覺知心離念時亦可作爲明心見道者），則成爲實相般若之見道內涵有多種，則成爲實相有多種，則違**實相絕待**之聖教也！故知宗門之悟唯有一種：親證第八識如來藏而轉依如來藏所顯眞如性，除此別無悟處。此理正眞，放諸往世、後世亦皆準，無人能否定之，則堅持離念靈知意識心是眞心者，其言誠屬妄語也。

——平實導師

自序

大乘法之般若實證即是親證法界之實相，由於親證法界實相而了知萬法之本源，所見一切法不離**中道**而不墮二邊，如是現觀之智慧即名實相般若。一切已證實相法界而住於中道者，悉皆有此實相智慧，亦皆能親見實相法界之本來眞實與如如境界，即名**證眞如**者，是故一切證眞如者亦皆是親證實相而有實相般若之賢聖。如是賢聖亦皆同觀一切有情各各都有之眞實心性如金剛，永不可壞，名之爲親證**金剛般若**之賢聖。又親證實相者，必定得見涅槃之本際，洞見不迴心阿羅漢所入無餘涅槃中之本際，亦見定性聲聞聖者阿羅漢不知不見如是**涅槃本際**之事實。如是四理，一切有心修證大乘佛菩提道者皆應知悉；如是正理亦是亙古亙今永遠不變之理，故名如是覺悟者爲無上正等正覺。

關於眞實心之體性猶如金剛而永不可壞之正理，於拙著《金剛經宗通》中所說已多，於此即不贅述。**實相**者，謂宇宙萬有之本源，山河大地、無窮時空之所從來；亦謂一切有情身心之所從來，即是禪宗祖師所說父母未生前之自己本來面目，或謂本地風光、莫邪劍、眞如、佛性——成佛之性……等無量名所指涉之眞實體；以要言之，舉凡親見宇宙萬有之本源而能反復驗證眞實者，即名親證實相。

眞如者，謂此眞實心出生萬法而佐助萬法運作之時，能使所生之蘊處界內法及山河大地、宇宙星辰等外法運爲不絕，永無止盡，如是顯示自身之眞實性，而其自身之體性復如金剛永不可壞，合此二者故名爲眞；此眞實心於無始劫來如是生滅萬法之時，卻是如如不動，從來不於萬法起念而生厭惡或貪愛，乃至於未來無盡時空之中亦復如是絕無絲毫愛厭，永遠如如不動，故名爲如。合此**眞**與**如**等二法，故名**眞如**。

中道者，謂此實相心如來藏恆處中道，不墮二邊。世間人每執識陰六識覺知心自己爲常，不知前世覺知心是生滅法，唯能一世而住，捨壽入胎後即告永滅，不至今世；此世之識陰覺知心則是依此世五色根爲緣而生，非從前世往生而來此世，故有隔陰之迷，不憶前世。故說此世覺知心並非常住不變之本來面目，不論有念或離念之覺知心，捨壽入胎後永滅，不至後世，故此覺知心生滅有爲無常無我；而世間人不知，執此覺知心爲常，即墮常見外道所執之常，不離常邊。有一分外道經由觀行發現覺知心自己有如是過失，不能來往三世亙久永存，於是轉生一切有情死後斷滅之邪見，因此撥無因果，成就邪見，名爲斷見外道。然而親證此眞實心第八識如來藏者，現見一切有情之實際理地本是此心，不墮於覺知心與五陰境界中故離常見，亦因已見此心而知五陰永滅之後並非斷滅空故離斷見，亦見此實相心從來不住於六塵境界中，是故永遠不墮常斷二邊，亦復永遠不墮善惡、美醜、生滅、來去、一異、俱不俱、生死……等二邊。一切賢聖如是親證之後，轉依於如是實相法界境界，永遠不墮二邊而亦不離二邊，常住於三界之中自度度他，是名親證中道之賢聖。

涅槃者，無生無死、不生不滅之謂。阿羅漢以斷除我見、斷盡我所執及我執，捨壽之後永遠不受後有，永無後世五陰故不再流轉於三界生死之中，名爲入無餘涅槃。然而親證實相之賢聖菩薩，親見阿羅漢捨壽後不再受生，滅盡後有永無未來世之蘊處界時，如是無餘涅槃實即第八識如來藏獨存之境界。於其第八識獨存之際，無五蘊、十八界，迥無六塵及能知者，絕對寂靜亦絕對無我，故名無我，亦名涅槃寂靜，即是證得無生。而此絕對寂靜之涅槃中仍係如來藏獨存之境界，外於第八識如來藏即無涅槃之實證與存在；親證實相之菩薩於發願世世受生人間而世世陪同有緣眾生流轉生死之中，親見阿羅漢捨壽後所入之無餘涅槃境界，於阿羅漢未捨壽前即已存在，親見其捨壽後第八識獨存之無生無死、不生不滅而絕對寂靜之境界，無待捨壽滅盡蘊處界之後方見，故名實證無餘涅槃本際，名爲本來自性清淨涅槃。能如是現觀者，能知萬法背後之實相境界，方名親證實相之賢聖，必有實相般若。

而此眞如心、涅槃心、中道心、金剛心，實即第八識如來藏也，是萬法生滅之實相，故名實相心。此實相心於因地名爲阿賴耶識，通名如來藏、異熟識，即是求證實相智慧、求證中道智慧之佛弟子所應殷勤求證者。凡證此心而能轉依成功者，皆入菩薩五十二果位中之第七住位，已入三賢位之菩薩數中，其實相般若已非阿羅漢之所能知。若外於此眞實心如來藏而求佛法，皆無眞如可證，亦皆不見中道、涅槃，即無實相般若可言，名爲無知無證般若之凡夫。舉凡否定此第八識眞如心如來藏者，即無眞正佛法可知可證；故說否定第八識心而竟勤心求證佛法者，即屬心外求法者，是名佛門外道。當代、後代一切禪宗大師與學人，於此皆應留心；以此緣故，平實特請《實相般若波羅蜜經》爲大眾宣演；於宣演實相義理之時，益之以宗通之法，欲令眞求佛菩提道之眞實修行佛子得有入處，眞實生起實相般若，是故宣講《實相經宗通》。而今宣演圓滿整理成文，總有八輯，欲益今世、後世眞學佛法之有緣人；若世世代代皆有佛子因此實證者，非唯大乘佛法得以久住，亦令二乘正法得因諸菩薩之親證實相，亦得復興同能住世，即能廣利人天。茲以此書整理成文欲予出版流通天下，即述上理提醒學人，即以爲序。

佛子　**平實**　謹序

公元二〇一三年驚蟄　誌於竹桂山居

第四輯：

實相般若波羅蜜經

《實相般若波羅蜜經》裡面有這麼一段話說：「若有人得聞此一切法平等觀自在智印實相般若波羅蜜法門，受持、讀誦、正念、修習，是人雖在五欲塵中，不為貪欲諸過所染。……乃至疾得阿耨多羅三藐三菩提。」速能成佛。但是這個「一切法平等觀自在智印實相般若波羅蜜法門」，應當如何修習、如何受持？諸位來正覺學法，不就是為了探討這一點嗎？如果正覺的法跟會外那些道場一樣，諸位就不用來正覺了，留在原來的道場就行了。但是這個法門應該怎麼修習？佛陀講了一大段以後，如果是上上根人，智慧很夠，在世尊說這一大段言語時早就悟了。假使還不行，那就看 佛陀怎麼樣指示你一個入處，佛陀復說咒曰：「咭利！」這就是入處。所以你看，為什麼古時候，那些阿羅漢們個個都要跟在 佛身邊，個個都不肯走開？因爲如果聽經後就走開了，得法機會就少了，只有聽經而已。佛陀說，若是想要悟得這個智印實相般若波羅蜜法門，要怎麼悟呢？「咭利！」因爲可以公開的機鋒就只有這樣而已。可是如果跟在 佛陀身邊，不管什麼時候都跟著，佛陀有時候也會扮一些神頭鬼臉來幫助大家實證般若。

譬如在路上走著、走著，世尊似乎沒來由地突然指著一處沙地說：「這個地方應該建一所清淨的梵剎。」好啦！釋提桓因就去路邊摘了一根草來，往那沙地裡插了就回稟說：「稟告世尊，清淨梵剎已經蓋好了。」這是不是比較親切、比較老婆一點？對啊！怪不得那些迴小向大的阿羅漢們個個都不肯離開 佛陀身邊，個個都跟得緊緊地，因爲跟緊了有好處。聽經的時候聽到這句「咭利！」大多是悟不進去的，那麼 世尊來這一招教外別傳，總悟得進去了吧！不然還有別招，佛陀很會搞怪，有時候看見路旁有一堆枯骨，祂老人家馬上就拜。總之，祂的神頭鬼臉很多，禪宗祖師就專會學習 世尊這一招。那阿羅漢們就因爲這樣子，一個又一個開悟般若了；悟了般若以後，才能夠參與《般若經》第二轉法輪的聞法與應答的事，然後才能聽得懂第三轉法輪的唯識種智諸經裡的妙法。言歸正傳，請問：佛陀說了「咭利！」到底意在何處？當然有深意啊！這絕對不是籠罩人，隨意亂講呵！如果透不過這句咒，我們再來看看禪宗裡面的禪師是如何指教的，《大慧普覺禪師語錄》卷六：

【上堂舉：法眼問修山主：「毫釐有差，天地懸隔。爾作麼生會？」修云：「毫釐有差，天地懸隔。」眼云：「恁麼會，又爭得？」修云：「某甲只恁麼，未審和尚作麼生？」眼云：「毫釐有差，天地懸隔。」修禮拜。師云：「法眼與修山主，絲來線去、綿綿密密。扶豎地藏門風，可謂滿目光生。若是德山臨濟門下，更買草鞋行腳始得。爲甚如此？『毫釐有差，天地懸隔』。甚處得這箇消息來？」】

大慧普覺就是大慧宗杲禪師，他有一天上堂，把清涼大法眼禪師跟紹修山主之間的這個公案，拿出來先介紹給大家，說有一天法眼文益禪師問紹修山主：「毫釐有差，天地懸隔。你是怎麼體會的呢？」紹修山主答覆說：「毫釐有差，天地懸隔。」法眼禪師就告訴他說：「你這樣子體會，怎麼可能體會得出來呢？」紹修山主就說：「我紹修就只是這麼體會，不知道和尚您到底是怎麼說？」法眼禪師就說：「毫釐有差，天地懸隔。」紹修山主聽了馬上就禮拜。然後，大慧禪師就說：「這法眼禪師跟紹修山主他們兩個，眞的叫作絲來線去，」你那邊很細的絲牽過來，我這邊給你很粗的線拉過去。一條線是幾根絲？有十五根絲的、有二十根絲的、有三十根絲的，並不一定。如果這個絲，你聽不懂，那我就跟你比喻電線好了，當你去買電線的軟線時，老闆一定要問你：「你是要二十心的，還是三十心的、五十心的？」意思是什麼呢？說那個軟性的電線裡面是由一根又一根如同絲一般細的銅線組成的，不是一整根粗粗的銅線製成的，所以軟軟的，可以隨意彎曲來使用；如果裡面是包著三十根細絲一樣的銅線，就說那是三十心的規格。因爲那是軟線而可以彎曲，如果是粗的一根銅線製成的電線，一旦彎曲了再拉直，效果就不太好了，恐怕導電能力就會受損了。

這就是說，你法眼禪師牽過來一根細絲，我紹修山主回你一根細絲，但最後法眼卻回給紹修一根粗線，就這樣子當眾穿過來又穿過去。紹修的境界粗淺，所以你紹修傳過來的只是一根絲，我法眼就穿過一根線去給你，很明顯而容易瞧清楚，這叫作「絲來線去」。也就是說，其中有分明以及不分明的。在機鋒上面總是有分明的，也有不分明的，這就是禪師拿捏關節要出來的機鋒。眞悟的禪師都會知道這個關節，所以都懂得什麼時候應該絲來，什麼時候應該線去。若是覺得對方的悟緣還未成熟，一時還不想讓他悟入，就穿過一根絲給他；若是覺得對方的悟緣成熟了，想要幫他悟入，就遞過粗粗的一條線給他，就容易悟入了，禪師就是這樣子度人。所以，大慧禪師說：

「大法眼與紹修山主兩個人，絲來線去，眞的叫作綿綿密密，可沒有中斷過。」

這兩個人之間的機鋒都沒有中斷過，一根絲過來了，然後就有一條線回應過去，二人之間的機鋒並沒有中斷，所以叫作「綿綿密密」。「這兩個人藉這樣一個公案，把地藏院桂琛禪師的門風給扶豎起來，眞的叫作滿目光生、蓬蓽生輝。」地藏院之所以在禪宗史上留下好名聲，就因爲他們兩個人，但最主要的還是清涼大法眼——文益禪師。大慧宗杲又說：「如果是德山與臨濟的門下，想要弄清楚他倆這件公案，說句老實話，他們得要再去買草鞋穿了，四處去行腳一番，才有辦法弄清楚這個公案。」因爲德山與臨濟門下的悟處都很粗淺。

請問，法眼問修山主：「毫氂有差，天地懸隔，你怎麼體會？」修山主回答說：「毫釐有差，天地懸隔。」法眼爲什麼不肯他？還質問說：「像你這樣體會，怎麼可能體會出這個公案關節來？」等到紹修重新再問的時候，法眼答覆他，仍然是：「毫釐有差，天地懸隔。」一字不易，爲什麼紹修山主聽了，馬上就懂得而要禮拜他？到底蹊蹺在哪裡？這裡面眞的有機關。把這個機關弄通了，莫說諸方道場考不倒你，我蕭老師要考倒你，怕也要絞些腦汁。如果是德山、臨濟門下號稱開悟的弟子，他們想弄通這件公案裡的機關，大慧宗杲說他們：「更買草鞋行腳始得。」說他們二人門下的已悟弟子，還得再買草鞋去行腳參問以後才能弄懂這裡面的關節。這個蹊蹺是在什麼地方，一定要弄清楚，於是，大慧禪師就提出關節來問大家：「『毫釐有差，天地懸隔』，是該從什麼地方得到這個消息來？」這就要下功夫去參了。莫說大慧宗杲不會直接爲你明講，我平實也不可能干犯佛禁而爲大家明講，大家就自己參著吧。

《實相般若波羅蜜經》第九段經文，上週把宗門的說法講了第一個部分。那麼，這一週還要把宗門的第二種說法，再拿來跟大家談一談，《景德傳燈錄》卷十九：

【泉州福清院 玄訥禪師 高麗人也，初住福清道場，傳象骨之燈，學者歸慕。泉守王公問：「如何是宗乘中事？」師叱之。僧問：「如何是觸目菩提？」師曰：「闍黎失卻半年糧。」曰：「為什麼失卻半年糧？」師曰：「只為圖他一斗米。」問：「如何是清淨法身？」師曰：「蝦蟆、曲蟮。」問：「教云：『唯一堅密身，一切塵中現。』如何是堅密身？」師曰：「驢馬、貓兒。」曰：「乞師指示。」師曰：「驢馬也不會。」】

有很多人學佛以來，他們心中都有一個困惑，就是那《金剛經》等般若系列的經典，讀來好像都懂，好像都證得般若了，可是遇到禪宗的公案卻又都不懂，因此在心裡面就覺得迷惑。公案既然是禪宗的，而禪宗正是佛教；那麼既然般若部的經典讀懂了，公案裡面的意旨應該也一樣懂得才對啊！可是為什麼老是讀不懂？總是覺得這些公案沒頭沒腦的，讓人無從把捉，難道佛法終極實相的境界是真的有兩種嗎？這是很多人學佛久了以後，心中往往會有這種感受出現：「佛法是成佛的方法，諸佛的境界都是一樣而沒有差別的，那麼成佛的方法所講的內涵應該是同一種才對；如今禪宗講見性成佛、開悟成佛，經中講的也是開悟般若而成佛，那些般若部的經中說的道理，我明明讀懂啊！爲什麼禪宗開悟的公案我還是讀不懂啊？除非佛法有兩種。然而佛法顯然不可能有兩種，除非諸佛有兩大類的差別。既然前佛、後佛、今佛都一樣，那就不應該有兩種佛，自然不該會有兩種不同的佛法。」

這是很多人心中常常懷著的一個疑惑，然而無量劫以來的佛法就只有一種，未來無量劫後的佛法也將永遠只有一種，不可能有兩種；因爲實相法界只有一種，成佛則是依實相法界的究竟實證而成佛；而且諸佛都稱爲無上士，諸佛如果有兩種，那就應該其中一種是有上士，就應該還沒有成佛。因此說這其中的問題，一定要把它探討出來才對。如果不探討出來，那麼繼續懷著這種疑惑，而認爲自己學佛是有所證的、是有成績的，卻與禪宗的開悟公案有隔閡，那麼顯然是誤會般若諸經中的眞實義，然後自以爲懂，就會一世所修唐捐其功。因爲佛法本來就是一種實相，沒有兩種實相；而禪宗的祖師們悟後既然可以眞實了知般若諸經中的種種密意，顯然禪宗的公案也必然就是佛法的實證；可是自認爲讀懂《般若經》了，爲什麼禪宗祖師的開悟公案還會讀不懂呢？這就證明了一件事情：公案讀不懂的人，認爲自己對於般若部的經典是讀懂的，那其實是一個錯誤的判斷，只是自以爲讀懂，不是眞的讀懂。

公案若是讀不懂，對般若部的經典一定是誤會，然後自以爲懂了。特別是在末法時代，有許多人自認爲是懂佛法的，所以就寫了論出來。近代寫書而敢號稱爲論的，代表人物就是香港的月溪法師，他在生前不是寫了一本厚厚的《大乘絕對論》嗎？可是，什麼才是大乘的絕對法、非相待法？就是眞如佛性，就是如來藏所顯的本來性淨涅槃，但他從來不懂，也敢出來寫論。第二個代表人物，就是比月溪稍微後代一點，也是二十世紀的響叮噹人物，叫作印順法師。他也認爲是懂佛法的，但是寫出了《妙雲集》等書籍四十一冊，卻是荒腔走板，同於斷見外道的緣起論，又同於常見外道的思想。那表示說，他們自認爲讀懂了佛經，其實只是誤會一場。這種事情無獨有偶，代有其人，眞的每一代都有。

那麼，我們往前推遠一點，推到古天竺的部派佛教去看。部派佛教那些經部師聲聞人，他們認爲自己是最懂經典的，總是引諸經中的說法來破斥別人。部派佛教是由聲聞教分裂出來的，而大乘佛教仍然外於部派佛教繼續在弘傳著，可是近代卻有人硬要把大乘佛教歸納爲部派佛教中的一派，這眞的很奇怪！因爲部派佛教是從聲聞教中分部出來的，分部了以後各部都是各執一說，所以是此非彼、是彼非此，互相非議；他們從聲聞法中分裂而成爲好多部派以後，竟然也開始把大乘經典取來解釋與弘揚，以聲聞人的身分與六識論的心態而開始註解大乘經典、弘揚佛法，然而大乘佛教的賢聖菩薩們仍繼續在弘傳著大乘佛法，不受聲聞部派佛教發展的影響。

那麼，部派佛教裡面其實也有一些有名的論著，譬如安慧法師的《大乘廣五蘊論》，就是最具體的一個例子；但他寫的論根本不必重視，因爲他只是一個六識論的聲聞法師而弘揚大乘法，所說的第八識依舊是意識境界。安慧寫的《大乘廣五蘊論》正是這樣的落處，把能生意識的第八阿賴耶識納入第六意識或識陰之中；我寫了《識蘊眞義》，就是破斥他的論中最明顯的大錯誤，其中的小錯誤還有很多，我沒時間寫出來辨正，就不管他了。但這一些都是聲聞部派裡的法師，不外於應成派與自續派的六識論假中觀，都是依聲聞法中的凡夫知見—依六識論邪見—繼承下來，來解釋大乘八識論的中觀，所說當然與大乘法無關，卻被現代佛學學術研究者印順等人錯誤地歸入大乘佛法中，來說大乘佛法的弘傳從古到今有所演變。其實他們連眞正的聲聞解脫道都還沒有親證，竟自以爲懂得全部三乘佛法，然後寫出大乘法義的論著，後代的凡夫法師們卻誤以爲他們都是實證的大菩薩，就去解釋他們的邪論；後代解釋他們的邪論最有名的人就是阿底峽，即是密宗黃教的應成派假中觀，其實都是用聲聞部派佛教凡夫僧的六識論來寫的。

但是很不幸的，這些邪論都被收入《大正藏》裡面去；（《龍藏》裡有沒有？我沒查過，不曉得），就由編輯《大正藏》的人把他們的邪論承認爲正法之論了。這樣來編輯大藏經，是把「相似像法」當作佛法而編入大藏經中，其實是在破壞大乘法，甚至於同時破壞了二乘法。印順法師就是繼承聲聞部派佛教這樣的邪謬思想來的，他的法本質完全是二乘法，以二乘法的解脫道取代大乘法的成佛之道；並且是把二乘法的根、幹都砍掉了以後，只剩下二乘法中的莖、枝、葉，以這種錯誤而永遠無法實證的假解脫道取代大乘佛法。像這樣的假二乘法就無法開花，更無法結出二乘法裡的修證果實，當然更別提是大乘法裡實修所結的果。所以，聲聞六識論者號稱他們證得什麼果，那些果就像氣球一樣，只有一層皮，裡面空空如也，不堪輕輕一戳；你只要拿根很小很小的針頭，這麼輕輕一戳，「砰！」果就沒了。所以我說他們開不了花，是什麼意思呢？是說他們寫出來的論，根本不值一提；當然他們所謂的證果，就只是表相而已，全都屬於因中說果。因此他們自稱爲懂得經典，特別是經部師號稱完全是依據經典而說的，但問題是：所依據的經典都沒有錯，而他們誤會了經典中的眞實義。

因此，凡是自認爲懂得經典、實證了經典中的法義，但是對宗門裡證悟的公案竟然不通，就表示他們對經典的理解也是錯誤的；因爲禪宗的證悟祖師們—不管古代或現代都如此—他們悟後都能精通經典，所以講出來的經中法義，都是名聞四海的講經大座主們所無法演說，亦無法推翻的。這表示說，公案中有密意，而那個密意正是經典中所說的密意，因爲教下說的正是在宗門悟出來的內涵。但是，經典中講了很多法義，都是烘雲托月；好像是畫畫的人在紙上畫明月時，把旁邊一點又一點塗黑了，留下中間圓形的空白而顯示有一個明月在；可是，藉那些塗黑的點所顯示出來的明月，是依周圍塗黑的墨色來顯示的，所以明月外面塗黑的那些墨色—般若諸經中的文字—都不是明月，讀經時一定要先瞭解這個前提。換句話說，經典中的文字都是明月旁邊的黑影，用那個文字黑影來顯示明月，所以經典裡面不會直接告訴你明月的所在，而是用黑壓壓的一大堆黑豆一般的文字，來烘托出那個明月如來藏；但很多人不知這個道理，就把敘述明月的一大片黑壓壓的黑豆文字當作是明月，就說他已經親見明月了。

但禪宗不是這樣子，禪宗祖師從來不教你去看那一些黑豆文字或圖案，而是教你直接認取明月。認取了明月，就知道原來經典中的文字都是明月旁邊的黑豆。那麼這時候也許有人心裡面開始罵了：「你這蕭平實好狂啊！竟然敢說那些經典都是烏雲、都是黑豆。」對啊！它們本來就是烏雲、黑豆，你把經典翻開來，難道它有什麼地方放出光明而顯示明月給你看到嗎？可是我告訴你，你如果有了慧眼，你把經典翻開來一看，雖然全部都是黑豆、烏雲，但明月就在一大堆的黑豆、烏雲中那麼明顯標示出來了。明月隱藏在那些黑豆烏雲裡面，端視你有無慧眼瞧見。有了慧眼的人，就是已經從烏雲、黑豆上面看見明月了。所以，如果懂了經典卻不通公案，那表示他悟錯了，顯然他對經典的理解是不正確的，是誤會了經典中的意思而自以爲通達了。這樣的人一定是不甘寂寞的，他一定會寫了一堆又一堆的垃圾，自稱爲宣揚佛法的論著，其實都是與佛法不相應的經論。那根本不值得讀，不讀還好，讀了越慘，因爲一定會被誤導。所以眞正的悟道，不但是通經典的，還得要通禪宗的公案；如果禪宗的公案通不了，對經典中的眞實義就會產生誤會，這是無可避免的事實。

那麼我們就來看這個「實相般若波羅蜜」，也就是實相的智慧到彼岸；如果世尊在《實相經》中說的法義大家還聽不懂、無法理解，那我們就換個途徑來看看禪宗怎麼證吧！知道禪宗祖師是怎麼實證般若的，再來讀《般若經》也就通了，那時再讀《實相經》也許就會懂了。

禪宗祖師最是老婆心切，招招要你悟入。那麼，有時候我們卻說：「禪宗祖師個個都心腸歹毒，招招直取你的要害。」也許你這麼說：「那我不是倒楣了？遇到禪宗祖師，那我豈不死定了？」就因爲恐怕死定了，才會悟不了；因爲一定要先大死一番，把自己五陰全部都否定了；沒有一法不否定，這才能叫作死透了，法身慧命才有活轉過來的希望。假使有個人死了以後，手腳肉都爛了、枯了，整個頭骨也都枯了，可是眼眶裡卻還有一對眼睛咕嚕嚕地轉，你說他死透了沒？眞的沒有！不幸的是，古今都有這樣的大法師、大居士自稱貧道，其實他們都不貧，因爲他們心中的世間法依舊一大堆，哪有貧過？可是要論到法財，一絲絲都沒有！眞悟祖師也自稱貧道，卻是身貧、心不貧，因爲心中的法財無量無邊。這就是說，你要是能夠契入宗門的話，自然同時通了教門，經中的眞實義就開始能夠讀懂了，那麼法財就無量無邊了，你就開始受用了！我們就來看看禪師們是怎麼說的。

泉州福清院，有一位玄訥禪師，是韓國人。韓國高麗有二訥，一個叫知訥，另一位是這位玄訥。那位釋知訥法師，我就說他不知訥，他根本不懂第八識的木訥，他也不知道什麼才是眞正穿衲衣；眞的，他只是個凡夫，結果竟然敢寫出〈眞心直說〉的文章；我就說他那個論應該叫作「假心眞說」，因爲他所講的都是意識生滅心，彎來彎去、拐來拐去，講的全都是意識的境界。指示眞心需要那麼多虛妄不實的話嗎？你們看，禪師家有那麼多話嗎？言歸正傳，這位玄訥禪師是高麗人，在他回去高麗之前，是住於福清道場中，傳揚「象骨之燈」，就是傳揚佛法中的不傳之密；當時有很多人追隨他學法，這是他還在中土的時候。

有一天，大護法來了，泉州的守將王公來問：「如何是宗乘中事？」誠心誠意來問宗門裡面的法要，也就是要問宗門所悟的內涵是什麼，沒想到這個玄訥禪師竟然就開口責備他。你看，這才是禪師啦！禪師不會因爲這是大護法，就開口呼喚說：「侍者！泡好茶。請上座。」遇到中等的人物，就喚：「侍者！泡茶。請坐。」如果是不很重要的小護法，就說：「侍者！茶。坐。」對不對？是啊！是這樣啊！這好像是鄭板橋出來講的，他就是嘲笑有些出家人勢利眼，這個來人錢多，每次來了就是一大包的供養。那升斗小民來了，沒什麼分量，只是小小的供養；可是聊勝於無，就吩咐說：「茶！坐！」所以鄭板橋講了這麼一個故事，就寫了一副對聯：「坐，請坐，請上座；茶，泡茶，泡好茶。」這樣的出家人跟老趙州可眞不一樣欸！老趙州說：「第一等人來，禪床上接；中等人來，下禪床接；末等人來，三門外接。」想來，那一些「請上座，泡好茶」的大禪師們是不入流的，入流的禪師如果接引上等人，他是不下座的：踞座而坐說：「你來了，請坐！」他自己也不下座接應。可是越下等的人，他就得要到三門外接，不但是內門、中門，還要到三門外去迎接。所以，如果要去見眞悟的禪師，不要期待人家出來迎接，那是把他自己看輕了。如果禪師不跟你客套，你依約來了，雖然你貴爲皇帝，眞悟的禪師也不來接你；他就坐在禪床上等你過來，他連下座來接都不肯；那你要知道喔！他是把你看作上等人，表示你不久以後會開悟的。請問，您想當上等人、還是下等人？（大眾答：上等人。）是上等人嘛！好，既然想當上等人，有時候你們如果到了十樓找我，不要期待我出門迎接你。（大眾笑…）應該是這樣嘛！

那你看，這玄訥禪師就是如此，泉州守將王公來問：「如何是宗乘中事？」沒想到卻被他罵了。被罵好不好？（大眾答：好。）好啊？骨頭這麼賤？但禪門裡本來就是如此，很多事情都跟世間法顚倒。有很多世間人所否定的世間法，來到我們正覺時竟然被肯定。譬如閩南語，有時候嫌人家多嘴：「人呷麵，你喊燒。（台語）」我們自己正好如此：「人呷麵，你喊燒。」就是他吃麵、你喊燙，卻正是悟得般若的人親眼所見的實相，就是這樣啊！還有個說相聲的名師，叫作吳兆南；他說要學相聲的人，入門第一件事要學會繞口令：「吃葡萄不吐葡萄皮，不吃葡萄倒吐葡萄皮。」禪宗證悟了，所見就是這樣的境界啊！吃葡萄的人眞的不吐葡萄皮，可是不吃葡萄的人眞的吐了葡萄皮，眞的是這樣啊！你別以爲我在說笑，這才是佛法啦！一個人如果眞的證悟明心了，他都不敢否定，不敢說我在胡扯。我講的這個，可是很嚴肅的課題，不是俏皮話。假使哪一天你懂得罵人說：「別人工作你喊累，眞沒道理！」你懂得這樣罵人，那我就得恭喜你了！這樣才是佛法啦！如果那些大居士或者說大法師，他們也這麼說，那我可就要打他們，因爲他們只是像鸚鵡學人家講話一般，可是那些話是什麼意思，他們並不懂啊！

所以，眞正的禪師不講情面；是就是，不是就不是；他可不管你什麼情面不情面底。這王公來問，是來求法欸！沒想到玄訥禪師開口就罵。這種事多不多？多啊！臨濟義玄禪師，不論誰來問：「如何是佛法西來意？」他就大喝：「出去！」不論誰來問，都同樣大喝：「出去！」如果是德山呢？那更不要命了。只有不要命的人，才敢上門來問：「如何是佛法大意？」德山總是一棒就打出去！這一棒打著了，後來縱使醫好了，每到秋天轉涼，開始陰雨綿綿的時候，你就會思念：「德山禪師對我眞老婆，我到現在還在痠痛呢。」都還在懷念他，因爲那一棒眞是不得了！就在那一棒之下悟入了。可是，有幾個人堪受此棒？所以，最早期那三次禪三裡面，我偶爾還會拿竹如意打人，後來都不打了，因爲打了也都沒有用。你硬是把他打出來了，他最後還是退轉了，度得這種人，沒有用啦！不如讓大家努力去拚吧！自己拚出來的可都是自己的。

這玄訥禪師罵那王公，這裡面到底有沒有道理？有啊！當然是有道理啊！不然一個尊貴的王公、將帥，也是節制二省、三省的重要人物，他對一般人是可以生殺予奪的。能夠節制兩個省、三個省，那個官比現代的台灣總統還大。對啊！台灣就這麼一丁點，放到福建省比率是多少？不說放福建省，放在甘肅省來比較好了，好像才只是幾分之一吧？可是，這麼一個有威權的人來問法，玄訥禪師照罵不誤。弘法時可別只看一時，這位王公假使當時被罵了，心想：「**我身爲節制三省的大王，你竟然敢罵我，我就封了你的寺院。**」於是果然封了；等到有一天，他把這個事情說給某乙禪師，某乙禪師一定會說：「**枉費玄訥禪師這麼慈悲爲你。**」這一下終於悟了：「**唉呀！原來當時禪師罵我是慈悲。**」於是趕快回去作補償。悟前也許想說：「**我去求他幫我開悟，應該供養個一百兩紋銀。**」或者供養一千兩白銀，古時候的銀很值錢。這一回，他可能要再加十倍去補償，才能抵得過誤會而造下的過失。所以，這裡面到底有什麼蹊蹺？這個玄訥禪師爲什麼要罵他？人家又沒有過失，誠心誠意來求法，爲什麼被罵？假使這王公轉生到今天，來到正覺時還記得這件事，什麼時候來問了，我就罵他：「你還沒有來到福清院，在家裡的時候就該放你一棒了。這玄訥禪師罵你，還客氣呢！」如果他會了，明天捐個十億元來，我也收。咱們不怕錢沒地方花，因爲我們教育社會大眾的事情，可以作得更多；錢少我們就省事，我們一向都是這樣。所以，如果誰送了二億、五億元來，那我告訴你，我們都會累死了，因爲這些錢要趕快用出去，留在手裡作什麼？會咬人呢！眞的會咬人欸！假使這一世不咬你，下一世也會咬你，小心別被咬著了！所以錢越多，我們會越辛苦。錢如果不是很多，剛剛好，那我們一面修道一面撥出時間來教育社會大眾、拯救眾生，那也不錯啊！所以各有利弊。問題是，錢多與寡，禪師不在意，禪師在意的是能不能得人。得人不簡單欸！拿起剃刀來，今天剃了一個，明天剃了十個，滿山遍野都讓你剃了，也沒有用，實際上是連一人都未得，因爲全都是三腳貓。你如果眞的剃度一匹千里馬，那就不得了，剃度一大堆的三腳貓幹什麼？禪師都是這樣得人，他不想要三腳貓。

那到底公案裡面有什麼機關？爲什麼玄訥禪師要罵他？這罵是慈悲，有人想要我罵，我還不肯罵呢。慈明楚圓禪師最會罵人，有個人老是教不會，後來被他點了一句話：「你怎麼體會我這個罵？」喔！當下悟了。喔！不得了，太震撼了。但問題是，你們大家小時候都被爸爸、媽媽罵過啊！爲什麼被罵二十年了還不會佛法？好奇怪喔！然後，也許今天晚上聽了這一場法以後，回去問老人家。老人家可能六十幾歲了，也沒學佛修禪，他才剛回到家裡就問：「老父啊！老母啊！您們從小把我罵到現在，我如今四十歲了，還在挨您罵，請問堂上二老：您這罵是什麼道理？」也許老人家沒會過意來，誤認爲他是在質問，一時氣起來就罵：「你如今四十歲時事業有成，竟然瞧不起我們老人家了啊！」手杖拿起來就打了他；這時候可別再問什麼，可得要趕快問自己說：「我挨打是有沒有道理？」這才是宗門下事。唉！七顛八倒，無非是佛法，只是少人會，原來個個都是腦後欠一槌。好，我就講到這裡，再來看看別人怎麼問玄訥禪師。

有人來問：「如何是觸目菩提？」玄訥禪師說：「法師啊！你已經失掉半年糧了。」說他把半年的糧食已經失掉了。眞奇怪！才剛剛開口問「如何是觸目菩提」，竟然被說是已經失掉半年的存糧了。這法師當然是弄不清楚，得要弄清楚啊：我才剛剛問一句話，爲什麼就失掉了半年糧？就問：「爲什麼失卻半年糧？」玄訥禪師卻說：「只因爲你想要圖謀別人的一斗米。」一斗米多，還是半年糧多？喔！你看，大家都知道半年糧多，那麼爲何會說他是「圖他一斗米」而「失卻半年糧」？這裡面一定有道理啊！如果是一些野狐禪師、野狐居士，他們就會解釋說：「因爲禪這個東西，你就是要自己體會啦！就問那麼一點點事，那當然是一斗米啊！如果自己悟出來的，你家裡那麼豐盛、那麼多的法，爲什麼不要？卻要去問別人，那不就失卻了半年糧了嗎？」如果誰這樣講，我剛好在場，就這麼說他：「你講得好。」他也洋洋得意：「我這樣說，夠不夠格當第一師？」我說：「夠啊！夠什麼呢？夠當耽誤眾生的第一師。」他如果質問說：「我過在什麼處？」我就說：「你過在失掉了十年糧。」眞的如此啊！人家只是來問一句「如何是觸目菩提」，就已經失卻了半年糧，可是他卻還講錯了一大堆，還不懂得向自己腳跟下認取。

「請問如何是觸目菩提？」誰來問我這一句，我就告訴他：「在你家裡啊！」他如果說：「可是，我在家裡就是看不見啊！哪裡才能看得見？」「在我家裡啊！」「可是，我來到你家，還是看不見啊！那麼到底是在哪裡？」「在你眼裡。」眞正底佛法，不管你怎麼說都對，因爲你已經將法身抬出來給對方看了，對方依舊看不見，那都是對方自己的過失啊！但佛法就是這麼簡單啊！雖然很簡單之中，卻顯示無比的勝妙出來。因爲就這麼一個很簡單的眞實心，卻能衍生出十方三世一切宇宙萬法，山河世界也就從這裡來。假使我家裡哪一天剛好沒米了，誰敢上門來問，我就說：「**大法師啊！我家沒米啦！**」他一定很熱心說：「**我幫您去買一斗米回來，夠您吃上十天、半個月了吧！**」等他買了回來，剛剛放下，我一棒就把他打出門去。到底這棒是感恩之棒，還是厭惡之棒呢？（眾答：感恩之棒。）唉呀！你們眞有智慧，竟然知道這是感恩之棒。可是，他回去寺裡一定會毀謗我：「**我好心好意到市區幫他買了一斗米送回去，竟然還打我，這種惡棍！**」我輾轉聽到了，就寫封信告訴他：「**你還知道惡棍何在麼？**」所以，我沒有打他呵！我雖然打了他，其實我並沒有打，他挨了棒以後其實也沒挨，兩不相欠。

接著，又有人問：「**如何是清淨法身？**」師曰：「**蝦蟆、曲鱔。**」這一回，玄訥禪師眞是鋃鐺不少、破費很多了。人家來問「**如何是清淨法身**」，他其實有意幫忙，才會告訴他「**蝦蟆、曲鱔**」。然而，蝦蟆、曲鱔是那麼下賤，爲什麼卻出自於禪師之口？這其實是比雲門老婆多了，雲門慣會搞怪，總是平平淡淡地斜裡說去，從來都是偏中去的機鋒，難會啊！玄訥禪師這回可是奢侈了，這一出手很大方欸！那到底他的「蝦蟆」與「曲鱔」是講個什麼？哪一天不信邪，心想：「爲什麼我就是悟不了？我還眞的去抓一隻蝦蟆，也到水田裡去抓曲鱔來問。」果然他就抓到我面前來問：「這是什麼？」我說：「啊！恭喜你！」他一定會再繼續問下去的，因爲他還是弄不懂我爲何恭喜他啊！我告訴你，他抓了來，還是不懂啊！我恭喜了他，他仍然丈二金剛摸不著頭腦，那就會接著問：「喜在何處？」我就說：「蝦蟆、曲鱔。」這可難會了。可是，禪本來就難會啊！因爲這是千聖不傳之密。古今禪宗千聖，沒有一位禪師願意把祂明講，都要各人自己去體會。那麼到底密意在何處？這就是大家須要去弄清楚的；因爲你只要通了「蝦蟆、曲鱔」，《般若經》也就通了；《般若經》通了，第三轉法輪的經典，也可以漸漸通了。既然過了這一關就能通經教，禪宗這個開悟當然是眞正的佛法；眞正通了禪宗這一關的人，他寫的論著是那一些佛學研究專家所無法評論的，這才是眞的佛法。玄訥禪師這回講的「蝦蟆、曲鱔」很奢侈，他平常不給人這個；大約是快要離開中土，準備要回國去了，所以開始有些奢侈了。

又有學人來問說：「教中這麼說：『唯一堅密身，一切塵中現。』那麼如何是堅密身？」在教門經典中有說：「如來法身是堅固綿密之身，」爲什麼說堅固呢？因爲祂常住不壞，體如金剛，無一法可以壞祂，所以說祂是堅固。爲何又是綿密呢？因爲水潑不進，又沒有一時一刻可以中斷祂，那當然是綿密，所以既堅固又綿密。也許有人說：「若是水潑不進，我就用火燒祂吧！」我且告訴他：「火燒不著。」「那麼這樣到底是個什麼東西？」我會答覆他說：「不是東西。」如果再問：「既不是東西，我該怎麼找祂？」我就告訴他說：「南去、北去。」他說：「佛法怎麼會這樣？忽然東西、忽然南北？」我說：「不是東西南北。」難會呵！眞的難會。你們不必搖頭啦！只要去了禪三，一念相應時可就會了。不必寫那些無關痛癢底禪書，有一位大法師還寫了一本書：《東西南北》。他用東西南北作文章，我卻說他不懂東西南北。眞想要懂「東西南北」，還非得進了正覺不行；因爲只有正覺有賣這個貨，而且這貨是精品中的精品，別地無處買去；天下獨此一家，別無分號。

等到費了好大功夫，花了好幾年時間，熏習了正法知見以後，終於在正覺買到了這個精品中的精品，卻又說：「原來我買了以後還是沒有買到。」因爲他來正覺買到的東西，其實是我從他家裡拿出來賣給他的，而我賣了卻也沒有賣，因爲我終究不接受他的供養，哪來的買賣呢？那你們不要嫌東嫌西，因爲是你們家裡本有的才可貴；如果所悟的心是我給你們的，就不是本來面目，可就是有生有得之法，將來一定會毀壞。所以，即使你們花了一大筆鈔票護持正法，也作了十幾年義工利樂眾生、護持正法，用這些資糧來跟我換了這個精品中的精品，後來雖然發現是無所得，卻還是得要接受。而且一定會很歡喜地接受，因爲從外來者不是家珍，那就是生滅法。那僧人來問這個，當然就是要問自家本有的寶貝，玄訥法師卻又告訴他說：「驢馬、貓兒。」這僧人還是不會，這表示什麼呢？表示他學費還繳得不夠多。就像在股市進出的很多人——絕大多數人，前三年都在繳學費；繳到後來終於會賺錢了，已經不曉得花掉幾百萬、幾千萬元去了，才終於學會應該如何買賣才能賺錢，然後他才開始賺錢；那他開始賺誰的錢呢？賺那些剛進股市不滿三年的人。

大家都是或多或少要繳學費的啦！所以這個僧人不會，就表示他逛道場還逛不夠。到處去見禪師都是要繳學費的，且不說供養，單說長途行腳的路上茶水錢、走路用掉的草鞋錢，那要花掉多少錢呢？等他這些學費繳夠了，聽到玄訥禪師一句「驢馬、貓兒」他就會了。所以，人們不管學什麼都一樣，學費繳不夠就永遠都不會。還有許多人必須要繼續在外面繳學費，不一定繳在我們正覺這裡。外面繳的，我也承認他繳了學費，因爲他得要去繳一些修學基礎佛法的學費；然後去利樂眾生，那也算是繳學費，可以學到一些相似像法。所以，根機最淺的人要先去慈濟學著歡喜布施十幾年，因爲慈濟的證嚴法師說要布施得歡喜，不可以布施得不歡喜；在那邊每天去布施，布施了十幾年都很歡喜，如果這十幾年都很歡喜不退而繼續布施的話，那就是慈濟自己施設的十地證量。但他們這樣的十地證量來到正覺這裡，剛好進入三賢位的初住位中，還要學著作法布施——護持正法；學完了法布施，後面還有第二住的持戒乃至第六住的般若聞熏等著他們來修。他們的十地菩薩，剛好成爲我們的初住位的住心菩薩，才剛剛進入外門之中準備要開始廣修外門的六度波羅蜜，因爲才剛滿足十信位的果德，一切還得要從頭修起；想要進到第七住位，還得要努力很久才行。從初住位剛進入外門修學六度，要進到第七住位的明心境界，是一大阿僧祇劫的三十分之七；他們如果進了同修會修學，想要一世完成，你說容易不容易呢？絕對是不容易。若是想要把它濃縮在這一世之中完成，那眞是超劫精進才能作得到。

可是，只要這麼一作到，也就會玄訥禪師這個「驢馬、貓兒」。這個僧人不會，就開口央求：「乞師指示。」玄訥禪師就說：「驢馬也不會！」「對啊！我就是連這個驢馬也不會，師父您也教教我，我該怎麼辨？」有一位禪師就很老婆，抱起貓來：「既然驢馬不會，你就把貓兒抱來給我吧！」到底禪師的用意是什麼？如果還不懂，每天就去伺候著貓兒吧！等到有一天，也許給他撞見了，那時他拿著碗，另一手拿著湯匙放在碗裡面搖起來：鏘啷！鏘啷！然後大聲喚著：「花奴！花奴！吃飯來。」我這麼一說，可能你們就會了。但也不可能每個人都會，這個是從上宗乘千聖不傳之密，眞的難會啦！因爲都不許明傳。所以，誰想要會得這個，當然是很困難。可是當你會了玄訥禪師的「驢馬」時，他的「貓兒」你也就會了。會了貓，你才知道原來驢馬的道理是一樣的，驢馬其實跟貓一樣。

如果是淺機之人聽了，就質問說：「驢馬怎麼會跟貓兒一樣？驢馬那麼大，貓兒才那麼一點點。」我依然不改口：「一樣啊！」「一樣在什麼處？」我就告訴他：「一樣在『不一樣處』。」你看，很多人在點頭，因爲確實是這樣啊！就一樣在不一樣處，看你怎麼會。其實這麼說了，我也是話墮。那麼既然話墮，我只好自己寫了狀子，這三十棒自己領出去自打，諸位免打。那麼，這樣到底是什麼意思呢？想不想要會這隻貓？想不想要會這頭驢？我請釋迦老子爲諸位說吧！釋迦老子說：「咭利！（短呼）」到底是哪個比較好會？我也不知道，諸位自己會會看吧！

經文：【爾時世尊復以一切如來爲三界主相，爲諸菩薩說一切諸佛灌頂出現智藏實相般若波羅蜜法門，所謂：「灌頂施，令一切得三界王位故；財實施，令一切得所願滿足故；淨法施，令一切得諸法實性故；飲食施，令一切身心獲安樂故。」爾時如來復說咒曰：怛纜——！（長呼）】

語譯：這時世尊又以一切如來爲三界主的身相，爲諸菩薩們演說一切諸佛灌頂出現智慧寶藏的實相般若波羅蜜法門，這就是說：「灌頂布施，幫助一切有緣人獲得三界王這個大位的緣故；財寶布施，幫助一切有緣人獲得所願滿足的緣故；清淨佛法的布施，幫助一切有緣人證得諸法實性的緣故；飲食的布施，幫助一切有緣人色身與覺知心都獲得安樂的緣故。」這個時候如來又說出這樣的咒：怛纜——！（長呼）

講記：上一段《實相經》的經文講完了，接著 世尊用什麼身相來說呢？祂用「一切如來爲三界主相」，來「爲諸菩薩說一切諸佛灌頂出現智慧寶藏實相般若」的「到達無生無死解脫彼岸的法門」，這個法門就是說：「佛法灌頂的布施，可以使一切有緣的眾生獲得三界王位的緣故；」這一回 世尊可比前一段經文中老婆了。「爾時世尊復以一切如來爲三界主相」，什麼是「一切如來爲三界主相」？你看，在這一部經中 世尊有時現這個相，有時現那個相，這些相到底是怎麼現的？我想大家都很想看到這個相——三界主相。說「一切如來爲三界主相」，那到底是什麼相？請大家眼睛張開了瞧，看清楚了沒？這就是「一切如來三界主相」。「一切如來」你眞的要弄清楚，不能隨隨便便讀了以後卻是囫圇吞棗；棗子整顆完整吞下肚去，明天還是完整的一顆拉了出去，那不是白吃了嗎？學佛法不要像人家囫圇吞棗一般，把佛法囫圇吞棗的人都叫作白癡，因爲與白吃一樣。所以，你一定要窮究眞實義，不要讀了經文隨隨便便就放過。

「一切如來」，請問諸位，你們是不是一切如來之一？是啊！要這樣會。因爲「一切如來爲三界主」，意思就是說，諸位也是三界主，而諸位自己也有三界主相；這到底是阿哪個相？這可眞是費思量，一切人於此會不得。正因爲會不得，所以禪宗之門才叫作玄門。佛教裡面各宗各派都說禪宗是玄門，玄就是黑得一塌糊塗，除了黑還是黑；因爲不管你火把點得多亮，你用那個火把來照耀這個禪門，所能看到的還是黑，完全照不出禪宗大門裡面到底是什麼名堂。意思就是說，其實三界主普現於十方三世一切法中，自是眾生智慧不足、無從領會。但若是一旦會得了，當人家來問：「如何是三界主？」你卻反問說：「你問這個東西作什麼？」不是不想答，而是在指點對方。那麼，這樣一來，諸位當然知道我在講什麼，因爲三句不離本行，咱們正覺講來講去就是講第八識如來藏這個眞如心。意思是說，世尊顯現了如來藏大人相，爲諸菩薩演說一切諸佛灌頂出現智慧寶藏的實相到彼岸法門。

在古印度，凡是要登上王位時，就派人去取四大海的海水，回來爲這個人灌頂，他就被稱爲灌頂王——「水澆頭種」。可是，那個灌頂畢竟只是世間法中的儀式象徵而已，而佛門中也有灌頂，就是以眞如妙法灌頂而出生了慧眼，成爲不退轉住的菩薩。附佛法外道當然也學表相而裝模作樣灌頂，你們看以前達賴喇嘛每一次來，租了體育館或什麼館，然後每一個人發給一瓶礦泉水爲大家灌頂；那一瓶礦泉水，少說你也得花幾千塊錢買門票入場才能得到，這就是對達賴個人的供養；因爲他的法會門票不便宜，都得預先買票才能入場；然後各個密宗精舍都會事先告訴你：你的坐位是某一區的第幾排第幾個位子，入場後由達賴爲你掛哈達時，最少還要包多少錢供養他。若是最靠近達賴的坐位，譬如內壇的位置，可能每一個人要預繳一百萬或幾百萬元台幣，因爲他們不在現場收錢的；所以那大概是全世界最貴的礦泉水，因爲沒有一家賣水的公司能賣那麼貴。

然後，在會場裡就以這瓶礦泉水參加法會，達賴喇嘛到時候嘴裡嘰哩咕嚕、嘰哩咕嚕唸一堆召喚鬼神前來參與的咒語，手裡的金剛鈴搖一搖，金剛杵也拿來晃一晃，然後身體就這樣子……（導師模仿達賴在法座上搖擺身體的模樣，大眾笑…）。他比我更沒有威儀，我這個人威儀已經不夠好，沒想到他更差。你看，他每一次上座，哪一次不曾搖晃過？身體在法座上搖來晃去，又不是爲了說法強調法義的內涵，也不是爲了說法加強語氣。只是把金剛杵、金剛鈴拿在手裡晃啊晃啊……，嘴裡喃喃不停地唸著咒語。唸完以後呢，觀想一下頭頂有佛父佛母交合而流下汁液灌進他的頂門，又觀想那汁液從頭頂降下來再從他的尿道流出去，飛到受灌頂的人們頂門流進各人的中脈，各人再觀想那汁液流到自己的性器官裡面；所以又叫大家眼睛要蒙起來，最後交代大家把礦泉水瓶子打開，弄一點水在手上，往頭頂上灑（大眾笑…）。這眞的有問題欸！只有愚癡人才會信以爲眞，有智慧的人都不相信那是佛法中的灌頂。我告訴諸位一個眞相：你若是要請他灌頂，不如自己灌（大眾笑…）。我這話絕對不是開玩笑，你們去問問那些打禪三回來、被我印證的人，他們都會證明自己灌遠勝過被達賴來灌；而且還有個好處，咱們打禪三由各人自己灌了眞有智慧的頂，都不費一文錢。但是，你們不要小看呵！這個不費一文錢，自己灌來的智慧頂門，還遠勝過達賴的水灌頂百千萬倍欸！因爲有慧眼生起了，能夠辨別天下所有大師都沒開悟了。這是眞話，絕對不是開玩笑，完完全全的眞話。可是愚癡人偏要去找他灌，還得預先繳了一大把鈔票才能獲得所分配的座位，灌了頂以後卻還不知道被達賴觀想灌進自己頂門的內涵，都不知道那個灌頂是依雙身法的觀想而作的灌頂。（編案：詳見《甘露法雨》書中說明。）然後被他摸頭、掛哈達時，還得供養他一大包的錢財，眞是愚癡。

自己灌的頂才是眞的佛法，可是有誰知道內情呢？這個諸佛灌頂，其實每天都在灌頂，哪一天沒有？因爲，「一切如來爲三界主」就正在你身中。外教講的話，來我們正覺這裡也都通；譬如有一神教徒說「願主與你同在」，我現在所說眞的，沒有開玩笑的成分呵！我說的是眞的呵！因爲，耶穌基督的主也跟耶穌自己同在，而且上帝耶和華自己也還有主，只是他自己不知道而已；耶和華自己的主也跟他同在，但他們每天被自己的眞主灌頂了都還不知道，所以這些眾生一直都處在無明漫漫長夜之中。最困難的，就是這種無明黑暗並非世間燈光所能照亮；即使有人弄來鐳射燈、或者一萬瓦的大燈來投射，還是照不亮的，因爲這個無明並不是世間的黑暗，而是對實相法界不懂所以不得解脫的無明黑暗。

話說回來，一切諸佛的灌頂沒有一時一刻中斷過。那麼經由「一切諸佛灌頂」這麼一灌之後，就出現了智藏，這是說親自看見了一切諸佛的灌頂時，智慧寶藏就會跟著出現了。你們也許有人看著覺得奇怪：「這蕭老師好像很喜歡小孩子的樣子，每一次來到講堂，看到小孩子靠過來，就往孩子頭頂摸一摸。」我就是要摸他，那孩子的頭頂這麼一摸，緣就結下了；哪一天他們長大了，正覺同修會還在，他們會來學佛；經過一段時間修學，悟了以後就恍然明白：「唉呀！我知道了，原來我小時候蕭老師那時是在為我灌頂。」因為智慧寶藏顯發出來了。就這麼一個結緣灌頂，將來就可以承受「一切三界主」的法相了。可是灌頂歸灌頂，可要分清楚，什麼人灌頂是有效的，什麼人灌頂是無效的，甚至是有害的，都應該要分清楚。

這就好像拿到一個有權柄的信物，出外去作什麼事情都可以通。但是，可別哪一天人家告訴你說：「我有門路幫你弄到一把尚方寶劍，你只要給我一千兩黃金就行了。」於是心想：「老子有的是錢，就欠一把尚方寶劍，所以被那些縣官欺負。」於是趕快付了一千兩黃金，得了一把尚方寶劍，拿著就上堂去，要跟縣老爺理論：「尚方寶劍在此，跪下聽旨。」可是縣老爺不聽他的，因為早知道他那一把是假的，反而立即把他下獄。這種世間相，在佛門中也是比比皆是。從古以來，佛門中這種事情不曾少過，一直都是如此；可是一般俗人或初機學人並不知道，就被唬得七顛八倒，由著騙子用假的尚方寶劍胡搞了很久。後來終於出現了一把眞的尙方寶劍，他才知道原來自己那一把是假的；因爲他把不知情的人嚇唬慣了，後來就相信那是眞的，大家也沒有法眼鑑定，所以看了都當作是眞的。

後來眞的尙方寶劍出現以後，因爲威德很大，所以其他的假尙方寶劍就被看穿了，因爲跟眞的完全不一樣。最怕的就是，那一把眞的尙方寶劍還沒出現的時候，還不知道自己這一把是假的，不知道自己被騙子籠罩了，然後自己就去籠罩了眾生，也籠罩了自己，都不知道要懺悔改過就捨報了，那他的未來世眞是可憂可慮，我們看著都覺得可悲、可憐哪！所以諸位來到正覺都要發一個大心：要救眾生，讓眾生知道以前所認定的那一把確實是假的。眞正的莫邪寶劍只在同修會裡，而且我們現在已經不是只有一把，現在已經有三百多把了，因爲你拿了出去就可以破外道。這意思就是說，這一把莫邪寶劍，雖然是我出世弘法之後給了你，可是這把寶劍其實是你家裡本來就有的；人人都有一把莫邪寶劍，都不懂得運用，然後就被人家假的給哄了；被籠罩以後就跟著騙子團團轉，轉不出無明深坑。

這些拿著假的莫邪寶劍的大師們不論去到哪裡，都是一大堆人簇擁著。

當他去到了尼泊爾，在某商店裡面見了什麼坦特羅佛教的文物，他看中意了說：「老闆！幫我包起來，多少錢啊？」「免了，有人付了。」永遠都是有人先付了。不管他看中什麼，都有人先付；好啦！大家盲目地跟從，到最後，終於有一天被證實：大師那把莫邪寶劍是假的，只是普通的鐵劍，並沒有釋迦老子授給的權柄；那時候心裡懊惱悔恨，眞是很難過的事。所以我有時候常常會爲那一些在網站上化名罵我的法師們覺得可憐，他們也有好些繼續盲從的徒眾們跟著法師在罵我；我只覺得他們好可憐，因爲我們想要讓他們知道那是假的寶劍，幫他們早日弄清眞相遠離大妄語業，他們卻把我的好心當作驢肝肺，反而大力毀罵我。他們師徒從來不想先求證一下那支劍是眞寶劍、或假寶劍，非得要上了沙場跟人家對砍的時候，這假寶劍當下被砍斷了，那時才知道說：「欸！鐵皮裡面怎麼都是保麗龍？」非得要這樣，他才會在那一剎那間醒悟過來，卻已經沒命了。

所以，你說眾生可憐不可憐？眞的可憐！他們非得要賠上法身慧命以後才會醒悟到：原來大師給我的金剛寶劍只是鐵皮劍。因爲眾生都很寶愛那一把假寶劍，平常可是連碰都不敢輕碰一下——從來不敢稍微懷疑一剎那，更別說要檢驗其眞假了，所以他們永遠不會發覺自己是被錯誤印證的。那麼，這一把眞的莫邪寶劍其實家家都有、人人本具；說句不客氣的話，連鬼家都有；不然的話，哪一天你要是眞有神通了，去餓鬼道瞧一瞧；那時瞧一瞧你所悟的——瞧一瞧你得到的那一把莫邪寶劍，看看那些餓鬼們有沒有？當然還是都有的。但是，要如何找到祂？而且沒有找錯？這才是正確的觀念。因爲每一個人都有一把莫邪寶劍，可是每個人的這一把莫邪寶劍旁邊也都有很多很多把假劍，你要有慧眼去把它挑出來：哪一把才是眞的。要拿眞的出來用，不要把自己家裡假的鐵皮劍拿出來唬人。當他唬了別人，其實也唬了他自己。那麼，只要找到了莫邪劍，就表示你已經自己灌頂完成了——你自己的如來已經爲你灌頂完成了。所以我要鄭重的告訴大家：「給別人灌頂，不如自己灌，免費而且眞實。」這才是最好的灌頂，不要去找喇嘛們灌頂。

這一灌頂——你自己灌了頂以後，你的智慧寶藏就開始出現了。當這智慧寶藏出現了，你就看見法界的實相了，就看見一切諸法功能的背後有一個實相在。這個實相出現的時候，就是般若，也就是世出世間法的智慧出現了，就稱爲實證般若了。這個智藏使你了知實相，而且產生了世出世間的智慧寶藏以後，你當下就已經在無生無死的解脫彼岸了，不必等到死後才到達無生無死的彼岸。這跟聲聞阿羅漢度到無生無死彼岸不同，阿羅漢要度到無生無死的彼岸，必須先把自己五蘊滅盡；滅盡了以後，不再有五蘊出生在三界中，叫作出離生死。但菩薩不是這樣，菩薩的出離生死是在生死之中就已經出離。可是阿羅漢不知道這個道理，以爲把自己滅了以後是進入涅槃，成爲無生死的解脫彼岸境界，可是卻必須接受未來再也沒有自己存在了：「**我生已盡，不受後有。**」但是從菩薩的智慧來看阿羅漢所到的無生死彼岸時，卻說阿羅漢們其實不必入無餘涅槃，當阿羅漢們在世時就已經在無生無死底涅槃中，只是阿羅漢們並不知道。這個涅槃的現觀，就是菩薩們所證的本來自性清淨涅槃；不是死了滅了五蘊以後才到達涅槃彼岸，並不是死了以後才離開了生死。依菩薩的所見，不管自己的五蘊有沒有生死，都是住在涅槃彼岸中，這個就是實相到彼岸的法門。

那麼，世尊爲了講這個道理，就詳細地說明：這個「**一切諸佛灌頂出現智藏實相般若波羅蜜法門**」，總說有四種：第一種、灌頂施。灌頂施，也可以叫作醍醐灌頂。如果誰好心好意說：「**我幫你介紹一位大師幫你作灌頂，**

好不好？」你就說「好」，可是記得要提出一個「但書」，你就說：「但是，他要跟我灌頂時必須是用醍醐，他如果用牛奶，我尚且不接受；如果用水，我就打他一棒，因爲那不能成其爲灌頂。」對方可能會想：「奇怪！醍醐連我都沒見過，就算有看見，醍醐又不是水，怎麼灌？」你就告訴他：「笨蛋！所謂醍醐，即非醍醐，是名醍醐。你如果保證他已經找到這個醍醐，我就讓他灌頂，否則就免了。」那麼到底醍醐在哪裡？他總要問你說：「我要去哪裡找醍醐？因爲我實在覺得你這個朋友太好了，很希望跟你生生世世都結爲好朋友，所以希望能夠圓滿你的願望，請問這個醍醐要去哪裡買？」你就說：「你家就有了，爲什麼要去買？」這時候他才會發覺說：「爲什麼士別三日，你講話都不一樣？」你說：「對啊！前後才三日，出語不同啊！」人家一定覺得奇怪，那就是你度他的時候了。

灌頂，爲什麼諸佛要爲諸菩薩們灌頂？諸佛作這個灌頂的布施，目的又是在哪裡？就是要讓大家都可以得到「三界王位」。諸佛從來不誇口，世尊講這句話絕不誇大。「三界王」，請問諸位：你們從歷史文獻上，有沒有看過哪一位國王是三界王？都沒有欸！但是諸佛這一灌頂就使你成爲三界王。那就是說，阿羅漢還不足以成爲三界王。阿羅漢雖然是人天應供，但還是一個無眞主者；從菩薩來看，阿羅漢們都是沒有主可以轉依者；猶如漂萍無所依止，所以阿羅漢心中是充滿著消極、遍滿著灰色。阿羅漢在人間沒有一絲一毫的色彩，他們唯一的色彩就是灰色的寂滅；當他們以這個寂滅作意住在人間的時候，心中所住的境界就是準備要入於無餘涅槃中的作意；他們就住於這種作意之中，所以你看到的不迴心阿羅漢們都是消極的、灰色的，因爲他們不願意退轉——都不想留惑潤生。

如果在世間法中，人家講笑話時，他不知不覺地跟著笑了，但他會馬上警覺：「唉呀！我落入世間法中，失去寂靜作意了，將來會障礙取涅槃。」所以一般說來，阿羅漢們都是不苟言笑的，心境很灰色，因爲他的心境就是如此。可是，菩薩就不同了，菩薩一點都不覺得空幻，而是在五蘊空幻、世間空幻之中有一個法是眞實的，但是這個非物質的眞實法之中卻函蓋了空幻的三界萬法。因此，菩薩的所見與阿羅漢不同，菩薩所住的作意也與阿羅漢不同。這就是說，在度眾生的過程當中，諸佛施設的二乘菩提只是一個方便——作爲誘引眾生進入佛菩提道的一個方便。因爲，如果你一開始就講佛菩提道，所謂十信、十住、十行、十迴向、十地、等覺，說成佛之道要修這種六行法門，最後成爲妙覺菩薩時，才能在最後身成爲究竟佛，說六行之士才是菩薩。但是這六行要修到何時才能完成呢？說這六行總共要修完三大阿僧祇劫才能完成，那麼眾生心裡面會想：「你別是來誆我的吧？三大阿僧祇劫，我什麼時候能夠每一世都拉著你來證實是不是眞的如此？」不可能啊！那麼有誰會相信？不可能相信的。

所以　釋迦如來只好從大乘菩提中抽出聲聞道、緣覺道，讓一世實證了阿羅漢果的聖者們知道說：出生死並沒有什麼困難，如來所說確實是眞實語。阿羅漢們一世修行就可以出離生死痛苦，確定自己可以出生死，這叫作我生已盡、梵行已立、所作已辦、不受後有、知如眞，因爲自己已經可以確定了。由於知如眞，對佛就有了大信；有了大信以後，佛陀就說：「好，我幫你們到達這個二乘涅槃的安樂地，你們在這裡已經住了很久，已經不累了，現在只要跟著我再走一段路，就可以到達很究竟、很美好的、永遠而且眞正究竟的安樂處。」當阿羅漢們獲得出離三界生死苦的安樂境界時，休息夠久而不累了，就把二乘涅槃的化城給滅掉，阿羅漢們說：「啊？這還不是究竟的涅槃？」對，沒有錯，「這個二乘涅槃只是個方便施設，你們如果想要獲得究竟的話，可以跟著我再繼續往前走。」這時大家都有信心了，好吧！再累也得走，何況現在已經休息過一段時間了，於是接受 如來的開示而發菩提心起惑潤生，願意世世行菩薩道了，這才是眞正的佛法，才是眞正的成佛之道。

因此，眞正的法可以讓你成爲三界王，因爲阿羅漢能出三界，是人天應供，但是當他們出了三界、入無餘涅槃以後，涅槃之中到底是什麼，阿羅漢們無法實證。他們雖然聽聞 如來開示而知道其中是本識常住—在《阿含經》中稱本際或實際—但無法實證；然而菩薩們已經實證了，所以阿羅漢們才會尊敬菩薩；因爲菩薩們實證以後，個個都不急著斷盡思惑而留惑潤生，或者斷盡思惑以後再起一分思惑來滋潤未來世重新出生的種子，寧願一世又一世繼續在人間受生，世世住在生老病死的痛苦之中利樂眾生，不迴心的阿羅漢們都作不到。人間那麼痛苦，菩薩們卻不怕苦；因爲菩薩們個個有主，自己的眞主是早就實證了，而這個眞主就是三界王。三界一切有情，不管他的威德多大，都要依止於此主，他才能存在。你既然證了這個主，你就已經成爲三界王；因爲三界一切王無有能超出於祂之外，全都要依止於這個三界主，才能成爲欲界天王、色界天王等等。所以釋迦如來這樣利樂眾生，以這樣的法寶爲眾生灌頂，這才是眞實灌頂；而諸佛來人間，就是爲了這樣子爲大家以法水灌頂，因此在百歲人壽時來人間示現，利樂大家而在離開這個星球之前，當然得要咐囑諸菩薩們，要依照這樣的勝妙法來爲大眾們灌頂，這就是諸佛作灌頂施的目的，就是爲了「令一切得三界王位故」。

那麼第二、財寶施，目的是什麼？諸佛來人間不是無緣無故而來，一定是有許多眾生的法緣成熟了才來。也許你說：「佛陀在人間也沒有作過什麼財寶施，爲什麼教我們作財寶施？」這就是說，有智慧的人眼光不短淺，沒有智慧的人都只在這一世的利益上著眼。有智慧的人不是只看這一世，看的是過去無量世與未來無量世。那麼，佛陀三大阿僧祇劫以來，施了多少財寶？絕對不在少數，否則不可能圓滿具足了福德。三大阿僧祇劫廣施財寶，那還是小事；特別是在等覺位，即將成佛之前的整整百劫之中，不管誰來要他的財寶，不管要得有沒有道理，只要有人開口要了，他就給，這是等覺位。但是不必害怕，你說：「菩薩這麼難當呵！我本來是百億富翁，突然間叫我全部都捐出去，一無所有。」我告訴你：「菩薩到了等覺位，他作這種布施時不會覺得痛苦難過，你痛苦難過是因爲你還不是等覺位的菩薩。」所以，你如果有了這種心，覺得說：「我也許作得到吧？」那就表示說，你正在走向等覺位了。這不是口說了就算，因爲得要有實際的證量作爲後盾，否則是不可能作得到的。

不但是外財能施，等覺菩薩連內財都可以施，隨時隨地都可以施。你說：「喔！那不是痛死了？誰來跟我要右眼，我把調羹拿了就得挖給他？」不會啦！痛歸痛，但是等覺菩薩的證量足以支應這個境界。可是，也許有人想：「那我現在就開始布施內財，也許下一輩子我就能當等覺菩薩了。」卻也不允許，你得要先經過三賢位修完了，初地、二地、……，各地的現觀都完成了，到了八地於相於土自在時，都還不許這樣作；因爲這不是佛所許可，而應該以利樂眾生及使正法久住爲主；因此，一般而言，隨時隨地布施內財，是到了等覺位才這樣作的。所以，既然你已經到了等覺位，那你何必恐怖呢？應該歡喜說：我能夠作得到。所以，有智慧的人布施的時候很歡喜：「因爲我家有錢。」到底布施的人應該快樂，還是受施的人應該快樂？應該是布施的人比受施者更快樂啊！同樣底道理，等覺菩薩是快快樂樂地實修成佛之道；只是呢，如果不是在民主時代，當等覺菩薩的老婆就慘了，因爲妳也可能會被他布施出去。所以，假使妳遇到了等覺菩薩，妳要不要嫁給他？妳得要先考慮清楚，因爲妳要有心理準備：隨時會被他布施出去。被布施以後，那個來求施的人到底好不好？那就不知道了，妳要先有心理準備呵！但是，假使嫁給了等覺菩薩，被布施出去了，受苦一世，也遠勝過妳每一世都很有錢、很有財勢，精勤努力去修習一大阿僧祇劫。只要這麼一世被等覺菩薩布施出去而無怨言，願意爲求施者努力作一切事，滿那個人的願，那就贏過去了。這是眞實語，所以也別恐怖說：「我要小心一點，別嫁給等覺菩薩。」也沒這麼恐怖啦！只要一世就贏過一大阿僧祇劫，這叫作長痛不如短痛，有智慧的人不怕。

至於財寶施，目的是什麼？爲什麼佛陀要教導大家修習財寶施？因爲一切福報莫不有因果，往世都不布施的人，別期待這一世會有大福報。所以，你們也可以去看世俗人，有時候那一類人就在你身邊。他很會去拜神、許願，不管到什麼寺、什麼廟、什麼宮，他去禮拜、許願都能得到想要的財富，可是後來保不保得住呢？都保不住。因為連他去拜的神也要再去央託別的神，終於幫他達成心願了，那也只是暫時借來用，等到這些錢財的正主出現時，那個求願者還是得要還給人家了；所以時候一到了，他又被倒債了，錢財又不見了，被倒債的事又倒得很複雜，理不清。這樣子，不論對方是誰，他都不能怪，因為那本來就是別人的錢財。所以，佛陀就是怕眾生不瞭解這個道理，因此要教導大家布施的因果，所有學佛的人都一定要能夠先接受施有施果，學佛才能學得好。那麼，施的因果能夠信受也能夠理解了，他願意去作財寶施；從此以後每一世都「令一切得所願滿足」，這就是施的因果。

施的因果主要在田，因為受施者就是福田，布施就是種福田。布施給一條癩痢狗，也是種福田，因為牠也是田，只不過牠那個福田很貧瘠，牠這一世不可能回報你，未來世對你也不會有什麼大回報——因為牠是貧窮田。除了有貧窮田可以布施，另外還有報恩田。報恩也是布施，譬如家中堂上有二尊活佛；他們年輕時為我們推乾就濕、把屎把尿，花了多少時間、精神、錢財才能把我們養大；又不斷地教育我們如何為人處事、如何學習生存，難道他們對我們沒有恩德嗎？所以我們就應該回報。我們回報他們兩位老人家給我們的恩德，這也是理所當然。那麼，回報的時候不要認爲這只是回報，其實你回報他們二老的時候，也是在種福田，因爲他們是報恩田。除此以外還有功德田，於世間法說，能教導你離開欲界的人，就可以稱爲功德田；因爲你想要離開三界生死，他教導你實證初禪的道理，讓你修行而發起初禪，離開欲界的繫縛了，如今你至少已經能離開欲界了。如果能再教你具足證得四禪八定，那更有資格稱爲功德田，因爲他自己也有功德在身，還能教導你發起同樣的功德。可是，這一些功德田都不如佛門三寶，佛門中的佛、法、僧具足這三田。別懷疑說「三寶之中怎麼可能也有貧窮田？」一切僧寶都不耕田、種作、買賣，所弘揚的法也不許當作世間的生意買賣來交易，所以當然是貧窮田。但是，從另一個層面來看，佛法僧三寶具足了可以使人成就無上正等正覺的功德，當然也是功德田。三寶還可以實際上幫助大家成就三界王位，不只成爲阿羅漢而已，所以當然也是報恩田；因爲具有這些功德，而又能夠幫助大家實證，是大家應該知恩圖報的對象，當然同時也是報恩田。

那麼，爲什麼種了田就會有收穫？正因爲是田，田能生長而使我們可以收穫。假使它不是田，是石頭，你再怎麼種都沒有用。你說：「我要養蘭花了。」然後把蘭花種在石頭上，不到五天便死掉了。你如果種在田裡，在蘭花田中一盆又一盆，你說：「哇！蘭花開得這麼漂亮。」所以必須是田。爲什麼布施得果？因爲被布施者是田：貧窮田、報恩田、功德田。既然是田，因田而得果報，你只要種在田裡就一定有果報。那也許有人講：「我也是一天到晚都在種福田啊！你看，每一次達賴喇嘛來了，我都是好幾萬、好幾萬元供養。」我說：「對啊！你種得好田啊！那田好肥沃啊！可是結的果實都是豐滿的毒果，全都有毒。」因爲他種的是最肥沃的毒田，那是在戕害眾生法身慧命的邪教；他去種了那種毒田以後捨報了，未來世當然要收穫那些果實，所以他死後會往生到哪裡去呢？往生到他們講的烏金淨土去，就是黑得發亮的羅刹國度——烏金國度，在那裡吃肉、喝酒、雜交，這就是羅刹的國度；那他種了雙身法的福田以後，其實是種了毒田，死後往生去烏金國土時，就是在吃毒果。所以種田時得要注意，當你的財寶要布施出去之前，一定要有智慧先衡量一下：我種的是福田還是毒田？這福與毒，音差不了多少，未來世的結果卻差很多。那麼，如來教導大家作財寶施的目的是什麼？就是要教導大家布施的因果道理，要讓一切眾生經由布施而一世又一世都比往世更能「所願滿足」，每一世都比上一世更富有，更富有就更有修道的資糧。有了修道的資糧，於道的取證何患不成？這就是教大家財寶施的目的所在——為了「令一切得所願滿足故」。

今年十月禪三在昨天圓滿了，我喜歡講經，不喜歡主持禪三；因為講經是很愉快的事，但是主持禪三很累人。如果沒有找機會坐一下、入定一下，感覺就是蠻累的。這第二梯次，因為沒什麼機會可以去入定一下，就是比較累一點；不過，昨晚睡了將近十一個鐘頭，才終於恢復過來；為了大家的道業，這也是沒辦法的事。然後今天下午兩點多，吃午餐，看新聞報導說，某人對一個六十二歲的老人家如何、如何，太過分了。我想，原來我比他老，已經是真正的老人家了，真要命！以前都沒有想到我會是這麼老，因為還有很多事情要作，不許老。沒想到現在比想像的還老，因為那個人只有六十二歲，新聞報導已經說他是老人家，那我年歲還比他大一些，真的是老人了，所以還真的不能不服老。由這裡就說到離念靈知能不能作主的問題，如果離念靈知可以作主，那我不想要老，應該就可以不老，應當如此嘛！而且也應該說開悟所證的心若眞是可以作主的，就應該可以自己作主：「**我每天晚上睡覺時離念靈知都不會中斷。**」可是依舊辦不到，該睡覺你還是得睡覺，該老時還是繼續老。俱解脫阿羅漢一樣要睡覺，佛身也一樣要睡覺，否則人類的身體是用不了多久的，因爲這是人間法界的定律，差別只是諸佛如來睡覺時連無記性的夢都沒有。

所以說，入定可以休息、可以恢復體力，但是如果連入定的時間都沒有，那你怎麼辦呢？只好繼續累下去了；因此說，老這件事情是不能不服的。每每有人不服老，其實辦不到；譬如你到了六十歲，依舊不服老，那就再像二十幾歲的人跑百米看看吧？這就是說，離念靈知是作不了主的，因爲離念靈知是依於色身爲緣而有的，那就不能不服老；但是不會老的心卻不必作主，那不作主的第八識眞心永遠都不老；那麼學佛求開悟時，到底是要悟得會老的離念靈知？或者是要悟得不作主而永遠不老的第八識實相心？聰明人說：「**我才不要會老的離念靈知，我要永遠不老的實相心如來藏。**」因爲離念靈知如果到了六十歲時就知道自己六十歲，突然遇到了很緊急的事故，他也不敢像年輕小伙子那樣飛奔，因爲很清楚知道自己是上了年紀，再怎麼樣努力都無法像年輕時那樣子了。可是，那個不作主的從來沒有年紀可說，會作主的離念靈知是依於色身而存在的，可就有年紀了，那麼到底學佛是要以哪一個作爲最終極的心呢？這就事實昭然、不必多說了。因爲離念靈知永遠是跟身體相應的，是會老的；所以雖然會在六塵中處處作主，其實是無法在根本大事上作主的；只要一場大病來了，離念靈知便作不了主了。可是不作主的第八識眞心，祂卻永遠在背後掌控著一切；你什麼時候該老成什麼模樣，什麼時候該把這一世的五陰給丟棄，不讓你再活下去了，全都由祂來決定，祂才是五蘊背後的眞正主宰，因爲祂是常住的心，那你說，到底應該悟得哪一個好？所以，這就是看有沒有智慧，怎麼來判斷的問題。

抱歉，讓諸位耳朵難過，因爲我這二天有一點小感冒，累了就容易感冒；離念靈知不想感冒，卻是無法作得了主的。閒言表過，還是要回到那個不老的、不作主的實相心來。我們《實相般若波羅蜜經》講的，就是這個不老的、不作主的，完全是隨緣而能應物的心，這才是諸法底根源。悟得了這個根源，你說：「沒關係啦！五蘊該老就老，我還有一個永遠不老的眞心。」人家問你說：「你幾歲了？」你說：「我不知道幾歲。」對方也許問你說：「你是老糊塗了，是不是？怎麼不知道自己幾歲了。」那你就說：「因為我又沒有出生過，你怎麼能說我幾歲，連我自己都沒辦法算。」莫說歲，就算你問我說：「你幾劫了？」我也算不來，因爲眞的無法算；過去劫數無量，眞的數不清，所以也就不在意年歲了，我在意的只是眾生的法身慧命。

那麼，在禪宗裡面亦復如是，武則天皇帝曾經問嵩嶽惠安禪師：「和尚甲子幾何？」他回答說：「不記。」因爲生生世世都有五蘊，應該要記哪個五蘊的歲數呢？一一記得住，也是沒有意義的事。從證悟者來看，也根本沒有辦法去記，因爲是以如來藏爲主，以五陰爲從，在這樣的主從關係之下，五陰是不值得去記憶年歲的，而如來藏卻也無法被計算年歲，所以乾脆就不要記了。那麼，這樣轉依久了，根本都不知道自己幾歲。所以，我是到最近才突然警覺說，原來我已經六十好幾了。以前都沒有注意到自己幾歲，所以說，從我現在的五蘊來看見你們幾個年輕人時，才眞正體會到這就是青春，與以前所認爲的知道青春，其實是不一樣的。不過進了正覺，老歸老，可得要老青春；怎麼個青春法呢？要從來不會老，才是眞青春。五陰無妨老，然而心是青春的；因爲依止於那個沒有年紀永遠不老的正主，就是永遠青春；

所謂青春就是不會死，會死的或是會想到死，就是年紀已經老大了。所以，有一個人如果常常提到說：「我以前多麼風光，我以前多麼勇猛。」就表示他眞的老了！

好在我幾乎不曾提到以前如何如何健壯，所以算起來應該還沒有警覺到老；希望沒有警覺就可以不老吧，可又作不到；因爲主人是如來藏，由祂決定，你就沒有辦法去掌控。不過，有一件事情可以改變他，就是願力。假使某一件對眾生的法身慧命很重要的事情，你還沒作完，那你就死不了。另外一個原因也可以自己來決定，那就是修得第四禪以後，還是可以自己來決定提前或延後，提前捨壽時不必靠刀子或毒藥，延後捨壽則只要常常入定，把種子轉一轉也可以延遲。這是說菩薩入地以後，如果有第四禪的證境，是可以作得到的，因爲這時種子可以被轉變。但是這個諸位聽起來，也許會覺得很玄，而我其實也期待說，若是能夠多一點時間的話，把我還沒有修完的禪定趕快完成，因爲我還有一半還沒有完成；但是眼前看來是沒有時間的，那就是要看因緣了。但我也只能隨緣，畢竟佛教正法的存亡才是最重要的事情，個人的利益也就不需要計較。可是話說回來，還是要歸依眞主，那麼眞主何在？好多信奉眞主的人就是找不到眞主，不信「主」的佛門裡面卻可以找到眞主，這個眞主可以叫祂作阿拉、耶和華，也可以叫祂毘盧遮那佛，都可以，因爲這個眞實法無名可名，方便名爲第八識如來藏。只有這第八識才是眞主，其餘都是假名爲主。

言歸正傳，上週講到「財實施，令一切得所願滿足故。」接下來說：「淨法施，令一切得諸法實性故。」這是說：「清淨法的布施，可以使得一切有情證得諸法實性的緣故。」從這個定義來說，當代全球佛教有哪個道場是「淨法施」？諸位有空得閒，不妨根據他們的文獻，譬如說他們的書籍、錄影帶、錄音帶等文獻去檢查看看：能不能「令一切得諸法實性」？假使不能使人證得一切諸法的眞實性，那就不是「淨法施」，所以淨法之施是很重要的。假使你沒有證得清淨法，就無法判斷別人是不是在弘揚清淨法，那麼別人怎麼樣弘法，你就管不著，你也沒有義務去管；可是你如果已經證得諸法實相，卻看見別人不斷的用染汙法或者常見法，在誤導眾生或者戕害眾生的法身慧命，那麼你就應該要仗義執言，不該鄉愿。

鄉愿是少數人所愛樂的，但是對多數學人而言，他們的初衷都不喜歡善知識們鄉愿，後來卻又因爲被情執所繫縛而不得不鄉愿。如果那一些誤導眾生的大山頭的信眾們，他們有眞正在修行的話，我們如果問他說：「假使你師父說法誤導你，你願意不願意？」他一定說不願意，可是當你告訴他說：「你師父說法錯在某處。」他又不接受了。這就是度人之難處，因爲眾生情執深重，你要救他就變成很困難；所以你必須要有耐心長時間去說，長時間裡不斷地說明也舉證出來了，其中也許有那些人的好朋友、親戚，客觀地證實那些大師們傳的法是錯誤的，然後去告訴他，才終於願意嘗試著去瞭解看看。所以，心地單純的人會把眾生當作跟自己一樣，譬如說十六、七年前，我們寫了一本公案拈提《禪門摩尼寶聚》（編案：後來增寫改名爲《宗門正眼》），我當時定價就故意定高到五百塊錢，因爲這是很尊貴的書；讀了以後只要一念相應，就進入般若內門了。

有不少人去佛寺裡一捐就是三千萬元，也有人一捐就是二億、三億元，結果還是只能學到常見外道法；我這本可以幫人證悟般若的書，也才只賣五百塊錢，還不夠便宜嗎？我心裡面想，應該大家都跟我一樣知道這眞的是寶，所以我第一刷就印了五千冊，我想大概一年之中就會銷光了。沒想到賣了好像七、八年或八、九年吧，我手裡還剩下三千多冊；因爲眾生都沒有慧眼，認不出什麼是寶。那就是說，我都以爲別人是跟我自己一樣識貨，其實不然。那麼，剛開始弘法時，我也不想當惡人；不論誰來問某個山頭的法，不論所問的是古時候的善知識或者現在的大德，我一向都讚歎。可是我讚歎以後問題就跟著來了，才知道我一味讚歎也會出問題：咱們說他們的證量很好，承認他們有證量，因爲並不想得罪人，也因爲心存仁厚，根本沒想要跟人家比高下。結果是，經過一段時間，人家來說：「你都說我們師父悟的是正確的，是眞的有悟；可是你的法跟我師父不一樣，那顯然是你悟錯了。我師父有悟，這可是你自己說的；那你說出來的法，跟我師父不一樣，你就是沒有悟嘛！」喔！原來好人當不得，他們得了便宜還來我這裡賣乖；所以後來不管是誰來問，我如果知道那人是沒有悟的，就直接說他沒悟。如果因此再來誹謗咱們，我就指說他落處在哪裡，什麼地方錯了，依什麼道理說他悟錯了。但是，口頭上講了幾年，還是沒有用，後來乾脆寫在書中指名道姓了，這才扭轉了佛教界許多人遠離邪見。

所以弘揚了義究竟的正法時不能鄉愿，當你知道人家的法布施是錯誤的，你就不能再鄉愿了。正法與錯誤的法是沒有辦法和平共存的。以前在印度南方，因為我去印度朝禮聖地時坐在遊覽車上入定，定中看見過自己在南方海岸邊的一條路上走著，所以我知道以前在那邊生活過，那時看見不同的兩世，另一世是在尼泊爾山裡生活弘法。以前在天竺南方就是想要跟人家和平共存，我們並沒有想要謀取什麼名聞與利養，可是你說老實話，人家不跟你說老實話。他們當面跟你約定：你不說我的過失，我也不要說你的過失。約定好了以後，我們都不說他們的法義錯了，但他們私下就一直說我們的法義錯了；然後我們的信眾漸漸都流失掉了，正法就沒有勢力了，就這樣被密宗給滅了。後來乾脆就生到震旦——古時候的中國（現在了義佛法在台灣，台灣是佛法中講的中國，但我們還得非常努力奮鬥一番，才能使大陸同樣成為佛法裡的中國）。那麼，那時候我就是心存仁厚，想跟人家和平共處；可是人家不照約束來，他們並不是依照約定說「你弘你的、我講我的」，依舊私底下毀謗我們的正法，最後也沒辦法和平共存，我們的正法力量就被消滅了。

我們這一世剛開始弘法時也是宅心仁厚，但是終究沒辦法與錯悟者和平共存，被他們逼到最後還是得要破斥他們；因此，我們就開始要求各道場要作「淨法施」，不要再殘害眾生的法身慧命。當然，我剛開始破邪顯正時，會內也曾有人反對我：「你都要批評人家，人家穿著僧衣，是僧寶，不可批評的。」我說：「你懂什麼叫僧衣？我穿了二千五百多年的僧衣，也不是沒穿過。」所以他們由於鄉愿而反對，那心態就是出問題了。總之，正覺同修會裡前後三次的法難都跟這個問題有關。但我們還是要堅持「淨法施」，誰誤導眾生、害眾生大妄語，我們一定得要講，再也不能繼續鄉愿了。因此，在這裡還是要請諸位去判斷一下：究竟有哪些道場是符合經中所說的「淨法施」？西藏密宗四大派的法布施都叫作染汙法施，因為都是誘導眾生下墮三惡道的邪法；顯教裡面各大山頭的弘法叫作常見法施，因為他們所布施的都是常見；乃至印順派的斷見法義其實仍然是常見，因為他雖然說一切法空，卻又建立了意識的細心常住不壞，以斷滅性的意識作為因果的報償者，那還是落入常見裡面。

其實，連二乘法的正確弘揚，都還說不上是「淨法施」，因為只是二乘小法，證得第四果時，仍有許多的不淨法存在。再請諸位讀一下佛陀怎麼開示的：「令一切得諸法實性故。」二乘菩提無法使人證得諸法的實性，因爲二乘聖者只在諸法的虛妄上面去作現觀，捨報時把自己滅盡入了無餘涅槃；但是無餘涅槃中的實際，他們畢竟還沒有親證。而且諸法是從什麼地方來的？他們也不知道，除非已經迴小向大，經由 佛陀幫他證悟了，否則是無法證得諸法實性的。因此，眞正的「淨法施」，是能夠使人證得諸法實性的，這才符合佛所界定的「淨法施」標準。而諸法的實性，就是說諸法是從哪裡來的？諸法其實不是二乘聖者在表相上所看見的生滅性，諸法反而是常住性的，因爲都已攝歸實相法界如來藏；那麼依附於如來藏、收歸如來藏時，生滅性的諸法附屬於不生滅的如來藏，猶如不斷變異的影像依附於不變異的鏡子一樣，於是就跟著成爲「諸法實性」，而不是一切法空。所以，眞正以清淨法布施的實行者，只有菩薩，不是阿羅漢；而阿羅漢迴入菩薩道之後，證悟了就同樣能夠作「淨法施」。那一些不迴心的阿羅漢入滅時取無餘涅槃，這些阿羅漢生前所布施的解脫法都不能使人證得諸法的眞實性，所以都還不是「淨法施」者。所以，「淨法施」的定義，就是能夠使得一切有緣的人證得「諸法實性」。

那麼「飲食施」之目的，是「令一切身心獲安樂故」。「飲食施」，怎麼能夠令一切人身心獲得安樂呢？一般人布施飲食的時候，對方有沒有身心獲得安樂？沒有。在寺院中過堂，不都要唱一些偈頌嗎？譬如「粥有十利，饒益行人，果報無邊」，作麼生說個果報無邊底道理？又說「爲成道業，應受此食」，你又如何說出受此食時便能成就道業底道理？叢林中過堂唱這些偈頌都不是兒事，同樣的道理，菩薩行布施時，如何令受施者「身心獲安樂」？這也是個大題目，不能不予重視。假使證嚴法師有心弘揚佛法，應該要下令：所有的信眾們布施食物的時候，把食物遞出去了，就要問對方：「是什麼？」然後扭頭就走。應該如此啊！否則如何令一切受施者身心獲得安樂？因爲不是講身安樂而已，還得要心安樂。當然啦，如果一包米送出去，他們開口問：「是什麼？」人家要說是白米，他們可沒奈何呵！受施者也會說：「師父啊！你怎麼還問我這是什麼，這明明是白米，你不知道嗎？」老實說證嚴法師並不知道那是「白米」，因爲這「白米」也不是小事。什麼是「白米」？還眞難懂欸！大座主罷講以後進了叢林學禪，其實是什麼都不懂。也許你說：「哪有可能？我已經活到八十歲了，我還不知道那是白米？」等你眞正進了叢林，見了老趙州，老趙州問你：「吃粥了也未？」「吃了。」「洗缽盂去！」「我活到八十歲了，少小出家，如今八十歲了，竟然叫我洗鉢去，我是長老欸！」「你什麼時候老過？亂講！」等到去洗鉢的時候，也許老趙州心血來潮，來看看：「會洗碗麼？」「會啊！」「那你洗洗看吧！」這才一洗，老趙州一定會告訴他說：「原來你不會洗碗。」眞的不會洗碗，連洗鉢盂都不會，可不要當作這是小事啊！

同理，佛法中的「飲食施」有那麼簡單嗎？如果「飲食施」是那麼簡單的話，就不會放在《實相般若波羅蜜經》裡面來說了，因爲飲食的布施也是實相之一。爲什麼如此？只爲實相函蓋一切法故。如果作飲食布施的時候令對方身安樂，心也得安樂，你就是懂得「令一切身心獲安樂故」而布施的人。因爲當你作飲食施的時候，你的「一切如來爲三界主」的法相要拿出來；那麼，有緣人這麼一見，就得心安樂；那一包白米拿來，可以吃上十天、半個月；如果像我一天二餐而且食量小，那可以吃上一個月了，那麼色身也一樣安樂了，那不就是「身心獲安樂」了嗎？這才是「一切如來爲三界主」的法相示現出來了。

那麼，意思就是說，要讓眾生在你灌頂施、財寶施、淨法施、飲食施的時候，能夠現見「一切如來爲三界主相」。能夠這樣作，世尊爲諸菩薩說的「一切諸佛灌頂出現智藏實相般若波羅蜜法門」，你就懂了，就表示你已經證得這個法門了。可是這個法門，別人有沒有講過？又是怎麼講的？我是沒聽人家講過，但是根據諸位來聽我所講，看來好像是長篇累牘。這麼短短的二、三行文字，這蕭平實講起來竟然是長篇累牘。好像講得很好，跟別人講的都不同；但是聽了以後，又好像摸不著邊。如果連邊都沒摸著，你怎麼去掌握它的中心法義呢？你想要找到中心，一定要先摸到邊。一個物體，這一方的邊在這裡，另一方的邊在哪裡？如果兩邊最遠的二點都摸出來了，你就知道中心在哪裡了。問題是，講了這麼多，範圍那麼廣，連邊都摸不著，想要知道中心法義，可就難了！可是 如來卻說這個很簡單，如果你能夠摸到邊，並且找出那個中心點，你就通了。但是 如來不教你去摸邊，祂叫你直接切入中道。直接切入的最好方法，就是這個咒，所以爾時 如來復說咒曰：「恒纜——！」這樣就把中心點告訴你了，有沒有看見？「以一切如來爲三界主相」，有沒有？應該看見了啊！因爲我是依照 釋迦佛那樣而示現了三界主的，依 如來所教導而把祂示現給你看啊！沒有刪減到一分一毫，十分具足顯示出來給諸位看。不然我們再一次請出這個法寶，再告訴給諸位、再示現給諸位好了：「怛纜——！」

好啦！既然還是沒辦法摸到邊，這中心點也無法弄得清楚，我們就從理說上面來談一談吧，《人天眼目》卷三：

【黃蘗曰：「今時才出眾來者，只欲多知多解、廣求文義，喚作修行。不知多知多解翻成壅塞，唯多與兒酪、乳，消與不消都總不知；三乘學道人皆此樣，盡名食不消。食不消者，所謂知解不消，皆爲毒藥，盡去生滅邊收。眞如之中，無此事故。」】

這是黃蘗希運禪師的開示，是從理上來說。黃蘗希運是大老粗一個，他悟了以後，還沒有住山時，有一次在寺院裡面掛單，那時候大中皇帝，由於被人竊位，所以他落難在同一個寺院裡面當沙彌。有一天，大中皇帝沙彌正好從大廳過，碰巧黃蘗禪師那時候還很年輕，也還沒有出道弘法，但已經悟了，正在殿上禮佛。大中皇帝那時候當沙彌，他當然也懂一些禪宗的對話，就說：「不著佛求，不著法求，不著僧求，長老禮拜，當何所求？」黃蘗禪師一禮佛起來之後，回答說：「不著佛求，不著法求，不著僧求，常禮如是事。」對於三寶都無所求，卻是要常常像這樣禮拜。那大中沙彌當時不懂，便質問說：「那麼您禮拜又是為了什麼？」黃蘗禪師就往大中的胸前放了一掌。那大中沙彌不懂，反而責怪黃蘗太粗魯，黃蘗說：「這裡是什麼所在，根本就沒有粗細可說，你竟還在說粗說細。」接著又向大中胸前再放一掌，大中沙彌眼看著講越多就得挨越多掌，只好趕快走人。眞的好奇怪呵！這大中皇帝當沙彌的時候，就曾經被黃蘗打過了。黃蘗一向都是如此，這黃蘗就好像大老粗一個，所以他對徒弟臨濟義玄便沒有印證得很好，因為還沒有很好地勘驗，就給了禪板讓他去開山，所以後來惹得諸方拈提臨濟義玄，都說臨濟當時眞妄不分。

那麼，這一段就是黃蘗禪師的開示，他講的倒也正確：「如今這個時候，往往一般人才剛出來，站在眾人之外；」也就是不再當粥飯僧而出眾來參禪的人；像這樣出眾來修行的人，跟眾人的畏縮又不一樣了；「這種參禪人只是想要聽得更多、理解得更多，想要廣泛尋求文字中所說的義理，就說自己是在修行；可是卻不知道，知得越多、理解得越多，反而腦袋塞進了一堆的葛藤。」因為多知多解，都是大法師、大座主、大經師幹的事；眞悟底禪師大多不喜歡講經，所以禪師不教人多知多解，都是著著指向要害。那些人不懂，「只欲多知多解、廣求文義，喚作修行，卻不知道多知多解反而變成壅塞，」也就是腦袋裡擠滿了葛藤，那就不空靈了。那麼，古時候禪師就會責備說：「你太實頭了。」太實頭，是腦袋裡塞滿了東西，就沒辦法運轉，連動一下都動不了，就是這句「翻成壅塞」。

黃蘗又說：「都只知道對嬰兒不斷地給他發酵乳，不斷地給他奶酪，都不曉得他才剛出生一個月，哪能夠吃得這些東西？而且不斷地塞給他，小兒都還沒有消化，又要塞給他，」又說「消與不消都總不知」，都不知道他到底消化了沒有，竟然繼續餵他。黃蘗又說：「三乘法中的學道人，每一個人都是學成這個樣子，這些人都叫作『食不消』。食不消的意思，是說對於所知所解不能消化。」人家善知識有時候垂下悲心來、垂下慈心來，有時候就多舌講了很多東西，但是講了以後，學人聽了得要吸收理解；可是程度太差的人對那些知解都沒有辦法消化，那就叫作「知解不消」。「知解不消」的人「所聽到的知見可就全都變成毒藥，因此盡去生滅邊收。」也就是說，全部都會落到有生有滅的那一邊，被收攝在生或滅的其中一邊去。諸位，你們每週二來聽我講經，我怕你們聽不懂，不得不加油再添醋；這樣子加油再添醋以後，到底你們是有沒有消化呢？也許我應該觀察一下你們消化了沒？如果沒消化，我就等半個鐘頭讓你們消化，我就不再講下去，坐在這兒休息。不曉得這樣好不好？唉呀！大家都搖頭，你們第三講堂認爲好不好？也搖頭，那我想第二講堂大概也如是了。

問題是，如果不加以細說，眾生又無法改正錯誤的知見。但是，如果所給的是好食品，看看他消化不了，那你就得給他一些強胃散了，或者給中藥的平胃散等等，應該如是。可是，如果號稱爲善知識，他給眾生的竟都是餿掉的食物，或者加了三聚氰胺的食物，那就不能稱爲善知識了。這就是說，什麼人該給什麼，你要觀察因緣。如果叫我去外面講，我把〈正覺總持咒〉拿上來，就只解說第一句，不說第二句。第一句是啥？（眾答：五陰十八界。）對，只講第一句的五陰十八界就好了，第二句裡的前二字「涅槃」就甭講了，因爲他們一定聽不懂；至於第二句的後三字「如來藏」，就更別說了。也就是說，你要看他那個胃能消化什麼東西。會外那些人，你只能給他們五陰十八界這種法，他們會慢慢消化。你若是爲他們解說涅槃或如來藏，他們無法消化的，反而把他們的胃腸給堵住了，然後三天吃不下飯，因爲他們消化不了。你們看 維摩詰菩薩以神通力去向 香積如來要回來給大家的香飯，那些佛子們吃了以後永遠不會餓；要到什麼時候才會餓呢？要等他證悟如來藏以後才會餓，因爲已經消化而成爲他自己的智慧了。

這就是說，眾生能得什麼法，你要先觀察因緣；如來藏妙法還是可以說的，但是得要用書本來說，讓他們慢慢地閱讀、慢慢地消化吸收正知見。如果叫我出去會外遇見了一般人，就讓我來爲他們解說如來藏，我可不樂意說了！因爲說了反而會招來誹謗。如果我要爲他們說如來藏法，他們一定會罵：「你懂什麼如來藏法？那是正覺同修會才懂的。」我如果說：「我就是蕭平實。」他們一定說：「你亂講！蕭平實能像你長這個樣子喲？」因爲他們只看到一個小老頭，沒看見我的大人相，而我也不會輕易示現大人相。所以我不會當面爲外人演講如來藏妙法，我只講五陰十八界就好，等他們聽完〈正覺總持咒〉的第一句了：「請問善知識，您貴姓大名？」「我姓如，名來藏。」這樣就好了。「您這位善知識眞是怪姓欸！」「對啊！我無量劫以來，都姓這個姓。」這樣就夠了，何必一定要提名道姓呢？這就是說，你如果對於那些知見程度還不夠的人，強行為他們演說如來藏妙法，這些妙法對他們而言反而會變成毒藥；因為你所說的，他都吸收不了、無法消化。你說的如來藏，他們聽了不免會落到生滅兩邊；所以你如果輕易說了，他們會說：「唉呀！原來你是外道神我的奉行者。」落到生滅邊去了，盡皆收入生滅邊中。

可是禪師若對有緣人說法，有時候又不一樣了，他就直接演講眞如；可是聽的人仍然會落在生滅邊中，終究離不開生滅兩邊；而禪師所說的其實不是這樣，因為「眞如之中，無此事故」。眞如之中，一法都無，卻不是一切法空，不是斷滅。也許有人聽了不服說：「眞如能生萬法，你竟然說眞如之中一切法都無。」「那不然，這樣吧！請您誦誦《心經》好不好？看看有沒有一切法？因為《心經》講眞如講得最直接了。」當他持續誦著《心經》，誦到「無眼界乃至無意識界」時，一定會覺得好像不該再誦下去了，因為再誦出來的全都是證明人家講得對，自己的理解全都錯了。事實上確實是這樣，禪師指導人的是眞如之法，眞如之法其中無任何一法，但是祂卻生了無量法，都在五陰上面不斷地顯示著，可是祂眞如自己的境界中並無一切法。這樣聽了，要懂呵！如果聽了還不懂，這些法將會變成你的毒藥；這個毒藥在你肚子裡，作用起來可就麻煩了。這是從理上說，至於另一方面的理上，宗門裡面又怎麼說這個理？《萬松老人評唱天童覺和尚頌古從容庵錄》卷二：

【萬松老人云：隋州隋城山，護國淨果大師，諱守澄。與二世演化大師諱知遠，同在湖南報慈。慈陞座，師問：「如何是眞如佛性？」慈曰：「誰無？」參退，首座問：「汝適來問，和尚話還會麼？」師曰：「不會。」座曰：「和尚恁麼慈悲，汝為什麼不會？眞如佛性誰無？乃至四生六道悉皆具足。」師曰：「感謝首座為某說破。」淨果在傍咬齒曰：「這老漢！自家無眼，更瞎他人。」乃召師，問：「首座適來說箇什麼？」師曰：「某當時不會，得他說破。」具如前舉。淨果曰：「上座！佛法不是這箇道理。汝若不信，去問取堂頭。」師上堂頭，具說前解，慈亦曰：「佛法不是這箇道理。」師曰：「適來問第三座，他亦不肯，故教來問。且望慈悲，為某決破。」慈曰：「汝去！問取第三座去。」師下來禮問，淨果曰：「汝但問來。」師便問：「如何是眞如佛性？」淨果曰：「誰有？」師於言下契悟，再拜謝了，乃曰：「首座或在眾、或出世，某誓願佐助。」後遂相繼住持。】

這一則公案中，有理也有事。且把這個理先說完了，咱們再來說事。假使我忘了說事，請大眾提示一下，因爲我這個人沒好記性，你要叫我記什麼事，我一轉身就忘掉了。可是眞如這個東西卻永遠不會忘，因爲這是咱自家裡的東西，想要講的時候就一面看著一面講。所以學正覺這個法最好，不用死背。

萬松老人講過這麼一個禪門的公案，他是在評唱〈天童宏智正覺禪師頌古〉的時候提出來講的。隋州有個隋城山，有一位善知識稱爲護國淨果大師，他的名諱叫作守澄；另有一位第二世住持的演化大師，名諱叫作知遠，跟他當時是同時都在湖南報慈。報慈當時也是個大道場，是跟洞山良价禪師一時齊名的善知識。有一天報慈陞座，那時候演化大師還沒有悟，還是個學人，就出眾而問：「**如何是眞如佛性？**」自古以來，眞如與佛性大多是合在一起說的，因爲自古以來的禪宗祖師，眼見佛性的人，你在公案記錄中找不到一打，所以一般都是合在一起說，是看見了眞如心可以使人成佛的自性，不是世尊在《大般涅槃經》眼見佛性中說的佛性；所以這裡問的佛性是第八識能夠使人成就佛道的眞如自性，不是《大般涅槃經》說的眼見佛性那個佛性。這定義有別，先要聲明。

問：「如何是眞如佛性？」報慈開示說：「誰沒有？」那麼，這個參問完了，演化退下來了，報慈座下的首座就問他：「你剛才上去問法，和尚告訴你的話，你還會不會啊？」演化禪師老實說：「不會。」報慈的首座就好心好意告訴他說：「和尚對你是這樣的慈悲，你爲什麼還不會呢？眞如佛性誰沒有呢？和尚已經告訴你說，大家都有啊！這個眞如佛性，誰沒有呢？乃至四生六道所有的有情都具足了眞如與佛性啊！」當時演化大師還沒有悟，他聽了，想一想，覺得也是啦！就說：「感謝首座爲我說破了。」當他在跟首座談話的時候，淨果禪師在旁邊聽了很生氣，就像世俗人一樣咬牙切齒說：「你這個老漢！自家沒有開眼，還要瞎掉別人的慧眼。」他講得很生氣。因爲明明是在誤導別人，他很生氣就咬著牙齒這麼說。諸位可以想像一下他那個表情。於是他就把演化知遠叫過來，問他說：「首座怎麼爲你說明呢？」問他說，剛才首座爲你說了什麼？他就回答說：「我當時不會，就是因爲首座爲我說破，首座對我算是很不錯的。」就把剛才他跟首座的對話講了出來，淨果禪師就告訴他說：「上座啊！佛法不是首座所說的那個道理。你如果不相信我說的，就去問堂頭和尚吧。」堂頭和尚就是主法的和尚。

演化禪師到了堂頭和尚那裡去問，就把首座所說的以及淨果所說的都講了。當他說完首座所說的那個道理的時候，報慈禪師也說佛法不是首座說的這個道理；所以他就把淨果爲他說的也講了出來：「剛才我問了第三座，他也不肯首座說的，所以就叫我來問和尚，且望和尚慈悲，爲我決斷、說破。」報慈禪師就說：「你去吧！問第三座去吧！」第三座會，就讓他問第三座就好了，而且是淨果發覺演化被誤導的事，由淨果來處理是最好的。當和尚本來就是要這樣輕鬆的當，哪裡還要事事都得自己呢！其實演化從堂頭和尚那裡下來，去禮拜淨果的時候，開口前就應該要知道了。但他還是不知道，就開口請問其中的道理，淨果禪師就告訴他說：「好啦！你儘管問來。」這個口氣，現在閩南話還在用：「盡你問來。」好，這演化知遠就問：「如何是眞如佛性？」沒想到淨果竟然告訴他說：「誰有？」本來報慈是回答：「誰無？」現在淨果竟然說：「誰有？」這一下演化禪師也就悟入了。你說禪門奇怪不奇怪？

如果是一般人或六識論的聲聞僧聽了，他們會批評說：「這根本是無頭公案，明明報慈和尚說『誰無』啊！淨果卻說『誰有』，這個根本就不通嘛！

爲什麼他就這樣開悟了？他不可能悟了卻跟報慈講的不一樣嘛！竟然說這樣也是開悟。這顯然是無頭公案，都是禪宗祖師們的自由心證。」他們就是這樣批評的啊！可是這個知遠、淨果、報慈所悟的卻都是一樣哦！報慈說「誰無」，淨果說「誰有」，二人所說不同，結果演化還是悟入了；他悟了以後卻可以通過堂頭和尚報慈的考驗，勘驗下來依舊是同一個東西。所以言下契悟，當然要再一度拜謝。前面來是禮請，所以那個禮拜是要請求開示，現在的禮拜則是要拜謝。拜謝完了起來，他就直接稱呼淨果爲首座了，不再稱他爲第三座了。剛才在和尚面前還說他是第三座，現在直說他是首座了：「首座！您若是在眾中安單而不出世弘法，我護持您；或者您將來如果出世弘法，我也一樣發願佐助您。」因此，報慈捨報後當然是由證悟的淨果接任住持，他就當淨果的首座來護持淨果禪師。或者淨果不管到哪裡開山，他一定會跟去幫忙；等淨果捨壽了，就繼承淨果的住持位子，把淨果的血脈維持下去。換句話說，他們雖然看來是師兄弟，也只在表面上是師兄弟，演化禪師其實是把淨果當作師父的。

那麼，這個禪門宗下之理說完了，諸位倒是端詳端詳（閩南話就說是「參詳參詳」。閩南語的參詳，現在大家都還在用；然而參詳其實出自禪宗，也就是參問清楚，弄個端詳，這叫作參詳；現在閩南語中已經轉變成商量的意思，已經不是原來參詳的意思了）：這個理到底要怎麼通？報慈開示說「誰無」，淨果開示說「誰有」，其實跟佛陀這個「恒纜」是一樣的，無二亦無別啊！這樣才叫作一切法皆如，一切法不異，要這樣會。

禪門之中就是這樣，只要過了禪門這一關，《般若經》就眞的讀懂了。明明四阿含中說一切法是生滅法，來到《般若經》裡面卻說一切法本不生滅。奇怪不奇怪？表面看來好像跟四阿含是牴觸的，可是實際上完全沒有牴觸。那麼，只能讀懂文字表相的人，他們就會說：「**佛陀前後三轉法輪的法義是自相矛盾的。**」誰講的？（有人回答：達賴喇嘛。）是達賴喇嘛講的，你說他不該打屁股嗎？該打啦！哪一天遇見了達賴，我就說：「**上堂。**」然後宣判他謗佛謗法的大罪，打他十八大板；因爲，明明是沒有衝突的，自是他不懂。自己不開眼，不能怪佛怎麼說啊！因爲開眼的人看來是一樣的。阿含說一切法生滅，般若說一切法本不生滅，完全沒有衝突；但是你要如何會通這兩句開示？那就要靠禪宗明心開悟這一著。一切法不一亦不異，因爲一切法本如來藏妙眞如性；一切法既然同樣都歸屬於如來藏，難道會跟如來藏自己相異嗎？不可能啊！所以說一切法本不生滅。因爲收歸了如來藏，歸屬於如來藏所有；把顚倒改正過來了，歸屬如來藏所有的時候，如來藏本不生滅，當然如來藏所有的一切法就成爲本不生滅，那麼這樣一切法就平等了。由如來藏的立場來看，意根沒有比意識厲害，意識也沒有比意根厲害，意識也沒有比前五識厲害，識陰也沒有比色陰厲害，因爲都是生滅法，全部都歸平等性、不生滅的如來藏所有，所以一切法平等。

因此，當人家問禪師（假使有一個道場是水果道場，因爲這個道場專種水果，一日不作、一日不食，這一區種蓮霧，那一區種芒果，這一區種香蕉），好啦！有人來參訪，問到道場中這位常住——他是管種蓮霧的，人家來問：「如何是佛法大意？」他就答：「蓮霧。」改天又來，正好遇到管另一區種芒果的師父：「如何是佛法大意？」那位師父就說：「芒果。」改天再來，問到管另一區的師父：「如何是佛法大意？」那師父回答他說：「香蕉。」眞的不信邪，怎麼一個人講一個樣？有一天又來，遇到了首座：「師父！怎麼三位常住跟我講的都不一樣？一個說蓮霧，一個說芒果，一個說香蕉，我到底要怎麼會？」這首座知道他不會，從理上答他：「我告訴你啦！蓮霧就是芒果，芒果就是香蕉。」唉呀！沒想到這一答，他更迷糊了！不信，大膽上了堂頭去問堂頭和尚：「大師！爲什麼他們四個人竟然這麼講？」那大師就問他：「你喚什麼作芒果？」這一下終於警覺：「唉呀！原來他不是在講芒果，當然也不是講蓮霧，也不是講香蕉啊！」這一下昏天黑地，參了個沒完沒了，如喪考妣。有一天終於悟得很深細，他自然就會了：「原來芒果就是香蕉，香蕉就是蓮霧，眞的一切法平等。」可是，等到人家問他說：「你經過這麼一大段的公案才終於悟了，那你是悟在哪一種？」「芒果啊！」「那芒果跟香蕉有什麼不同？」他卻反問說：「汝喚什麼作香蕉？」這回換他使壞了。

後來他遇到別人問這個法、那個法時，他就開示說：「你們不要管這個法、那個法，諸法平等相，香蕉、芒果跟蓮霧是平等不分別的。」所以，如果人家來問：「如何是香蕉？」答：「芒果。」又來問：「如何是芒果？」答：「蓮霧。」當人家要打破砂鍋問到底：「那我再問你『什麼是蓮霧』，你總沒辦法回答了吧？」這個題目確實還沒有問過啊！「如何是蓮霧？」答：「香蕉。」他看一切法已經平等了，因爲他是從自心如來、是從如來藏的立場來說一切法；所以不管他答什麼都通，你永遠沒有辦法挑他的毛病；而他也已經很清楚地告訴你眞實相，這就是禪理。

所以，報慈禪師很老婆開示他說：「誰無？」淨果禪師老實開示他說：「誰有？」其實沒有差別，要是演化知遠，這一下子就悟了，這裡面當然有蹊蹺。也就是說，報慈開示他「誰無」的時候，他是收斂了一切光芒，使他的大人相很微細，難以體會。可是，淨果有心幫忙，當他說「誰有」（平實導師特地在這時以大人相而說）的時候，大人相光芒萬丈。有看到麼？光芒萬丈啊！有的人看見了。但也有人沒看見，那我就沒辦法了，因爲不能違背因緣強行幫你悟入，但這就是淨果禪師慈悲爲他處。那個首座自己無眼，尚未開眼，還要害別人把還沒有瞎掉的眼也一起瞎掉，當然淨果對他要咬牙切齒，特別因爲演化是他的好朋友。以上說的就是禪門說理，但我也爲大家使壞過了。

我應該還沒有說「事」吧？在事相上，你看，淨果禪師弘化一方的時候，這演化知遠就跟著他，寧願爲他分憂解勞；直到淨果禪師捨報以後，他就踵隨在後面住持淨果的家業，這就是事上應該示現的菩薩行止。所以，師父傳給你這個法，你懂了，那你應該要怎麼對待你的師父？這就是一個菩薩應該要有的行止。如果說師父傳給我這個法，我如今也會了，竟然開口要求說：「師父！你那幾個道場，撥一半給我吧！」這是不是菩薩？（有人說：不是。平實導師伸手比出小指說）是這種菩薩！

網站上也有密宗的人亂罵我：「你從你師父聖嚴法師那邊學法出來，竟然還批評他。」我說：「我爲什麼不該評論他？我爲了救他的徒弟，爲了救他本人，就該評論他。因爲我雖然從他那裡出來，但他卻是誤導我的，他並沒有傳給我這個如來藏妙法，他傳給我的是意識境界的常見外道法。」我早就聲明過：我用他說的禪法與知見，閉關參了十九天，根本參不出來；第十九天午齋後，我上了三樓，面壁而坐，繼續參到昏天黑地，根本就沒辦法啊！到了三點半過後，我想：這樣不行，得要改弦易轍。因爲我見山不是山的日子不好過，整整一年半裡，食不知味；路上走著都像行屍走肉，根本不知道自己在幹什麼欸！要去甲地，結果車子開著卻開到乙地去，常常這樣，那個見山不是山的日子眞不好過。我用他的知見與方法參了十九天也都沒辦法，到第十九天下午三點半，我想：沒辦法了，用自己的知見試試看，不要用別人的。我就說：禪宗既然講明心見性，那一定是有心可明，也有性可見。不過就是明心與見性，難道這四個字有那麼難嗎？不信邪，我自己來。於是開始探究：明心是應該明什麼心？總不會是要明眼前這個覺知心離念靈知吧！如果是明眼前這個覺知心，那根本不必學佛，世間人也就知道了，一切修禪定的外道們也都知道了。如果是明眼前這個覺知心，那不如學基督教去，基督教現代的救世軍還願意救濟貧窮行善，來世不失人身；所以一定不是要明這個心。那麼到底應該是明白什麼心？我想一想，確定應該是這個東西。當時爲什麼稱祂爲東西？因爲很簡單，這根本不像心，眞的只能說是東西啦！那時只能稱祂爲東西，當時也不知道經中早就說過名爲如來藏、阿賴耶識。

但是，我對這個東西都不看在眼裡，我覺得祂很稀鬆平常，沒有什麼奇特。所以接著我就探討佛性：什麼是佛性？我就去探討。佛性，一定是有什麼東西可以稱爲佛性，而且是可以眼見的，才會說是見性；我也是當下就知道了，那也沒多久時間。這整個過程：思惟聖嚴法師禪法及知見的錯謬，以及思惟禪宗明心與見性的過程，前後沒有超過半個鐘頭就全部解決了。我當時倒是覺得佛性很奇特，因爲參出佛性的時候，從六根都看見了佛性，整個世界與境界都不一樣了。那時面壁參禪，對著牆壁靜坐，眼睛閉著參究：佛性是這個，沒錯。當時鄰居幼稚園剛放學，我窗外就是幼稚園，很吵鬧，所以當時我把住居叫作喧囂居。當時那些孩子放學了，在庭園中吵吵鬧鬧，眞是震天價響，加上園主又常常拿了棍子來打門板：「還吵！還吵！」然後，有幼稚園的車子要送孩子回家時，園主是買回來消防車後面掛的警鐘；放學時間到了，他就用力敲起來：「ㄎㄧㄤ！ㄎㄧㄤ！ㄎㄧㄤ！ㄎㄧㄤ！」眞是震天價響！每一次都覺得他眞會搞怪！覺得好吵。可是，那個時候聽起來，所有噪音全都是佛性。不錯，當時我就這樣靜靜坐著，都不敢動；一直都在聽，聽了二十幾分鐘，然後就在壁上看著佛性，才下座。

曾經有人批評說：「既然是眼見佛性，只有眼根看見佛性，那你耳根沒有聽見佛性，那你所說的佛性就不遍六根了，算什麼佛性？你一定落在神經感覺裡面。」他們不懂，亂批評一通，都不知道一根若見，同時就六根都見。但我當時就這樣子開始享受佛性的快樂，可是我很冷靜，一點點興奮之情都沒有，非常冷酷；我打開窗戶，看見幼稚園的孩子在那邊玩，他們很高興，我跟著歡喜，但不知道我在高興什麼；然後有孩子跌倒了在那邊哭，我不曉得我跟著在掉什麼眼淚，只知道我跟他們會相應。那時，說實在的，眞的很酷，心中一點點的波動都沒有，可是竟然會跟孩子們相應。如果他們專心在快樂，我就跟著快樂；他們專心在哭，我就跟著掉眼淚，雖然我沒有哭。那心情酷得不得了，酷斃了！

我是自己這樣子很容易就參究出來的，所以我隨即知道我這一世的師父教導人家的方法，不但不能開悟，而且會幫助大家永遠不能開悟，這樣的幫助不要也罷！而且他都要求打坐，其實眞要說到開悟，說句難聽的，打坐反而不容易悟入，他教的知見與方法都正好是顚倒的。他既然誤導了我，又誤導了眾生；然後我等於是被他趕出來的，我爲什麼要感恩？所以我感恩他的地方，只是由於他這一世是我的三歸師父，讓我回到佛門之中。他誤導我，我不生氣也不追究；但是當他誤導眾生的時候，我不該說出來嗎？當他犯了大妄語業，接著又印證十二位凡夫弟子開悟的時候，我不該說出來救他們嗎？我當然該說嘛！這才是菩薩的本分。如果他是幫我開悟的人，我沒有第二句話：上山，即使那座山上插滿了刀，我也去；平地裡去，若是遍地皆火，我也去；這是我的本分，我應該要這樣子。可是，他給我的法卻是會害我永遠悟不了，爲什麼要放任他繼續戕害善心佛子的法身慧命？我也不是不曾護持他，我悟前依止他的時候，也是鼎力護持；但是後來發覺，我護持了不少錢財，但我到底是有福德還是有業種？因爲他傳授的佛法是在誤導眾生。那麼我捨棄他的法門以後自己參究出來，對他傳授給我錯誤的方法還應該感恩嗎？還應該繼續支持他以錯誤的法門誤導善心佛子嗎？

所以在事相上，你得要探究到其中的眞相，不能只看表相；如果只看表相，不免會把錯誤的看法套到正確的事相上面去，就會扭曲事實眞相。那麼，也有人說：作人的道理如何如何。意思是我違背應該尊師重道的道理，他這樣批評，其實是在叫我違背作人應有的道理。如果我還要去支持聖嚴師父的錯誤法義，就變成我得要支持他繼續誤導眾生；若是眞的這樣作，到底該或不該？這個事相就很明白了。但是，如果我今天所證、所弘揚的第八識妙法，是得之於他的教導，我就應該要回報他；假使沒有他的同意，我也絕對不會擅自出來弘法度人；而且他也不必在我離開之後又叫人把我找回去，當眾否定我，因爲法同一味；既是法同一味，當然我一定會繼續護持他所說的法，幫助他弘傳下去，他又怎麼可能用計策找我回去而當著所有幹部面前否定我的所悟？

正是因為雙方所證、所弘揚的法不同——我證的是第八識眞如，聖嚴法師說的開悟是第六意識境界，法義完全不一樣；當我私下指導了一、二個有緣人證得第八識時，他受不了，當然要否定我，於是在我自動離開以後又用計謀找我回去，再當眾否定而趕我離開。又因為更早之前，我在禪坐會的幹部訓練課程中，說法時說得太妙，指導法師受不了，當場把我洗了臉。人家既然受不了，我當然也知趣，我就自己主動離開啊！那時並沒有正式被趕走。但是我已經離開很久了，聖嚴法師又何必設計我回去再當眾否定一遍？但是我被否定以後已經十幾年了，我也不曾發露這件事情出來，或者指說他這種行為。後來我把新書一本又一本全都寄給他，只要新書出版一定會寄給他，但是他都不改變，仍要繼續誤導眾生；後來更在月刊上面公開宣布，說他印證了十二位沒斷我見也沒證得第八識的法師們，說是明心又見性了；這是害人同犯大妄語業，所以我自從指名道姓評論印順以後，才開始指名道姓把他也列進去辨正。

這段過程，在十幾年前剛發生時就曾告知某些同修了，以前也曾經私底下說給某些有關聯的同修們知道，但我本來是不想公開講出來的，因為念在這一世也曾師徒一場，那五年的師徒情分是不可能否定的；只是密宗喇嘛教近年來不斷地顚倒事實眞相，誣說我得法於聖嚴，然後忘恩負義評論聖嚴；這事情已經影響到如來藏正法的弘傳了，所以今天我改變了想法，認爲這個事實眞相是應該讓佛教界知道了，以免密宗那些一心想名聞利養的喇嘛們再繼續造口業，否則將來捨報轉入三惡道中又該怎麼辦？

到現在爲止，我還是把每一本書在出版後就寄給他（編案：講此經時聖嚴法師仍未捨報），我是這樣以正法回報他的。雖然他嚴重地誤導了我，但我還是要繼續把正法送給他；我本來想要幫他證悟如來藏，但他姿態很高，不屑一問，我只好改以寄書的方式來幫助他，讓他在捨壽以前可以在佛像前對衆懺悔大妄語業，免除未來無量世的惡報，這才是我與他師徒一場以後應該作的事，而不是像世俗人一樣跟他和稀泥，不管他未來無量世的嚴重果報。如果要和稀泥，我也會；作好人最好啦！都不會擋人財路，就不會被人亂罵嘛！我的問題就是講眞話而擋住了別人財路、擋住了喇嘛們的色路，因爲人家的名聞受到影響了，利養與法眷屬當然就會跟著受影響。但是我不能只考慮師徒之情，不能只考慮他一個人的世間利益，我要考慮的是他的未來世，也要考慮他的廣大信徒都被他誤導；後來他又在月刊上公開印證了十二個人，宣稱是既明心而且又見性了。他自己沒有明心也沒有見性，竟公開印證了十二個未斷我見的人明心又見性，那都是大妄語業。我若不將他戳破，讓他捨壽前有機會懺悔滅罪，難道眼睜睜看著他將來臘月三十到來，無可依止的時候，被業風所吹，讓他就這樣去受後世的無量苦嗎？朋友之間都不忍這樣眼睜睜的看著他隨風而去，何況我與他之間至少還曾經師徒一場。

不但是這樣，九百多年前——將近一千年前，我們還曾經是師兄弟。他那個時候就是疑心很重，那時他其實已經知道般若的密意了，只是心中懷疑不信。到現在還在疑，正是一疑千年，這個疑眞的很厲害啊！我如果不公開指戳他錯悟的所在，讓他自我檢點而斷除疑根，未來世他還得再疑一千年。所以大家眞的要很小心，有疑一定要趕快斷除，別讓它留下來。疑根是連一點點的絲、一點點的細根都不要留，一定要把它斷掉，這就是我在事相上要說的。在事相上是應該報師恩—且不說他對我作了五年的邪教導究竟是有恩或無恩—這件報師恩的事應該要怎麼報，那就得要有智慧，不能夠鄉愿。如果鄉愿，對著大眾或者私下對著少數人說：「**我師父說的『把握自我』也是**

有開悟啦！雖然他悟的並不是第八識如來藏。」那我如果這樣作，好不好？我想諸位一定說「不好」，一定無法認同。而且我如果這樣講，諸位也不必來正覺同修會學法，因爲我這個人顯然將會因此變成心口不一，才會把佛法作人情來賣。

所以，身爲一個已經入了實相門的菩薩，已經轉依第八識眞如心了，一定不會把佛法拿來作人情的；不對的就不能硬拗成對的，因爲那是在幫助對方戕害眾生的法身慧命，這個作法眞的不好。所以希望以後網站上那些密宗人士說我什麼忘恩負義的行爲，應該要改正，不然就是造口業、造文字業。以前我沒有公開講過這件祕辛，今天也只是大概說一下；如果有人還要繼續亂罵、無根毀謗而影響正法的弘傳，逼得我不得不把更詳細的內情講出來，那就不免要使聖嚴師父更難堪了！今晚我的話就講到這裡，希望以後不要再有人於不知情的狀況下亂罵，因爲那個是自己在造口業；如果是在網路上寫文字，那個文字業是會影響更多人的，所造的惡業就會更大，他們如果有一點世間因果律的智慧，以後應該會爲自己的未來世好好想一想才是。罵，我是不理會的，我也沒有時間去讀那些東西。所以，有人下載以後拿來告訴我說：「網站上今天有人罵什麼。」我說：「唉呀！我沒時間讀啦！由他去罵啦！」哪有時間去讀那些東西？而且說句老實話，我早已被罵慣了，有很強的免疫力了。不管他們怎麼罵，我都不會動一念不高興的心，全都不會，因為司空見慣了。

其實，我總是想：人家罵得越厲害時我應該更高興，因為有人罵，才會提高知名度，同時也消滅了我在往昔無量劫來可能還存在的一些小惡業，因為他們都是為了我在努力弘揚此經——金剛心如來藏——而大聲罵我的。這在《金剛經》中早就說過了，不是嗎？所以，以前喜饒根登吳先生在《聯合報》、《中國時報》還有一個佛教的報紙上刊登了廣告公開罵我人妖、蛤蟆精……等，登在第一版的半版而且是彩色的，那一次他花了四百多萬元台幣；登出來的時候我們正好在百齡高中大禮堂舉辦三時繫念，有人拿來給我看，我說：「這是免費的廣告，求還求不到呢。」就那一次，他那麼一登，很多人注意到蕭平實了。然後，我們花多少錢回應？用十來萬元出版一本書就回應完了，我們的同修寫了一本《菩薩正道》印出來，也就回應完了，但是我們在佛教界的知名度就大大提高了。後來他又登了一次，那已經不是第一版了；不過，他第二次登了很多報、很多天。聽說那一回吳先生又花了二百多萬元。算起來我還眞有面子，那時不是很有名氣，對佛教界的影響力也還不大，竟然有人願意花六百多萬元－將近七百萬元——二次爲我打廣告。那個廣告也很有趣，前幾天的廣告中說蕭平實不過是個凡夫，連神通都沒有。後面的廣告裡卻說蕭平實其實是蛤蟆精變的，不是人類。我想，在他的心裡，蕭平實到底有沒有神通，他自己講不清，連我也不知道了。因爲沒有神通的人，還能從蛤蟆精變化成人類，又是由人類父母所生，這也眞是厲害呵！也許可以藉此說一句笑話：這個應該也是菩薩的不可思議處吧！這樣講了一些話，大家應該都不會再打瞌睡了呵！

言歸正傳。佛說：「**灌頂施，令一切得三界王位故。**」只這麼一灌頂，可以使一切人成爲三界王，住於這個位階之中。到底請回《實相般若波羅蜜經》讀了以後，有沒有請到佛陀來灌頂？這才是眞正要探究的地方。那就要端詳端詳一下了：爲什麼灌頂施可以使一切人受灌之後，就得到三界王位？又說：「**財寶施，令一切得所願滿足故。**」爲什麼菩薩施了財寶以後，受施者可以一切得所願滿足？也許有人覺得懷疑：「**菩薩施了財寶就能讓人**

一切得滿足嗎？」我說眞的可以，假使是眞悟的菩薩有心幫你。現在新台幣最不値錢的單位是什麼？五毛錢。嗄？已經沒有發行五毛錢硬幣了？喔！現在最小的台幣單位是一塊錢。我以前買東西找錢時，常常收到五毛錢，人家當作一塊錢找給我。因爲我收了人家找的錢是從來不點的，人家有找給我就好了，我都是這樣想。所以有時候出去買東西，算一算該給人家多少錢，老花眼很嚴重又沒留意是不是五毛錢，一塊錢與五毛錢的顏色又一樣，把錢給人家以後，有時店家會說：「你這一個銅板是五毛錢。」人家卻有在注意。我說：「抱歉！抱歉！」然後就把那個五毛錢另外收起來留著，免得又用錯了。

假使對方有心爲你，也許你哪天出家了，穿著僧衣去問：「某某老師啊！請問如何是佛法大意？」對方從口袋掏、掏、掏，掏了老半天，因爲大多是十塊錢銅板，沒有一塊錢的；後來終於找到一個一塊錢的，哇！如獲至寶。於是來個「財寶施」，送你那一塊錢；然後你就會了，這宗門密意也就懂了，般若實智就跟著出現了。當你懂了以後，你回到寺院，從那一天開始，上座說法時可就不同了；徒弟們聽了你講經以後就說：「師父！您今天好厲害，說了這麼多妙法，我都聽不懂，可是這聽起來又很有道理。」然後，話就開始傳開了，信徒漸漸聞風而來，那不是財寶嗎？中國話有一句話說：「有土斯有財。」我告訴你：「佛教山頭卻是有人斯有財。」身為堂頭和尚而常常要說法時，那就是「有法斯有財」，還怕沒有資財可以弘法嗎？這豈不是「令一切得所願滿足故」？確實如此啊！好，當他這個道場「一切可以所願滿足故」，鄰近的那些本來齊名的道場就要倒楣了，為什麼？名聞利養都會開始流失了，因為開始流到這個實證的道場來了，這位師父不正是「一切得所願滿足」嗎？是啊！因為正法有這個威德力。當然，有一句題外話還是得講：鄰近的道場住持法師將會因此開始在言語上抵制他、毀謗他。

可是 佛陀又說了：「淨法施，令一切得諸法實性故。」大眾就得要參詳了：如何能夠「令一切得諸法實性」？從自己或從別人來說：先從自己來說，不管遇到什麼法，日常生活的世俗法中或者在佛法中，一切都能得諸法實性；因為不論什麼法，一切都跟實性聯結著，不曾切割開。既然都聯結著，都附屬於實性而沒有自性，那麼一旦你親自看見一切都附屬於實性的時候，一切法不就同時也是實性嗎？那麼，再從世間法、出世間法、世出世間法來看，悉皆如是；當你布施佛法與眾生的時候，也應該如此。佛陀既然這麼說了，我們也證明這個說法確實是正確的，無可推翻；但是你要怎麼樣去端詳出一個道理來：現見一切法之中都可以證得諸法的眞實性，不是證得諸法虛性。

諸法緣起性空，顯示的是諸法的虛性，因爲諸法本身不涉及實相；但是菩薩看見諸法緣起性空的當下卻顯示了諸法的實性，因爲有爲性的諸法本屬於如來藏妙眞如性，不能還歸於實性如來藏以外的諸法，只能還歸於如來藏的妙眞如性，所以一切諸法當然即是實性，但也不等於如來藏實性。能夠這樣子現觀，也能幫人家去證得一切諸法之中的眞實性，就到了另一個層次——盡未來際令一切眾生皆得諸法實性。證悟的時候是使自己親見一切法都有眞實性，悟後出世弘法是幫助一切人於諸法中證得眞實性，這樣才是「淨法施」者。但是進了正法修學之後，要如何能夠到達這個地步？自己應該要端詳端詳。

「飲食施，令一切身心獲安樂故。」佛陀又說：「飲食的布施，可以使得一切有情身心獲得安樂的緣故。」因爲這個緣故才要去作飲食布施，否則菩薩作飲食布施有什麼大意義？世間人也有在布施，慈濟眾生的志業並不是只有佛教裡才有，外道宗教裡也有慈濟眾生的志業。我們如果布施了以後，眾生所得是與他們從外道那裡受施的所得一樣，那我們菩薩的布施有什麼奇特之處？佛教又有什麼奇特之處？都沒有了。但佛教確實有奇特處，菩薩布施了飲食以後，也可以令一切有情身得安樂、心得安樂。怎麼樣能夠令一切人身心得安樂呢？當你準備布施飲食給一切人的時候，這當然要先探究。不過，現在講經時又不是辦禪三，我總不能像禪三那樣普說；但有時候還是得要插進一點點禪三式的普說。為什麼呢？誰叫你這個講經題目叫作「實相經宗通」，既然不是「實相經理通」，當然得要有一些宗門的東西。不過，這二部經的宗通講完了，以後可就不會再有宗通的講經了。

我們禪三精進共修時也是這樣給大家灌頂。我們正覺的禪三裡面也有布施財寶——無上法財。禪三時，我也講了一大堆的清淨法，所以也有「淨法施」；並且每天三次過堂吃粥、吃飯時，還附上東山的水果禪；護三的典座菩薩們，做出來的菜色又是色香味俱全，那不叫作「飲食施」嗎？可是會吃的人突然一念相應而吃出味道來了，那就獲得身心安樂，從此心中沒有那一塊石頭了，因爲通了般若。然後，假使某甲問他說：「你們禪三吃的菜，什麼味道？」他說：「酸啦！」某乙來問，他說：「甜啦！」可是某丙來問，他說：「苦啊！」某丁來問，他說：「辣啊！」結果有一天，四個人聚在一起說：「怎麼一個人講一個樣？對四個人就講成四個樣？」對啊！因爲有的人來問，他想起第一天的狀況，心想：「眞是不容易，學佛四十年才終於來到眞正的選佛場，以前去過的都是假的選佛場。」想想也眞的心酸。有的人來問，他想起最後一天的狀況：「我當時正在喝無生水，體驗無生法而開始生忍了。」那實相智慧的果實當然很甜美啊：「喔！原來人家問的菜是這個菜。當人家問的是普通時候吃的菜，他答的卻是那個法菜，因爲每天上法筵。」有的人問的時候，他想起第二天的狀況，因爲那鉗錘鍛鍊，不好受啊！眞的苦得不得了。再有人來問，他就答第三天的狀況，因爲那些機鋒逼拶眞的好辛辣。所以他答覆的內容似乎是完全不同，可是他答的道理一樣不一樣？其實都一樣啊！酸就是甜，甜就是苦，苦就是辣，然後辣又是酸，並沒有差別，因爲他是「身心獲安樂故」，這時候有般若智慧可以發揮了。

可是，到底應該如何得安樂？我這回禪三也講了很多。「如何是佛？」

雲門告訴你說：「胡餅。」別的人來問：「如何是佛？」他又說：「花藥欄。」種芍藥的那個欄杆。又有人問：「如何是佛？」雲門乾脆告訴你：「饅頭。」所以，有一天禪師就拿雲門的公案來杜撰了：「觀世音菩薩買了胡餅回來，把手放開，原來卻是饅頭。」這到底在講個什麼？其實很簡單，他講的就是這個：怛纜——！

經文：【爾時世尊復以一切如來常住智印祕藏相，為諸菩薩說一切諸佛金剛智印甚深處實相般若波羅蜜法門，所謂：「一切諸佛所攝持金剛身印，得一切如來眞實體性故；一切諸佛所攝持金剛語印，得一切法門自在故；一切諸佛所攝持金剛心印，得一切三昧具足故；一切諸佛所攝持金剛智印，得最上身語心如金剛故。」】

這是《實相般若波羅蜜經》第十一段，上一段世尊說了一句咒，把聲音給拉長了；每一段經文開示都有一小部分人有實證的因緣，但不是每一個人都有因緣，所以還要再從另一個層面來解說。事實上，這是娑婆世界中，乃至所有一切佛世界中都是如此的，所以才需要把同樣一個如來藏講了十幾年，這就是般若部諸經所講的意涵。第二轉法輪所講的般若諸經，其實都是在講如來藏這個心自己本身的體性，而不牽涉到祂的功能差別；光是祂的體性就講了十幾年，這到底是爲什麼？在還沒有證悟以前，這《大般若經》六百卷請了出來詳讀，看起來這一段與下一段各不相同。可是等你破參了以後，再把它請出來讀，這一段跟下一段的意思卻是相同的，而這一節跟下一節也相同，這一章跟下一章也相同，這一卷跟下一卷又相同。都是相同的如來藏實相心，可是卻要講十幾年；其故無他，都是因爲眾生的智慧或者愚癡以及根性各不相同，才需要從很多個面向來旁敲側擊，因此才會說有八萬四千種法門。可是這八萬四千種法門所說的，都同樣是那個如來藏心，沒有第二個心；因爲實相法界永遠只有一個，不會有很多個。

同樣的道理，我們在弘法的過程中也是一樣，開了很多個課程，講了許多的經以及論，但講的都是同一個如來藏。所以在最早期，有一位老師（已經退轉了），他跟我說：「**老師啊！我們講來講去都是在講這個如來藏，爲什麼一個如來藏要講那麼多？**」我心裡面覺得好笑，當時我心裡的念頭是說：「**你都沒有在進步。**」但是這話不好說，因爲總得爲他留一點面子，所以我就爲他說：「人的根性、智愚各有不同，因此必須從不同的方向、高低不同的程度、從各個層面來爲眾生開示。」那麼，某一種開示是某一部分眾生可以接受的，能夠相應的；但是大部分的其他眾生不相應，得要再換另一種方式來說；所以 佛陀十幾年的時間都在講如來藏的體性，都還沒有談到祂的種子，就這樣講了十幾年。你必須具足了知這一些般若眞實義，才能完成三賢位的實相般若修證；這是在任何世界所有諸佛弘揚眞如佛性正法的時候，一定都會有的同一種現象。假使只要講一種就行了，那麼第二轉法輪就不必講這麼多了。老實說，有《金剛經》那幾千字也就夠了，爲什麼要講十幾年而有《大般若經、小品般若、金剛經、實相經、心經》？都因爲眾生的心性差別、智愚不同，所以才要這樣。

譬如說，光是講明心一個法，從我們十九年前開始講，我們已經講了多少種的法門？不但講了非常多，而且書也寫得夠多了，但講來講去不都是在講這個第八識如來藏嗎？可是《無相念佛》一本書剛印出來時，幾十個人相應了；《念佛三昧修學次第》這本書出來時，又有了一、二百人相應了，然後就這樣一本又一本漸漸地寫出來。那時候都是隨緣的，沒有什麼計畫性的。到了七、八年前（編案：這是二〇〇八年所說），既然已經正式承擔了正法復興的擔子，我開始有計畫了；因爲我發覺以前寄望於那些大師們，想要把法傳給他們去住持正法，然後我可以退隱，每天至少可以坐八個鐘頭繼續修完我的禪定去；可是後來發覺沒有一個大師是可靠的，我們要把法送給他們，他們還嫌我們這個法很臭，不夠格傳給他們；有時又認爲我不夠格傳法，不是我們的法不夠格。我就想，那我們乾脆就寄望於自己的力量吧！所以就把復興佛教的擔子自己挑起來；什麼退隱、不退隱的，再也不敢講了。以前回去我的故鄉和我同修的故鄉，去買了兩塊地，專門準備將來退隱後要蓋房子養老自修用的，如今也沒得用，就閒擺著了。

因此，我就開始計畫：應該要怎麼有計畫地出書，所以我們從一開始就寫的一些《公案拈提》書本出發，然後把一些跟唯識有關的書論寫出來，因爲那些錯悟者不斷地誹謗，我們必須要讓他們能信受。使他們信受的最好方法，就是把錯誤的見解全部破斥，一網打盡，所以就從唯識學的部分來寫；因爲唯識這門最深，佛教界也一直沒有人教導，或者說有人教了也是不懂的，因爲教唯識學的人自己也不懂唯識。但我們能寫，又不會有錯誤，就這樣讓正統佛教界口服心不服，至少他們口中不公開責罵了；那些大師們不在言語上罵我們的法義，也是很重要的。可是，還有一些小嘍囉會繼續罵，那該怎麼處理？就一步一步來作，所以我們再寫了密宗的部分，密宗的部分寫完了再來寫阿含部的法義，因為每一部分都會有能夠相應的人。我把《阿含正義》寫了出來，他們心裡面就不會再說：「你懂唯識、懂禪、懂密宗，阿含諸經你總不懂了吧！何況台灣也沒有人能教阿含，你不可能去跟人家學，這回阿含你總不可能懂了吧！」好，我們就寫了《阿含正義》讓他們嗅一嗅、嚐一嚐，看真正的阿含是什麼味道！這樣才算是讓大家接受了。所以，現在除了附佛法外道密宗以外，正統佛教界是不會再有人說我們是什麼外道了。因為，如果他們所不懂的佛法，我全都懂了，而我竟然是外道，那麼他們必然比我更是外道。對不對？一定是如此啊！因為佛法從禪宗、戒學、阿含、般若到唯識增上慧學，我全都懂了，而我也都親證了，依然是外道，那他們還沒有親證的大師們當然更是外道了；所以正統佛教裡，大家就不再對正覺亂講話了。這就是說，我們每寫出一系列的書，就會有一部分人與正法相應；然後再從另一個層面來寫另一部分，又有另一部分人會相應。在般若部分，我們已有孫老師寫的《中觀金鑑》，我唯一剩下未寫的就是般若，唯一還沒有作的就是般若的釋義，所以我就演講《金剛經》宗通、《實相經》宗通，這樣也就函蓋整個三乘菩提了。

然後接下來，我們要作一些究竟法在弘揚上的事，那就是「收圓」。「收圓」的意思懂不懂？這是一貫道特有的名詞，但在古時其實是佛教裡的名詞，一貫道把這個佛法中很重要的名詞借去亂用一場，於是一般人就排斥這個名詞，反而不知道這個本是佛法中特有的名詞了。話說回頭，我們怎麼「收圓」呢？我們就把所弘揚的全部佛法，整個圓滿地作個整理而全部函蓋圓滿於一部經中，即是收攝圓滿的意思，簡稱爲「收圓」；所以一些經典講完了，我們會把佛所說的法義預先作一個結束性的講經，收攝全部的佛法，先讓大家知道《法華經》的勝妙與圓滿，來含攝所有佛法，所以還要爲大家先講《法華》，把所有佛法收攝而顯示在這部《法華經》中，這就是「收圓」的意思。可是，其他的經典我們是無法全部講完的，單單第一時的《華嚴》聖教，實在已經沒有辦法宣講完畢，因爲我們的講解不是依文解義，而是如實演述的，需要很多時間來解釋；而且當初世尊宣講《華嚴》時，有許多都是在天界講的，那麼天界的時間長，諸佛演述《華嚴》時都把短劫化成長劫，那就可以講很多；我們沒有這種功德，在人間這裡也沒辦法如此，所以我們不可能具足講述《華嚴》。如果是像我講《金剛經》、《實相經》這樣來講華嚴，要講到何年何月？可能要講三輩子啦！且不說《六十華嚴》、《八十華嚴》，光說《四十華嚴》就好了，其他的經典都不要講，可能得要講三輩子。除非我們哪一天可以把短劫化爲長劫，所以聽兩個鐘頭下來其實是聽完兩年的內容，否則眞的沒辦法講述《華嚴》。因此，現在這段期間，我們還沒有講的大概分類的經典，就是把般若的部分給補足了，就具足阿含、般若、唯識、戒學了；接下來就是事相上的事，要怎麼樣辨正外道密宗入篡佛教正統，來救護眾生回歸正道，這就是我們要作的。

同理，諸佛也是一樣，不論在哪個世界都如此。也許有人不信：「**那是你一家之說吧！**」那不然，我們來看看大家所熟知的極樂世界好不好？極樂世界不是分爲三品往生嗎？就是上、中、下三輩人往生。這三輩人，阿彌陀佛爲上輩生人講什麼法？上輩往生之人是上品的三種往生，都是屬於實報莊嚴土的菩薩們所往生、所住的境界；而那個境界是實報莊嚴土，那當然是要有所莊嚴而往生，才能承受眞實果報之土。那實報土是什麼土？就是自心如來，才是眞淨土，住於自心如來的境界才是眞實的果報，外境都是虛假的果報境界。證得自心如來第八識的人必然會發起實相般若智慧，才可以生到實報莊嚴土來，成爲上品上生；或者往生去那邊以後，將要證得這個自性彌陀淨土，譬如上品中生、上品下生，是將來可以在那裡實證自性彌陀的人，才能以上品的中生、下生而往生；凡是上品中生、上品下生的人都是菩薩，等到蓮花開敷以後見佛聞法時，就會成爲實證無生法忍的菩薩，都不是聲聞種性的人所證的解脫果，而是菩薩果。這個講的就屬於無生法忍的部分，所以如果想要上品往生，去到那邊聽聞阿彌陀佛說法時可以聽得懂，在這裡就要先好好熏習般若與唯識的妙義，而且不能是熏習錯誤的般若與唯識；即使生前還沒有開悟實相般若也無所謂，至少要有深心、至誠心，還有一個是迴向發願心，才能夠上品上生；那麼往生之後所得的就是自性法身，親見自心如來第八識，這是第一種人。

那麼中品往生的上生、中生、下生等三種人，就是中輩人。這些人往生去極樂世界時都是聽聞什麼法呢？因爲中品往生的人去到那邊所住的是方便有餘土，他們應該聽聞什麼法呢？只是二乘法；所以中品往生而去那邊，見佛聞法以後所證的最高果位就是阿羅漢果，都沒有菩薩果。如果是下品往生的三種人呢？都是住於凡聖同居土，所有人都要在蓮華裡面安住；都不曉得他們在妙寶蓮花中要住多久，換算成娑婆世界的時間，真的很難計算啦！所以下品往生去極樂世界的人，住在那邊一定要聽雞啼。雞啼的意思，就是咕——咕——咕——（台語諧音，就是久、久、久的意思），他們得要聽雞啼，也就是必須很久時間都住在蓮華中聽聞佛法啦！在這很久的時間裡都在聽什麼？聽苦、空、無我、無常、十二因緣，然後再聽六度波羅蜜；就像是播放錄音帶一樣，讓妙寶蓮華中的往生者不斷地聽下去。要聽到什麼時候才華開見佛？不知道，因爲極樂世界的一晝夜是我們娑婆世界的一大劫。甚至於下品下生人，蓮華開了，都還見不到佛，只能聽聞菩薩說法的音聲，這些就是下品往生而住在凡聖同居土的菩薩們所住的境界。下品往生而住在凡聖同居土的菩薩們，所能證得的最高果位是什麼呢？是初地，在那裡修行很久以後可以入了初地，但是想要入地的時間長得不得了，很難想像是要住在那裡修學多久才能入地。但是入地不久以後，就可以轉到實報莊嚴土去。

那你們想想看，極樂世界這樣三等人往生，總共分成九品來攝受，對這些人也是各有不一樣的法義教導，才能因應各種不同根性的往生者。所以，說法時沒有善知識永遠都是講同一個東西而一直講的，除非是只悟得般若總相的善知識，就像禪宗的大多數祖師一樣，一生總是在同一個法而且是同一個層次中，重複講很久。如果證悟的禪宗祖師一直爲大眾重複演說同樣的法，眾生也會不耐煩，他自己不斷重複說法時也會覺得很厭倦；因爲每天就像放錄音帶一樣，不斷地重新再放一遍。那不如乾脆裝一台錄音機，很多眾生聞名而來了，把第一次講的般若總相說法的內容錄下來，放入錄音機裡按個鍵就好了；但是眾生一定聽得不過癮，道業也不會進步。所以，眾生的心性不一樣，智愚差別各不相同，當然要從各個不同的層面來說，這樣才能夠利益一切眾生，才能夠普遍地利益。世尊當然也是如此，所以祂說了這麼多的不同妙法，還是要用這個如來藏再來示現另外一種祕密藏相，再來演說不同的法。但是祂所說出來的不同妙義，其實還是同一個實相心，並沒有第二個，只是說得深妙或隨緣說得淺白一些的差別而已。所以這時世尊又「**以一切如來常住智印祕藏相**」，來爲諸菩薩們宣說「**一切諸佛金剛智印甚深處**

實相般若波羅蜜法門」。

「一切如來常住智印祕藏相」是什麼？這個「祕藏相」分成三個部分來顯示：身印、語印、心印。用這種「如來常住智印祕藏相」，來宣說「一切諸佛金剛智印甚深處」的實相般若到彼岸的法門。也就是說，這是爲菩薩說的，不爲聲聞說，也不爲外道說。那麼「一切諸佛金剛智印」究竟是說什麼？也就是說，這個智慧是不可壞的智慧，這才能叫作「金剛智」；密宗也冒用這個金剛智的名稱而套在他們的雙身法中，他們是徹底變更佛法智慧的所有境界爲外道境界。那麼「金剛智」也就是說，所悟的這個法，性如金剛、堅固常住，無有一法能毀壞祂，而且祂的體性恆常不變而不曾中斷過一刹那，證得這樣的法性而產生的智慧才能叫作「金剛智」；證得這樣的一個法——第八識金剛心，所產生的智慧就是「金剛智」。而這個「金剛智」是可以再三去印定的，也就是說，當你證得這個金剛心以後，可以用二乘人所講的三法印，也可以用大乘法所講的四依同樣一體印證，不會有絲毫的不相符之處，這樣檢驗確定才可以叫作「金剛智印」。

這個「金剛智印」，當然是要有「金剛智」才能夠來印定。「金剛智」的所證內涵，當然是要有一個金剛法的實證為憑；而這個金剛法性是沒有一法可以毀壞祂或者暫時中斷祂的，具有這種遍一切時而且貫穿三世，無法被中斷、被毀壞的金剛性，這個法就叫作第八識如來藏。世間人發明什麼器具說它叫作金剛，譬如金剛鑽、金剛刀等，其實都不是眞正的不可壞性；世間法沒有一物可以稱為金剛，都只是形容而已；因為都是可壞的，只是要怎麼壞它的方法差別，或者力度的強弱差別而已，沒有一物一法是不可壞的，因為都是會變異的。凡是會變異的就不能稱為金剛，而這個如來藏是永不變異的，也就是說這個心不會有生住異滅的過程或現象。既然如此，當然就不會有出生或壞滅的時候。這個金剛心必然是堅住性、恆常性，而且必然是能生性，是三界六道一切萬法出生的根源。既然如此，由祂所生的諸法，當然不可能回過頭來壞祂，所以這個心就叫作金剛。

證得這個金剛法的人就產生了「**金剛智**」，他可以現見三界中無一物能毀壞祂，乃至窮盡過往、現在、十方諸佛的威神力，合為一個極偉大的超能力，也無法用來毀壞一隻小螞蟻的金剛心如來藏，因為三界法界中沒有一法可以用來毀壞祂，所以《金剛經》說祂是「**金剛**」。這個現觀完成的時候就有了「金剛智」，也就能夠明白「原來萬法背後的實相法界就是祂」，也能夠明白萬法都出自於祂，然後也可以明白出世間法乃至成佛之道也都出自於祂。那麼這樣一來，就有了「金剛智」；然後可以從自己的所觀，證實及印定諸法實相確實是如此，也可以去印定經教中佛之所說完全如實而不虛誑。像這樣可以自己印定了，自然也能印定諸方大師有沒有「金剛智」，這就表示你已經有了「金剛智印」了。

而這個「金剛智印」，祂的內涵以及處所是非常非常微妙深廣，所以才叫作「甚深處」。也就是說，這不是二乘無學聖人所能了知的，除非他們迴心於大乘以後追隨世尊修學，否則就不可能了知，因此說是「甚深處」。如果連二乘無學聖人都無法了知這個「金剛智印」，而說沒有斷我見、還落在意識境界中的凡夫能了知這個「甚深處」，無有是處。因為這是現觀實相法界而引生的智慧，這不是觀察現象法界所引生的智慧；二乘聖人解脫智之所現觀的內涵，全都屬於現象界的智慧。也就是說，現前可以觸摸到、可以接觸到的五蘊、十二處、十八界、六入，這些都是現象法，不離現象法界；只要經過眞善知識的說明，就可以現前觀察蘊處界等法的生滅性與有為性。可是，這個實相法界卻不是說明了就能證得的，而是要一步一步去建立對於實相法界的正知見，然後把心鍛鍊得微細了再來參禪，突然一念相應時才有可能去實證第八識而了知實相法界，才能引生這個實相智。所以，現象界是經由語言文字說明以後，只要世俗智慧足夠就可以自己去觀察，但實相界卻不行，得要自己親自參究而實證了才能觀察，所以說祂是「甚深處」。而現象界，譬如以有情的蘊處界來說，都是可壞法，也都是有生之法，有生則必有滅；既是可壞之法，當然其性虛妄，不似金剛。可是實相法界如來藏性如金剛，不可思議，唯證乃知，那當然是「甚深處」。

當你證得「金剛智印」這個「甚深處」而且已經安住了，就表示你已經擁有了實相智慧到彼岸的法門了。也就是說，是靠智慧到達涅槃的彼岸，而不是靠苦修或禪定境界來到達涅槃的彼岸。在現象界的法上去苦修，要到達涅槃的彼岸非常地辛苦，而且是一段很長的苦行才能達到。可是，菩薩隨修學的這個「一切諸佛金剛智印甚深處」的實相到解脫彼岸的法門，是一剎那間就到達。也就是說，當你證得這個金剛心，你就有了「金剛智」，就可以按部就班次第加以印定。當你自行把祂印定完成了，住於「甚深處」實相法界的時候，你會發覺自己五蘊從來都是在涅槃之中出生，在涅槃之中長大，在涅槃之中苦樂憂喜，在涅槃之中學法行道利樂有情；乃至將來三大阿僧祇劫以後，還是在涅槃之中成佛；這時候的觀察，發覺一切都不離涅槃，是當下就已經涅槃了。這是靠實相的智慧到彼岸，而不是靠禪定或者靠斷除思惑來到達。因爲，現前已經看見自己五蘊都不外於金剛法界如來藏，自己從來就是在如來藏中生來死去，世世都在如來藏中來來去去，十方三世就這樣流轉；可是在十方三世流轉而來來去去的過程中，沒有一時一刻是在如來藏的涅槃境界以外。那就是說，本來就已經是涅槃了，而現在開悟明心了，就發覺已經在涅槃彼岸中了。既然本來就在涅槃中，還要去找涅槃作什麼呢？這就是實相智慧到彼岸的法門——實相般若波羅蜜法門。

這種凡夫與二乘聖者都不能了知的祕密法藏的智慧相，就稱爲「一切如來常住智印祕藏相」，因爲這是常住法而不像蘊處界都是生滅法。那麼這個「如來常住智印」的「祕藏相」，確實深隱難見；因此不是外道所能知道，也不是二乘聖者所能知道，得要迴心大乘之後，追隨世尊修學，然後具足了實證的因緣時才能夠證得。既然要追隨世尊修學才能證得，當然諸佛就要有三種方便，來幫助這些迴小向大的阿羅漢菩薩們，以及無始劫以來就一直在修學菩薩道的大眾。所以，這個「一切如來常住智印祕藏相」，所引生的「一切諸佛金剛智印甚深處實相般若波羅蜜法門」，就得分成三個部分來解說了。

「一切諸佛所攝持金剛身印，得一切如來眞實體性故；」第一個部分是說：「一切諸佛所攝持的金剛身印，因爲已經得到一切如來眞實體自性的緣故。」一切如來都攝持「金剛身印」，無有一佛不攝持「金剛身印」。這「金剛身印」，在大乘經裡面講出來之後，密宗也來仿冒了。凡是你佛教裡面有什麼，他們密宗外道就跟著也說什麼；但是，他們說的那個什麼就不是你佛教裡的這個什麼。密宗就是這樣，所以你有金剛身印，他們也發明一個金剛身印，就以身體作一個動作固定在那邊，說那就叫作金剛身印。他們就是這樣子仿冒，創造出幾種金剛身印，卻都是可壞的五蘊表現出來的表相，根本都是生滅法，不是世尊所標明的「常住」之法。可是我們說句老實話，不管他們有幾種金剛身印，都逃不出一切如來所攝受的「金剛身印」。可憐的是，他們從來沒有看見這個「金剛身印」，只好自己創造一種五蘊身的動作姿態，唬人說已經證得金剛身印，其實只是欲界中的淫行之法。

這就好像說，大富長者——就是諸位——你們諸位剛烤好一片披薩，說：「**這披薩好香，色香味俱佳。**」你正在切它，一片一片正在吃著。他們也學你切披薩、吃披薩，不過他們不是用麵粉烤的，他們是用紙畫出來的；然後他們也學你用刀子在那邊裁，也拿來吃，就這樣炫耀說：「**我也一樣有色香味俱全的披薩。**」可是你聞一聞呢，只有油墨的味道，全無披薩的色香味與食物的營養本質，這就是密宗喇嘛教。

凡是你顯教有什麼，他們就有什麼，每一樣都不漏掉，可是他們把每一樣都用另一個東西來取代。譬如說，佛法裡面不是有《百論》嗎？就是提婆菩薩造的《百字論》；密宗看見了，他們就來發明一個「百字明」。他們全部都學你，看來他們密宗裡都有全部的佛法，都跟你正統佛教一樣；可是，他的「百字明」內容卻都是雙身法。菩薩造的《百論》或《百字論》都是在講這個金剛心如來藏；他們密宗就說：「**我們也有金剛法。**」他們就用那個「**不好公開說的東西**」叫作金剛，全部都用你正統佛教的名詞，也用你正統佛教的名稱與僧寶的名義，但他們說的全都是自己施設的外道法，全都不是佛法，那你要怎麼說他？只能夠說：下流！卑賤！骯髒！無恥！

因此，你只能夠說密宗四大教派是三教九流之外的第十流，在九流之外，還不入流。眞的只能這麼講，因爲三教九流所有人士也沒有下賤到像密宗黃教等四大派那個地步。冒名頂替了，也就罷了，至少也給信徒們類似佛法的東西。譬如冒名說：「我這部車子是正廠勞斯萊斯。」當他賣給人家車子時，至少也去買一輛舊的勞斯萊斯整修好了來賣，才好說是勞斯萊斯的車子。但密宗可不是，他們去弄來一輛腳踏的三輪車，然後自己加上一個機器腳踏車的小引擎拼裝起來，放上車子的外殼就說這輛車子是最名貴的勞斯萊斯；不但如此騙人，還否定勞斯萊斯的正廠，說他們比勞斯萊斯正廠的品質更高；就這樣在佛教中入篡正統以後還公開貶抑正統佛教，這眞是很不誠實又很無理的惡行。如果要用世俗的話來講，叫作騙子、冒名頂替、欺壓正主。像這樣子仿冒佛教而收受佛教徒的供養，如果用法律名詞，應該說他們是什麼行爲？叫作詐欺、歛財吧！

所以，他們如果說自己傳授的是眞正的佛法，又公開說是比正統佛教更高、更妙的佛法，那他們傳給人家的就應該是眞正的佛法。他們如果說是傳授金剛法，那麼傳給人家的就得是眞正的金剛法，不可以是無常法。可是他們就不來這一套，擺明了就是要騙你，因爲他們所謂的金剛法只是喇嘛性器官的堅硬不軟而已，是無常有生有滅之法，既不是常住法，也不是金剛不壞法。他們擺明了就是要騙你，因爲你佛法裡面所說的每一個果位、每一個名相，他們密宗也都有；可是，他們密宗所證的果位與佛法修證的名相，跟你正統佛教中所證的果位與佛法修證名相的內容卻都不一樣。佛法裡面說有證十地，他們也有十地。佛法裡面說菩薩有十三地，從初地到十地，然後等覺、妙覺、最後身妙覺位，然後成佛，他們也來個十三地。他怎麼樣證初地？觀想一個中脈，有一個明點，從海底輪那裡觀想成就，叫作初地。喔！佛法的果證也可以這樣子瞎編？眞是太荒唐了！

所以正統佛教中有「金剛身印」，密宗就同樣施設自己的金剛身印，同樣的名詞卻完全不一樣的內容；至於正統佛教中的什麼法叫作「金剛身印」，密宗其實根本不懂。可是他也發明一個金剛身印，就是依文解義：金剛身，那就是擺出一個特定的姿勢，說那就叫作金剛身印。所以密宗也有身印，可不是佛教中說的「金剛身印」，他們那個只能叫作無常身印，因爲他們那個是無常生滅而會毀壞的有爲法，不是金剛性、常住性，更不是永遠不變異的法。不然的話，他哪一天找上門來說：「我這個是常住法。」我說：「好，那你擺個金剛身印來看看。」等他擺好了，我再度向他確定說：「你這個眞是常住的？」他說：「是啊！」我說：「好，我明天再來看，你這個身印是不是還擺在這裡？是不是永遠都常而不會放掉？」不可能嘛！他那個所謂的金剛身印顯然是生滅法。

如果喇嘛反過來問說：「你蕭老師能夠擺這個金剛身印嗎？」我說：「我隨處都在擺金剛身印，自是爾不懂。」他一定質問說：「你哪有金剛身印？」我說：「你自己看不見，就不要怪我嘛！」然後明天來：「我還是沒看你擺金剛身印啊！」我說：「我每一刹那都在擺出金剛身印，你自己看不見；而我這個金剛身印，不管怎麼擺，祂都是金剛性、常住性，永遠都住於甚深處，伴隨著實相智慧到彼岸的法門，永遠都在涅槃中。」這才是眞正的「金剛身印」呀！所以，他們講什麼金剛身印？我說：「你們這個都是無常身印，因爲你們擺不了一個鐘頭或一天，就得要變換姿勢了，你們都會受不了而不得不挪動身體。」但正統佛教裡的「金剛身印」是無始以來乃至永遠的未來之中，都是常住不變的。

爲什麼一切諸佛都攝持這個「金剛身印」？因爲一切諸佛都已經得到一切如來眞實體的自性。想要知道一切如來眞實體是什麼自性？得要先探討一切如來的眞實體是什麼。當然諸位早就知道了，因爲咱們正覺三句不離本行，當然是實相心如來藏嘛！現在一切如來都已經證得這個如來藏，並且是究竟位的如來藏。而這個如來藏是一切諸佛普遍都有，並且是遍及三界六道一切有情眾生，莫不都有。這個一切如來，當然要包含十方三世一切如來。十方，諸位懂，就不談它；三世的如來，是過去已成的如來，現在諸方世界的如來，以及即將成佛的諸位是未來世的如來；所以這個一切如來的眞實體，那當然就是實相心如來藏。

這個如來藏有什麼眞實體？那就要從祂的自性來觀察。簡單的說，就是能夠出生蘊處界及宇宙萬物等萬法，而且是本來自性清淨涅槃；也就是說，這個如來藏心是本來性，所以經中才說祂本來而有，不曾有生。既然不曾有生，那就是無生之法了；所以，你證得這個如來藏的時候，就有了無生智；而且是本來無生，不是修行以後滅掉了蘊處界等法，不再出生而說爲無生。

所以，這個無生跟二乘的無生是不一樣的；二乘的無生，是要滅掉蘊處界以後，說未來不再出生蘊處界，這樣叫作無生。但是這樣的無生，六祖大師早就斥責過了，說那叫作「將滅止生」，是以滅掉某一些法來說未來不再有生，菩薩就說那種人是二乘小兒。但是 釋迦如來教授給菩薩們的無生，卻是第八識實相心的本來無生，不是二乘將滅止生的無生。

那麼，接著從這個金剛身再來看，祂還有什麼自性？也就是說，祂還有能生萬法的自性。能生萬法的自性，就叫作自性性。剛才說祂本來而有、從來無生，所以菩薩所證的無生是本來無生，不是將滅止生。但是，這個本來無生的如來藏心，祂有很多的自性。單說祂自己的體性，而不牽涉到祂的功能差別，佛陀就講了二十九年（編案：詳見《佛說仁王般若波羅蜜經》卷一）。這麼多年就只是講祂的體性而已，這樣用祂的體性來講出成佛之道，可是祂的功能差別，也就是祂的種子還沒有談到，直到第三轉法輪時的唯識諸經中才開始教授這個內容。這表示說，祂是有許多種自性的。

那麼，龍樹的《中論》列舉出來八不中道，也只是一個提綱挈領的說法而已；實相心如來藏其實是無量不二的中道，永遠都不落兩邊。所以，你要是證得實相心如來藏，人家來問你：「如何是中道？」那眞是太好說了，凡是你在世間看得到的一對又一對世間法，把它們拿來講都可以，所以你可以說「不黑不白」，不然你就說「不美不醜」；凡是世俗法中兩兩相對的話都可以拿來講，那都是佛法。也許你遇到一個天生喜歡標新立異、很愛搞怪的人來問：「如何是中道？」你就回答他：「不男不女。」都對啊！因爲如來藏本來就不男不女。如果遇到修善的人來了，帶著一個喜歡幹惡事的朋友來問你中道，你就說：「不善不惡。」反正，你只要能夠湊成一對的世間法都可以回答。也許有人說：「哪有那麼多對子可以湊？」我說：「有啊！」你看見了綠葉也蠻不錯，綠葉也可以拿來回答啊！人家問中道，你看綠葉就說：「不青不黃。」也可以啊！如果剛好看見這個人來問你，他病懨懨的，你就告訴他「不生不死」啊！因爲他快死了，可是他的實相心永遠不生也不死。隨你怎麼說，只要湊成一對來講都通，因爲如來藏就是這樣子，就看聽聞的人聽懂或者聽不懂了。

所以，實相法界如來藏心其實是不墮無量二邊的中道，但是爲了讓眾生容易理解，比較容易切近如來藏的中道性，所以龍樹菩薩就從八個部分來說，才只有四個「雙不」，這樣大家比較容易理解；其實實相心是無量不落二邊的中道心，祂永遠住於中道。所以，假使遇到有個人來問：「如何是中道？」一個好好的男人，頭髮留得很長，你就說：「不長不短。」反正隨意發揮都沒有問題，因爲都符合如來藏的自性。如來藏這個金剛心，祂顯示出來的身印就是如此，所以你隨便怎麼說都對，因爲你有這個「金剛身印」。爲什麼有這個「金剛身印」？因爲你已經證得一切如來這個眞實體——實相心如來藏，而能夠現前觀察祂的體性；由於這個緣故，所以能夠攝持「金剛身印」。

「一切諸佛所攝持金剛語印，得一切法門自在故；」如何是一切諸佛所攝持的金剛語印？其實《金剛經宗通》已經講這麼久了，我們也把這一部《實相般若波羅蜜經》藉 佛陀所說的咒語一再地宣講了，在這個宣講的過程中，這其實都是一切如來的金剛語。這個金剛語是比金剛身印更難會，因爲金剛身時時示現的時候，只要因緣夠，剛好跟在 佛陀身邊，佛陀突然觀察到某一個人緣熟了，祂就示現金剛身；你只要照子夠亮，一眼瞧見了，就看見金剛身了，這時候你就可以用這個金剛身的實證引生的實相智慧，來現觀無餘涅槃中的無生無死彼岸，你自己就可以印定：這絕對正確。可是金剛語印就難會了，你看這一部經，有時候跟你說「咭利！」有時候跟你說「怛纜！」這個金剛語眞是不容易會。可是，禪師大部分都用金剛語來度人。用金剛語來度人時，學人難會；因爲禪師家已經有幾個兒子了，不需要再添丁了，所以就用**金剛語**來接引人。

也許你心裡正在說：「**哪有？我怎麼沒看到禪宗的這個典籍裡面記載什麼金剛語。**」我說：「**自是爾不懂，不可說無。**」譬如說，有人來問：「**如何是佛？**」雲門說：「**露柱。**」這不就是金剛語嗎？有時候講得文雅一點，他就答覆說：「**花藥欄**（種芍藥的欄杆）。」如果他那一天心情不很好，偏偏來問的人，他又看了不喜歡，沒緣，他覺得無緣、緣很淺，當他一問說：「**如何是佛？**」他說：「**乾屎橛**（乾掉的大便）。」你看，連這麼粗賤的東西，他也端上檯面來，他老哥可不怕臭，但這還是**金剛語**。他有時候更苛——「**如何是佛？**」「**普。**」「**如何是祖師西來意？**」「**露。**」你如果會金剛語，那就簡單了。假使哪一天你心情不太好，譬如昨晚熬夜，被哪裡來的一個野狐大師把你纏到三更半夜，今天一大早又有一條癩痢狗在那裡狂叫不停，害你不能睡大覺，偏偏今天有位癲痴大師來問：「如何是祖師西來意？」你還是給他金剛語：「去！」這就行了，這也是一樣啊！所以德山棒、臨濟喝，作略不同，用意一樣。臨濟，凡有人進來問：「如何是祖師西來意？」他就大喝：「出去！」這就是禪師，因爲他懂得金剛語印；德山見人入門，還沒有開口，他就拿棒子當場打出去，因爲他懂得金剛身印。這些禪師們由於懂得金剛心印，依他們所懂得的金剛心印，所以隨便他們怎麼運作都行。

那麼，這個金剛語印都透過語言文字來爲大眾演示。爲什麼能夠用很簡略的語言文字來顯示這個金剛身呢？因爲「得一切法門自在故」。所以，禪師家若是「得一切法門自在」時，一支黑漆竹篦便可以作萬般用途，有時候作賞棒用，有時候作罰棒用，有時候作金剛寶藏用，有時候只是拿來作探竿影草，他想要怎麼樣用都可以。也就是說，他有了金剛身印，也有了金剛語印，所以一切法得自在，因此才會有禪宗那麼多公案。禪宗的好多公案實在是沒頭沒腦，因爲都是金剛語印。這個印很微細難見，所以很多參禪人，他們的眼前明明有那個金剛語印印在那邊，他們卻都看不見。因爲這個金剛語印無形無色，幾乎是透明的，我就譬喻說它的顏色非常淡，不像金剛身印的顏色很濃，所以不容易會。因此，如果禪師家不欠人丁，他不需要用更多人，他就不會奢侈地用金剛身印來幫助人；因此不管誰來問，都用金剛語印接人。當人家來問：「如何是佛法大意？」回答說：「大江東去。」然後又有別人來問，他就回答：「金烏從東出。」反正隨便都可以跟你交代過去，因爲他「得一切法門自在故」。

這就是說，你只要通了，千變萬化都由著你，永遠都是透過實相心如來藏來示現，但是卻有許多種的方式而深不可測，這就是「得一切法門自在故」而產生的「一切諸佛所攝持」的「金剛語印」。只要有這個寶印在手，不論是想要收縮或者想要印定，或是想要砸人、接人，全都隨便你，一切學人都無可奈何，所以才會有那麼多的禪宗典籍裡面看似沒頭沒腦底公案。對一般人來說，那眞的叫作無頭公案，怎麼研究都沒辦法研究出來。你看，研究禪宗公案的人那麼多，有誰研究出來了？都沒有。有不少人研究禪宗公案而認爲已經研究出來，他覺得自己很行了，就開始寫公案的解釋，開始出書註解公案。當他註解出來以後，家裡人讀了，滿地是牙；因爲那眞的是不堪卒睹，一頁就不堪卒睹了，別說要讀完一整本；連一頁都讀不完，都覺得太可笑了。

等他哪一天聽到今天咱們這麼說，不服氣，下個禮拜一找上門來：「請問蕭老師，我這個公案註解是什麼地方可笑，讓你掉到滿地是牙？」那就告訴他：「可笑。」這樣就好了，懂不懂就是他家的事了。等他會了「可笑」這兩個字，他才會覺得以前的自己眞正可悲，便趕快去把所有的書都收回來。以前一本賣兩百塊錢，可能現在願意以一本兩千塊錢趕快買回來，因爲知道那個因果了。這都記在他的如來藏心中，從來不在如來藏外；一切有情所造的一切業都在自己的如來藏心中造，不曾外於自己的如來藏去造。那個業行造過了以後，不也都是落在自己的如來藏中嗎？還能跑到外面去嗎？這一下知道厲害了，因爲他看到金剛身了，證實眞的是如此。

禪宗祖師，當他於一切法門自在的時候，他就不再使用金剛身印了，就會很喜歡用金剛語印，因爲這也是禪師在世間立足的法門之一。要知道，娑婆世界的眾生可以用三個字來形容，叫作賤骨頭；你給得他越容易，他越不重視、越不相信。你如果不斷地把他刁難，刁難到二十年、三十年才讓他找到甚深處如來藏，那時你縱使要他退轉都還不可能；因此我希望禪三時破參的人數越少越好，這表示品質越來越好，根本就不會退轉了。所以這一回禪三的第二個梯次，人還是多了些；最好每一次都像第一梯次那樣，第一梯次只有四個人明心被印證，這樣最好。所以到了結束的時候，他們報告說這一回只有四位，那時的我叫作龍心大悅，因爲品質一定會很好啊！而且保證不會退轉，因爲他們會生起珍貴之想：「我是四個人中之一位，我怎麼可以退轉？好珍貴欸！」如果是統統有獎，不免會想：「唉呀！這沒什麼，我們大家都可以開悟，眞的沒什麼啦！」就瞧不起最珍貴的黃金了，這就是娑婆世界的五濁眾生。

可是，同樣是眞悟者，不論是容易得到的，或是很困難才得到的，二者所得到的其實都是同樣的第八識如來藏，所觀察到的如來藏的眞如法性也都同樣，一分一毫都沒有減少你的，全部都給你一樣多；因爲那個東西是你本來就有的，不是我給你的；是每一個人本來就有的，大家也都是一樣多。本來是大家都找不到，就很珍稀、很寶貴；可是因爲統統有獎，他就覺得不稀奇：「唉呀！我們大家都有啦！這麼容易就證得了，這沒有什麼啦！」都是這樣啊！所以，我以後都會要求監香老師要盡量殺，最好殺到剩下三、五位，這樣最有價值。

我怕的是，以後來到台北，路上稍微不小心撞到了任何一個人，全都是開悟的聖者，那像什麼話呢！而且我很討厭的是，有人被印證了以後，結果被人問時：「如何是金剛身印？」他竟然回答說：「唉呀！我不懂啦！我也不會講啦！」那可就麻煩了！我最不喜歡這樣。不過，如果哪一天有人來問我：「如何是金剛語印？」我就說：「我也不會講。」我依舊說是不會講；但是，不會講的才是會講的，這就是金剛語、金剛身。其實金剛心亦復如此，只要你通了，那就隨你四通八達。所以，民間老人家有時候講故事，說到一些世間的道理，有時候往往會這麼講：「一理通、萬理徹。」有沒有？說如果能把某一種理弄通了，萬理自然也都透徹了，也就是這個道理。可是這在世間法中作不到，只有這個金剛法才作得到；因爲一切法莫不由此出——一切法都由此經出，此經就是這個金剛身。會了這個金剛身，就會金剛語，只是金剛語比金剛身難會。祖師們就是因爲「得一切法門自在故」，所以常常用「金剛語」來度人。

接下來說：「一切諸佛所攝持金剛心印，得一切三昧具足故。」一切諸佛所攝持的金剛心印又更深了，更微細難會。但是，這個金剛心印要是會了，他在實相智慧的各種三昧上面，就能通達得更廣、更深、更奧妙。如果有人想要從一切諸佛所攝持的金剛心印上面去會這個實相，那是很困難的；可是如果能夠這樣會，這絕對是不世出的奇才，佛法中興有望。譬如無門關四十八則裡面，有個外道來見世尊，見了面就問：「不問有言，不問無言。」有語言所開示的法，我不問；沒有語言所開示的法，我也不問。換句話說，他想要直接就契會眞如心，可是他問了以後，佛陀踞坐默然，一句話也沒講，也沒有給他打個手印，什麼都沒有作。不像密宗，一進來，手印就打出去，說降魔，或者懷愛。什麼都沒有，佛陀什麼都不理他，就只是坐著，踞坐默然。沒想到　世尊默然良久以後，那個外道很歡喜，禮佛三拜說：「感謝世尊，爲我打開迷雲。」讚歎　世尊大慈大悲，歡喜而去。阿難尊者站在旁邊，弄不懂這外道到底會了什麼，就問　佛，佛說：「這個外道就好像世間最好的馬一樣，」眞的太聰明了，「才剛看見皮鞭的影子，牠就開步走了。」不論是該走或者該跑或者該停，牠都知道，只看見皮鞭影子就知道了，所以說：「如世良馬，見鞭影而行。」這外道厲害，想來這個外道後來一定也是大菩薩之一。你們看，我每週講兩個鐘頭，講到有時候還得要喝水。但人家示現爲外道的菩薩就是這樣子，他看見世尊踞坐默然，他觀察思惟二、三十分鐘以後也就會了，他直接契會金剛心。這個很厲害，這一定是不世出的弘法奇才，必定是菩薩再來，才能如此。所以，無門慧開禪師跟他拈了一句說：「這阿難啊！**身為佛弟子，宛不如外道的所見所解。**」

能夠直接從金剛心印契入，這個眞不簡單，所以禪師也學會這一招。你們看，德山宣鑑在龍潭崇信那邊，龍潭禪師只是把火燭吹熄，他就會了；第二天告辭，要回德山，路上經過溈山，他就進去耍了一招。第一次進去法堂看見溈山靈祐時，他只說：「沒有、沒有。」就走了，第二次是因爲他心想：「**也不得草草。**」因爲才一見，德山就走人了，並沒有什麼機鋒相往來，因此他第二次進堂時，把尼師檀拿起來晃一晃，然後又走了。可是呢，你看溈山靈祐根本不理會他。爲什麼不理會他？因爲不是眞的不理會他，而是用金剛心印印定他。你看德山那麼厲害，才剛會了，就懂得神頭鬼臉，卻始終逃不出溈山靈祐的授記；溈山禪師到了晚間，問侍者說：「**今日新來的僧人在什麼處？**」問今天來的那個僧人在哪裡？侍者說：「**當時與和尚才相見完了，便穿著草鞋下山去了。**」溈山聽了，隨後就爲他下個註腳說：「**這漢子，將**

來會在孤峰頂上開山，他會有一把茅草蓋頭，一生訶佛罵祖去。」果然他去德山開山，一世都如此，一生訶佛罵祖。這就是德山宣鑑，即使利根到這地步，依舊逃不出溈山用這個金剛心印印下的註腳。

這就是說，德山當時有金剛身印，還沒有金剛語印、金剛心印；你想要會得金剛心印，就得要有更多的方便善巧，這得要有更深入的體驗而引生更微細的般若智慧。禪宗古來有沒有具足這三印的人？有沒有？是哪一位？（有人答：克勤大師。）克勤大師不用這個東西，他手頭很儉的；具足三印來接引人的事，他從來不用的。他這個人也不苟言笑，誰見了他都怕；不是因為他嚴肅，而是法上引生的威德。這不是玩笑話，連皇帝老子見了他都怕；雖然皇帝可以殺他，可是心裡面還是怕他。說來也眞無法形容，皇帝有生殺予奪大權，可是見了克勤大師時，心裡面還是恐慌。所以他不會具足三印來度人的，他手頭很儉的。且不說別的，光說悟後應修的禪門差別智，他都不隨便教人的；你若是想要會，只能自己去體會。

有一個人是具足三印的，也是 克勤大師講過的，叫作雲門禪師，把它叫作一字禪，雲門的一字禪就具足了三印。一字禪是三招都用的，克勤大師卻是各用一個字來說明雲門一字禪的三印：顧、鑑、咦。顧，就是金剛心印，只看著你，什麼都不說，這叫作顧。如果你不會，他就用金剛身印，就這樣歪著頭看著你，這叫作鑑。如果看了老半天，你還不會，他就出聲：「咦！」正是金剛語印。這就是有名的一字禪：顧、鑑、咦。這就具足三印，你看雲門厲害不厲害？也許你們想說：「**蕭老師！你講什麼厲害？我看一點都不厲害。**」那是因爲你看不見其中的利、害。這裡面有利、有害，你要是瞧得出來，就懂得佛法的利與害在什麼地方。利與害都懂了，同樣一把刀，可以殺人也可以活人，這就是具足三印的禪師厲害的地方。可是佛法的利與害，想要能夠深入理解，其實並不容易。但這個佛法的利與害，全部深入理解以後，終究還只是在第二轉法輪的法義範圍之內，還沒有牽涉到眞如心實相法界的功能差別，所以悟後即使通達了，也還只在這個階段。

因此，同樣的見性，同樣的明心，層次差別萬端，確實不可一概而論。譬如臨濟義玄，當年黃蘗禪師授給他禪板，也就是授權他可以出去開山了；他那時還只是找到如來藏而已，但是對於眞心、妄心都還分不清楚，黃蘗認爲他也算是開悟了。但是，如果要論到我們今天的勘驗標準（我是說在我不放水的狀況下，如果放水就不算數）﹐如果我不放水的話，以這個勘驗標準，臨濟義玄到年老的時候，還是勘驗不過的。所以，同樣一個明心，其中的差別這麼大。古時候也是一樣，有的禪師是要把弟子勘驗到智慧很深妙了，才會印證說弟子開悟了。但也有禪師在弟子找到了如來藏時就說：「恭喜！大事已畢了。」就讓他出去開山了，其實那時弟子對眞心與妄心的區分，都還弄不清楚，竟也算是開悟啦！

開悟明心時如此，眼見佛性亦復如是。眼見佛性簡稱爲見性，這個見性在禪門之中，自古以來的記錄就是非常非常的少。其實，中國禪宗自古以來有見性的人，我老實說應該有一、二百人，但是有記錄下來的不超過十二件。可是同樣見性，大家都一樣嗎？不見得。如果見性都一樣，爲什麼　世尊要把佛性的實證分成四種隨順佛性來說呢？所以三賢位菩薩修到十住位眼見佛性時，當他眼見佛性時就滿足十住心了，隨即進入初行位中。在初行位或者十住滿心位，可以看見別人的佛性，也能從別人身上看見自己的佛性，但是能不能跟別人的如來藏中的種子相應？依舊作不到。可是，一切地上菩薩的眼見佛性卻可以相應。當然，諸地的見性也還是各有不同；也就是說，地上菩薩想要跟眾生的如來藏中的種子相應，越是下地，條件就越嚴苛；越是上地，甚至根本不需要什麼特定的條件。所以，你如果是初地的眼見佛性，要跟眾生相應時必須是自己專注的，對方也是專注而一心不亂的，你才能與對方的某些種子相應，否則也相應不了。如果是二地、三地，那又不一樣了。可是，你如果到了九地、十地時，即使眾生心散亂，你也可以相應。這就有所不同，所以不能一概而論，因此千萬不要生慢心。至於禪門公案中的許多祖師說的見性，譬如六祖大師說的見性，是否就是世尊說的眼見佛性？還有得辨正呢。所以禪宗祖師說的見性，大多是說，他已看見了實相心如來藏具有能夠使人修行成佛的自性，並非世尊經中說的眼見佛性的實證。

有一些人慢心特重，才剛剛找到如來藏，都還沒有被勘驗乃至印證，也都還沒有整理，他心裡面就想：「我找到如來藏了，我跟我的親教師是平等的，我的智慧跟他一樣了。」你們別說沒有這種人，這種人還真不少欸！所以，我禪三結束的時候才都要交代：「你們被印證開悟明心了，可是這個實相智慧比起你的親教師來，還差很遠啦！你才剛剛入門，都還不會走路，連坐都還不會坐，現在得要學著怎麼翻身，人家卻是已經在快步望前跑——已

經在弘法了。」更何況有些人連禪三都無法去參加，連明心都是大有問題的，竟也私底下唬人，說他已經明心又見性了，有時竟然也能把剛剛明心的人唬住了，其實是一定無法通過監香老師的勘驗；這種人眞的也太大膽了，捨報時又該怎麼辦呢？所以說，開悟的層次有很多啦！同樣是明心，同樣是見性，同樣是過牢關，功德受用都不一樣，各人有各人的差異所在。爲什麼能有這些差異所在？也就是有沒有深入、有沒有通達的差別。通達了以後，你有沒有能力跟別人金剛心裡的種子相應，那又是另外一個層次了。所以這個差異是非常大的，因此不可以說：「**我每個週二晚上來聽經，你都是在講如來藏，同一個心要講那麼多幹什麼？**」但我就是要講如來藏，因爲他有慢心，我得要讓他知道如來藏可以有很多種的說法，而祂的層面多得讓人聽不完，這樣聽久了就不會有慢了。

「**如來藏怎麼也可以這樣講？我以前沒聽過欸！**」說句老實話，過去諸佛講般若，還有一些是跟 釋迦佛所講的方式不一樣的，只是內容完全一樣，而用另一種方式來講；可惜我的念心所不好，沒有把它記下來。因爲我們這個五濁惡世裡示現的釋迦如來不是像那尊佛那樣講述的，所以我把《般若經》請出來時，竟沒有讀過像那種方式講般若的；但是往昔的佛也有以不同方式講過《般若經》，而內容是完全相同的。所以，沒有親自去經歷以前，都會覺得自己很厲害；在剛剛踏入門的時候，因爲別人大多進不了門而自己進去了。可是等到進門以後呢？才想起孔老夫子那一句話：「子入大（音太）廟，每事問。」孔老夫子進了太廟以後，這些儀禮等等的每一件事情，他都要請問，爲什麼呢？因爲都還不懂。所以第一次進了太廟，不等於懂得太廟裡的全部事物，浩瀚無涯的佛法中更是如此啊！所以，誰能夠具足三印？最有名的就是雲門；而且都是簡潔扼要，絕對不拖泥帶水。金剛身印、金剛語印、金剛心印，都各用一個字就解決了，叫作顧、鑑、咦。厲害吧！可是一般人哪懂這個？一般人都說：「這雲門很奇怪。」然而，是什麼道理奇怪？一定是有道理啊！雲門禪師那麼有智慧，當然其中是有道理的，但是那個道理要怎麼弄清楚呢？那就是菩薩要如何深入去體悟的事情。

所以，我們早期印證的標準很低，因爲那是依照古時候禪宗叢林的最低標準，只要找到如來藏時就恭喜你開悟了。最早期是連整理都沒有的，找到如來藏都不用整理，知道是什麼就好，接著你就去參佛性，以前都是這樣。

可是後來呢？幾乎死光了，所以那些都叫作早產兒；後來一個一個夭折，十個只剩下一個來，就是這樣子，所以一百個人只剩下十個；這就是沒有先幫他們把我見死盡，有的人是我見藕斷絲連，有的人是我見還具足存在，於是死掉了好多人的法身慧命。後來，我們就改弦易轍，再也不這樣作了。早期那一些人，有時候說一句老實話：一旦起慢心就不可救藥了。所以有時候我們得要跟他們搞怪搞怪，等他們禪三回來，我豎起大姆指對他說：「你還不錯。」接著便豎起小指問他：「請問這個呢？」這個又不懂了，為什麼呢？因為一個是大拇指，一個是小指，根本就不同，他要怎麼懂？明明就是不同啊！對不對？當他說：「我不會啊！」我就說：「你這樣子，還敢跟人家說你開悟了，還要教導別人開悟啊？」可惜的是他們都不肯聽我的勸，都想要自己弘法取得世俗利益，當然不能見容於只奉獻而不求世間利益的同修們，後來只好自己離開同修會了。

這意思就是說，其實禪門裡面了知如何參究到深細的地步全都通達了，那是很難的。如果要再講金剛心印，再深入的「如何是末後句？」有的人公案讀多了，就說：「我知道啦！如驢覷井，就好像驢子在看那個井一樣。」

話還沒說完，如驢兩個字剛出來，禪師一棒就打過去了：「還如驢欸！」因爲那都是更深的金剛心印，倒不如說「如井覷驢」還好一點。可是「如井覷驢」，那還是很粗淺。所以又有人問：「如何是末後句？」他也許告訴你：「明暗雙雙。」禪宗裡爲什麼還有這些東西？而悟得深的人都會承認它，不把它當作笑話或者當作戲弄的言語，這又是爲什麼？因爲金剛心確實是有這些體性的。

因此，看來就這麼簡單幾個字，爲什麼有這麼多的淆訛？這眞是不容易啊！也就是說，一般人不瞭解禪宗祖師們的證量，所以把他們一視同仁等量齊觀，就會有過失。禪宗裡有的祖師悟後依舊是眞妄不分的，他是找到如來藏了，這一點是沒錯的，可惜的是眞妄不分。可是有的祖師不只如此，他還眼見佛性。有的祖師還過牢關，有的祖師還有道種智，其實是菩薩再來而不只是禪宗的祖師，那你要怎麼一視同仁而說明他們呢？若是像克勤大師，五時三教沒有不通的，你又要怎麼說明他？其實他與大慧宗杲根本就不是禪師，你只能夠說他們是菩薩。菩薩再來時置身於後來的中國禪宗裡，因此後時的中國禪宗眞是藏龍臥虎，千萬不要小看中後期的中國禪宗。以前有一些人禪三回來就說：「我知道了，禪宗祖師們就是這樣的境界啦！」就只是這樣嗎？假使哪一天他夢見了祖師，就準備挨棒吧！因爲禪宗祖師同樣是悟，可是就像一句台灣南部的話，叫作「三不等」，也就是說有許多種差別。所以，只要你在禪門裡面悟得通透，悟後跟在大善知識身邊好好去學，從此以後五湖四海任你行，沒有人能奈何得了你。因爲禪宗裡面所學的法有淺有深、有廣有狹，能不能學得深妙，能不能學得廣大，都是要看各人的福德因緣：你遇到了什麼樣的善知識，而自己的資質如何，這二者都會有影響，不能一概而論。

現在這樣講解了金剛身印、金剛語印、金剛心印，諸位弄清楚什麼是金剛身、金剛語、金剛心了嗎？若還是不懂，那就要眞的去體悟到這個金剛常住法，然後次第修學、多聞熏習，才有辦法去把它通達。通達了以後，凡有所說，一語一默，無非是爲人處。這時千變萬化，猶如天馬行空一樣，又如龍出淺灘又竄入雲霄，然後行雲流水不著痕跡，在在處處都有爲人處；可是眾生難會，這樣才是一個已經通達的人。如果對於這個「一切諸佛所攝持金剛心印」也通了，當然就能「得一切三昧具足」；換句話說，其實是從「得一切三昧具足故」，才能夠現起「一切諸佛所攝持金剛心印」。從此以後，禪宗公案請出來，不論哪個祖師說的，你都通。假使覺得不滿意，你還可以為每一個公案下個註腳。這就是「得一切三昧具足故」所產生的「金剛心印」，你已經「攝持」了。

那麼，「一切諸佛所攝持金剛智印」是說，「金剛智印」是包括「金剛身印、金剛語印、金剛心印」，全部都具足才稱為「金剛智印」。這些「金剛智印」一定有個可以依憑的標準來印定的，不是憑空口說的；然而是憑什麼來印定才能稱為「金剛智」而說已經可以印定了？佛說：「得最上身語心如金剛故。」是因為得到最殊勝至高無上的金剛身、金剛語、金剛心，而這一個金剛心所顯現的三種智印，性如金剛而不可推翻、不可毀壞的緣故。

當你找到如來藏了，把這個金剛心加以觀行而整理通達了，假使有一天遇到個喇嘛，你就問他：「你會金剛身印嗎？」他說：「會啊！怎麼樣？」你就說：「其實你不會。」那麼他一定會問你會不會，你就說：「會啊！」就打個降魔印往他頭上一敲：「這就是金剛身印，會不會？」「你亂講！」他一定會跟你吵架說：「你亂來！」因為他認為他的金剛身印才對，那你就告訴他：

「這才是金剛法，你那個不是金剛法，因爲我這個金剛身印遍一切處，你的不行啊！我這金剛心印又是遍一切時，你的也不行啊！」其他兩種「一切」暫且不談，只說遍十二處、遍一切時就行，他就弄不懂了；因爲他只能在那個時空裡把身子定在那邊不動，叫作金剛身印，既不能遍於十二處，也不能遍於一切時都有。金剛身印是變化多端的，如果明天他再來問：「你的金剛身印是什麼？」就往他臉上給個五爪金龍，這也是金剛身印啊！無非是金剛身印，但他一定弄不懂。因爲咱們是遍一切處、遍一切時都有金剛身，當然任何一法、任何一事都可以印定；但他們的完全不行，所以他們那個都叫作假金剛，全都是騙人的，都是不老實、不誠實，不然就是被騙了以後轉而騙人，卻還不知道自己是在騙人，所以都是詐欺犯——佛門中的詐欺犯，不論他們知不知道自己的行爲已經是詐欺的行爲。如果佛教有法庭的話，都要判他們極刑，因爲這是最嚴重的詐欺。

所以，這個「金剛智印」眞的不容易得。但是，要得這個「金剛智印」其實也不難，說難，就難在自己有沒有那個福德資糧、有沒有慢。這個慢，不單是講卑慢、過慢，還包括我慢。我慢是指解脫道中所斷的我慢，不是過慢、增上慢等慢心，是極微細的樂於自己存在的作意，是這種我慢。有這個我慢，斷不了微細的我見，根本就無法證得金剛心如來藏。斷了我見，然後還要知見夠，眞的懂了佛菩提，才有辦法親證實相心如來藏。只要證得「金剛身印」，後面慢慢地就可以通「金剛語印」；「金剛語印」通了，後面也會通「金剛心印」。但是我們現在不像早期，早期禪三都只有悟得「金剛身印」而已，現在因爲不斷地有人來挑戰，也因爲三次的窩裡反——禍生肘腋，所以我現在對每一個人都要好好地用保溫箱把他保護，保護到十足十的成熟了，才要拿出來賣，所以要求每一個人都是色香味俱全，都是好品質，必須要這樣。如果品質不很好，就只好放在家裡繼續保溫，不拿出去賣。

這個意思在說什麼？是說，娑婆世界的眾生不能一次給太多，因爲消化不良。剛剛出生的乳兒，你不斷地給他吃醍醐，他一定拉肚子、拉到死。所以，我們現在怎麼辦？我們現在好像是用慢慢燉、慢慢燉的方式來成熟，如果這個品質已經很好的，你慢慢燉，他也會提早熟，他就提早用；一般的就慢慢燉，燉到都熟透了，再呈上來，色香味俱全，大家自然都想要買。這就是說，我們剛開始並沒有很詳細的勘驗，以前早期都是找到如來藏就算數了，也沒有再叫你去區分眞心、妄心的差異，所以最早期被我印證的人就只有**金剛身印**的一部分。現在可不一樣了，現在的印證標準，有些人是要三印都要具足才可以，那就難了。所以，現在悟出來的，有**金剛心印**了，假使再有一個外道來：「**不問有言，不問無言。**」那麼有些人就不懂，但是他也懂，因爲他有了「**金剛心印**」。

這就是說，佛法—特別是佛菩提—是以實相法界來含攝現象界的法，這法就非常地深奧、非常廣大，不容易具足圓滿。光只是一個般若，可以講出一大堆的勝妙法義，所以世尊要宣講二十九年。如果要去具足宣講，絕對不可能講得完。所以，我們早期明心了、見性了，才可以參加禪門差別智的課程；那差別智的課程裡面，就會講到這三印，那時我教「**金剛身、金剛語、金剛心**」；所以其中比較深細的地方，在早期那個課程中，就有好一些人要來上課時心裡都會怕，因爲我是一個人、一個人輪流叫起來講，可是若不會講時該怎麼辦？眞的沒臉。所以後來我們只好變通一下說：「**好啦！你不會講，就不讓你講；輪到該你講時就跳過去。**」可是，那些被跳過去的人，如今全都死掉了，現在都已經不在同修會裡了；爲什麼呢？因爲學不下去了，因爲他們的材料只能拿來雕成金剛身印，沒有辦法雕刻成金剛語印，若是想要雕刻成金剛心印，那可就更難雕了。所以，我們現在要的材料一定是好材料；所謂「朽木不可雕也」，所以現在都要挑選好木材；所以你們這些木材可都得要好好地生長，將來長好了，我們就可以把你雕刻成非常好的品質出來，這才是我們現在所要的。

言歸正傳，「一切諸佛所攝持金剛智印」就是包括這三印；可是這三印並不是得了就算數了，這三印之中還是有品質的差異，所以佛陀才說：「要得到最上的身印、語印、心印，因爲這三印都如金剛的緣故。」還得要最上印，才算是得到諸佛所攝持的「金剛智印」，所以最上的就是究竟佛地才有；因此說，因地的智印都還不算是最上，即使有了金剛身、金剛語、金剛心等三印，都還不是最上的。爲什麼還不是最上？因爲金剛法的體性還沒有具足通達，就進不了初地；縱使入地了，金剛法的種子還沒有完全具足圓滿地實證，那就沒有辦法得到最上，所以不能成佛。因此，世尊開示的簡單幾句話裡面，其實大有深意；這究竟要如何全部體會出來？當然不容易，因此我們再來看看這補充資料怎麼說，先從理上來說，《佛說法集經》卷一：

【「善男子！云何聞說諸佛如來常樂妙身、無盡法身，正信正入能說空者？善男子！若生是心：『諸佛如來是盡滅身』，如是菩薩不知見空。何以故？諸佛如來身是眞如空身，非客塵煩惱、隨煩惱身，如是名爲聞說如來常樂妙身、無盡法身能說空者。」】

在世尊這短短的一段經文中，點出了末法時代大師們的落處。假使依照他們那一些人的認知來判教的話，對這一段經文，他們應該要說：「**這個是到了二十世紀的人，才編出來的經典。**」因爲他們不承認世尊當年所作的預記，這段經文把二十世紀的大師們的落處寫出來了，就認爲是二十世紀的人編造的。對啊！他們都這樣講啊！所以，凡是古時事先預記未來像法時代或末法時代會有什麼事情發生的經典，他們就說那個是像法時代、末法時代編造出來的。如果這樣講，這段經文就應該是二十世紀才編造出來的；因爲二十世紀的大師們，就是這段經文中所說的人。可是這部經典卻是古時即已存在的經典，所以不能像他們那樣無知而亂講；預記就是預記，不能夠說預記的事情實現了，就指稱那是後來的人編造的。同樣底道理，如果他們亂說的那個邏輯可以通，那麼依同樣的邏輯，應該也說這一段經文是二十世紀的人才寫出來的。可是明明不是這樣子，是在一千多年前印的經文裡面就有了。

在這部《法集經》裡面說：「善男子啊！什麼樣的人是聽聞人家解說諸佛如來的常樂妙身、無盡法身，能正信正入而能夠爲人演說空性的人？」這個眞是不容易呵！看看二十世紀初以來，直到二十一世紀初的今天，檯面上，有多少人能正確地「說空」？其實沒有。直到我們開始弘法以後，才讓大家正確瞭解什麼叫作空。以前的大師們對於空性、空相都分不清楚，反正一切都空就對了，那就是他們的看法。《心經》請出來，也說是一切空，《般若經》也是一切空，《金剛經》也是一切空，六百卷《大品般若》以及《小品般若》，也統統是空。那麼一切都是緣起性空，全都沒有眞實法、常住法，我倒是想要請問：你們各大山頭勸募了那麼多錢，爲什麼不拿出來分給眾生？爲什麼要自己留著？你們不都是想要得「空」嗎？你們都應該要空掉一切嘛！可是卻都想要聚集更多的有，特別是聚集更多的錢財、名聲、眷屬，可見他們腦袋裡都不空，跟他們口中說的應該要空，完全不一樣。

話說回來，得要是什麼人的腦袋才能空？得要是實頭的人，才能空。閫南話叫作「實頭」（導師以河洛話說），有沒有？因爲騙人說謊的事情都幹不來，凡有言說都是老實話，人家就吃定他，這在閩南語中就叫他作「實頭」。「實頭」其實是古語，所以千年前的禪宗裡面就有這句話。可是這個「實頭」的人，腦袋裡面老老實實而不說謊的人，他卻能證空也能說空；因爲他不在世間法上用心，聽聞人家說「諸佛如來常樂妙身、無盡法身」以後，不把祂當作三界有，而能夠正信、正入「諸佛如來常樂妙身、無盡法身」，然後能夠爲人家演說眞正的空，這眞不容易啊！因爲假使有人說：「諸佛如來有常樂妙身，有無盡的法身。」那麼大家聽了就說：「喔！那我知道了，那諸佛如來的身體都是很健康的、很快樂的，長得很莊嚴的，然後祂有很多很多的這種身體，叫作無盡法身。」把祂當作三界有了。若是有人不當作三界有，就把祂當作神通化現的身體，那其實也還是三界有。當他這樣想的時候，如何能爲人說空？因爲明明不空啊！那應該是遍虛空、遍法界都是如來身了。可是有人會提出質問：「虛空中怎麼都沒有？我怎麼都沒看見？」那他又講不通了。那明明是三界有，怎麼可能變成「空」呢？所以，這眞是個大題目，很難懂啦！那麼大家應該要怎麼懂呢？世尊都有開示，咱們下週再來分解吧！

《實相般若波羅蜜經》第十一段，我們上週講到補充資料的部分《佛說法集經》卷一。上一週說：「如何是聽到人家說諸佛如來的常樂妙身、無盡法身之後，而能夠有正信並且能夠正確地入於如來法身，而能夠為人說空。」如來示現在人間，明明是顯現了三界有，如何能夠在三界有顯現的當下正信、正入於空性之中呢？世尊隨即接著開示說：「善男子啊！假使出生了這樣的心念：『諸佛如來是盡滅身』，」也就是說他心中認為諸佛如來是滅盡一切三界身，滅盡了一切法，認為這樣的盡滅身就是諸佛如來。「像這樣的菩薩，他的認知是錯誤的，他對佛法的認識是不正確的，像這樣的菩薩就是不知空而且不見空的人。」

這樣的菩薩，在末法時代不勝枚舉，但是總有一個領頭者，每一個世代中總會有一個代表者，二十世紀末、二十一世紀初的具體代表者，就是大家所知道的釋印順法師。他總是說，如來法身就是滅身、盡身，也就是一切法滅盡後唯一留下的空相——空無之相，他把滅盡一切以後的空無所有境界稱之為滅相眞如。說如來滅後就是無，但是這個無是一個滅相，也就是蘊處界滅後的空無法相，這個空無的滅相是不可能再被滅除的，所以它是永遠的、是眞實的，不可能再壞滅的，即是永遠的如，就叫作滅相眞如，然後認爲這樣就是諸佛的法身。像釋印順這樣說的諸佛法身，其實就是斷滅空；這個斷滅空竟然可以稱爲眞、稱爲如，應該說世間只有他一個人才會認爲這個邏輯可通，我想所有的人都不會認爲這是可以建立的。但是事實上，在佛教歷史上，他並不是唯一這樣主張的人。

實際上他還是落在意識心上，未斷我見，當然也未斷三縛結；因爲當他認定滅相眞如是眞實法的時候，其實心中也是懷疑這樣是不是眞的眞如，因爲他自己建立的「滅相眞如」其實知道這是斷滅空，不眞也不如；當他知道自己落入斷滅空的時候，不得不重新建立一個意識細心常住的說法，來建立自己的滅相眞如不會成爲斷滅空。當他這樣建立以後，實際上的落處又是以具體的文字在書上寫了出來，他叫作直覺；他認定直覺就是常住的意識細心時，就認爲自己也有開悟，便自認爲懂得中國禪宗禪師們的悟處，認爲中國禪宗的所悟就是直覺，就是意識細心，是常住法。請問：這個直覺是不是意識心沒有語言文字時候的直接了知呢？正是如此。所以他的落處還是意識，根本不是中國禪宗祖師們所悟的第八識眞如心。

但是他的直覺意識其實還是生滅法，因爲凡是意識心，不論多麼粗、多麼細，也不論是哪一種境界中的意識，全部都是生滅法，不可能有一部分意識可以被建立爲常住法，因爲世尊在《阿含經》中早就說過了：「諸所有意識，彼一切皆意、法因緣生。」既然所有意識不論粗細、不論遠近，全都是要依意根和法塵作爲藉緣才能出生的；而且世尊已經明白地規範說，所有的意識都是如此，那麼不論粗細意識顯然都是生滅法。既然是生滅法，顯然依釋印順的六識論來解釋或實證佛法，都是不能成立的；因爲佛法的實證並非斷滅空，也因爲意識不可能無因而生，一定要有根本因還要有各種藉緣。意識所依的緣是根與塵，既然要藉意根與法塵爲緣，才能從實相心如來藏中出生，當然就是生滅法，不可能是眞如。

而且大家都可以清楚看見的事實，是意根與法塵都是在意識出現之前就已經存在的，這已經證明釋印順這樣的見解顯然是錯誤的；然而釋印順並不是這種邪見的始作俑者，因爲他是繼承凡夫外道宗喀巴的思想，也是繼承聲聞部派佛教凡夫僧六識論的思想，而宗喀巴是輾轉繼承阿底峽，再輾轉繼承於寂天、月稱、佛護，同樣都是聲聞凡夫僧中的六識論者，所以連聲聞初果都無法實證。其實佛護的論說也不是自己的創見，他是源於部派佛教那些假冒為菩薩的六識論聲聞論師們的說法，他只是把它們整理記錄下來而已，如同宗喀巴一樣都是文抄公，並沒有自己的見地。

問題是，在初轉法輪中 佛陀早就說過了意識的生起，是要藉意根、法塵為生起因緣的。那麼意識生起之前就已有意根存在了，而意根是心，不是物質，這顯然是有七個識存在的，他們也知道大小乘經中都是這麼說的，只好扭曲說：「**意根不是心，意根只是意識的種子。**」這就是安慧繼承月稱、佛護的學說而講出來的「**根生識**」說。但問題是，如果意根就是意識的種子，這個種子為什麼能流注？是誰促使祂流注？而意識生起時意根就不存在了嗎？為何經中又說意識存在時的俱有依是意根？說意識生起以後，意根與意識是同時存在的。所以，那個「**根生識**」的說法是有很多矛盾存在的，但我們今天沒時間去破它，先不去談它，且先把它放著，回到本文來說。

也就是說，如來的法身不是盡身、不是滅相、不是斷滅空，而是常身；並且既然稱為法身，當然是能生諸法才有資格稱為法身。實相心能生諸法而成爲因地的法身，表示祂有出生萬法的功能，將來才能夠成爲佛地的法身——成爲果地的法身；是因爲祂不但有出生萬法的功能，並且祂具足了戒、定、慧、解脫、解脫知見身，以這五法爲身而稱爲如來的法身；所以如來法身不是盡身、不是空無之身，而是常樂妙身，是無盡法身。常樂妙身的常，是說祂常住而不會間斷；樂是因爲究竟安樂，也就是說，這個無垢識法身本身是清淨的，到達佛地時所含藏的一切種子也全部都清淨了，遠離了分段生死以及變易生死，所以是究竟常樂，這樣才能說爲常樂妙身。之所以爲妙，是因爲四智圓明應化無方，所以稱之爲妙；而這樣的常樂妙身常住於十方三界中，隨緣赴感靡不周，所以才稱爲無盡法身，說祂常住不壞而且永無窮盡之時。

因此，「正信正入」的菩薩說空的時候，所謂的空性就是「如來常樂妙身、無盡法身」，也就是因地菩薩位時的如來藏阿賴耶識；像這樣正信正入的人，才是知空與見空的菩薩。因爲諸佛如來身是眞如空身，眞如空並不是斷滅空，也就是眞實空、如如空。斷滅空不能稱爲眞實空，也不能稱之爲如如空；因爲如如空必定有常住法——於萬法之中悉皆如，才能稱爲如如空。

斷滅空是無，無不能稱爲如。所以說，諸佛如來是眞如空身，不是客塵煩惱身、隨煩惱身。客塵煩惱是講見惑、思惑以及隨煩惱，爲什麼這一些稱之爲客塵煩惱？因爲這一類煩惱總是在眾生覺知心中來來去去，始終不曾停止過，猶如作客一樣：早上醒來，它來了；晚上睡著了，覺知心不在了，它又走了。死了以後這個客塵煩惱走了，到中陰身時又生起了。入胎了以後，這客塵又走了；十月滿足出胎了以後，這客塵煩惱又來了。就這樣在眾生的覺知心中，不斷地來來去去，所以這些都是客塵煩惱。

這些煩惱跟無始無明煩惱無關，都是流轉於三界生死的煩惱，無關菩薩所斷的無始無明煩惱。這一些客塵煩惱在的時候，就一定跟著會有隨煩惱，也就是二十種隨煩惱；這些客塵煩惱與隨煩惱只會跟五陰相應，而不會跟如來地法身或因地法身第八識相應。所以，會與客塵煩惱、隨煩惱相應的五蘊身，都不是如來法身；而意識正是識陰所攝，因此直覺或離念靈知當然會與這些客塵煩惱相應，始終不離一念無明等四住地煩惱。所以說，如來法身是眞如空身，不是客塵煩惱身，不是隨煩惱身。如實理解、如實親證第八識法身，因此生起實相智慧了，就是能夠確實這樣理解與實證的人；那麼他聽到人家說「如來常樂妙身、無盡法身」時，就能夠為人家解說什麼是如來的常樂妙身、無盡法身。能夠如此正信正入的人，他就是能夠為人說空的菩薩。否則的話，任憑他口才辯給、聰明伶俐，說得一大藏教，仍然不是眞正懂得為人說空的人；因為他一定會落入諸法的空相之中，始終只能落在五陰等法中，再怎麼思惟也轉不出五陰的範圍，終究不瞭解空相所依的諸法之所由來的空性。

理說講完了，再來看看宗門裡怎麼說。宗門裡面最重視的就是實證這個金剛心，但是第八識金剛心很難親證。在大乘法中不論誰出了家，目的就是為了要實證佛法。可是，為了正法的實證而放棄了世俗法與親情之後，卻又往往茫無頭緒，一直都找不到入處；所以出家四、五十年以後，還不知道佛法大意是什麼；對於佛法的整體架構也沒有一點點概念，根本不知道佛法的意旨所在。這個問題究竟出在哪裡呢？就在於沒有弄通佛菩提的架構，又加上沒有見道。假使沒有人為他指導三乘菩提的法義，而他依然能夠見道，這樣的人就是有自然無師智，必然是菩薩轉生再來；當他自己見道了以後，遲早還是會通達佛法的內涵，不會以篇概全。

這也就是說，能不能對佛法有全盤的了知，關鍵在於見道；隨後漸漸通達就能引生出往世的智慧，後來就能把佛菩提道的整個架構爲大家提示出來，大家跟著學佛時就不會再像以前那樣渺渺茫茫了。但是，大乘法的見道只有一種，就是證得實相法界如來藏心，再也沒有第二種見道開悟了。可是，證如來藏這件事情，叢林裡面都說它是千聖不傳；禪宗這一句千聖不傳的話很有名，就是說一切眞悟的禪師們永遠都不許爲人明說，想要證悟的人就得很辛苦自己參究，所以才有一句話說：「**學者勞形，如猿捉影。**」是說金剛心的所在，中國禪宗古來記錄少說也有千人親證了；但是這些聖者都不許明說，因此想要修學大乘道的學人，只好勞苦自己的身形，五湖四海到處奔波參訪善知識；所以古時的參禪人總是江西、湖南二邊來來回回不斷地行腳，才會有「走江湖」這句話。那麼，江西、湖南不斷地行腳，辛苦奔波參訪石頭希遷與馬祖道一禪師二處道場的結果，大多數人還是弄不清楚，總是錯把影月當成眞月，就像那猿猴在水面不停地撈月亮，總是弄不清楚爲什麼撈不起來：如猿捉月。

觀察晚近三、四百年來的中國禪宗，不也都是如此嗎？三、四百年來的中國佛教裡，如來藏密意躲在哪裡？一直沒有興盛起來，究竟是躲在哪裡？躲在藏傳佛教的覺囊巴裡。因爲明末與清初的皇帝都喜愛歡喜佛，討厭難以實證而且離見聞覺知的如來藏妙法，眞悟的菩薩們不得不往生到西藏去，想要從西藏徹底翻轉外道喇嘛教，想要使喇嘛教眞正回歸正統佛教，所以投胎去西藏，中國地區當然就不會有如來藏妙法的弘傳；然後覺囊達瑪被薩迦與達布二派消滅了，這種打殺及搶奪覺囊派寺院的暗中指使者是誰呢？是達賴五世。消滅了覺囊巴以後，覺囊巴裡的證悟者，只好散落在中原各處，又被清朝皇帝打壓而不能出來弘法；因爲誰要是膽敢出來弘揚如來藏法，那就是正面跟雍正等清朝皇帝對抗。他們都是人王，同時又自封爲法王，所以實證如來藏的聖者這時都沒辦法出世弘法。好不容易清朝滅了，卻又是一連串的動亂，時局很亂，菩薩們也不能弘法，只好繼續投胎再等時機。終於來到台灣逮著了機會，才可以開始弘法。

所以，大乘的見道一向都很困難，也許有人心裡面責怪著：「都是釋迦世尊吝嗇不肯放手，就交代祖師們不可以明講。」我想一定有人進正覺之前，心裡面罵過，甚至也許曾在嘴巴罵過也不一定。但其實不是這個原因，之所以會這樣交代，一定是有個原因，就是因爲祂很難令人信受；如果慧力不夠，縱使證得了這個金剛心，還是會懷疑而退轉，因爲自己沒有慧力去確定祂，然後就會退轉。這不是我們空口說白話亂編造，在律部的《菩薩瓔珞本業經》裡面，佛就曾開示過了。所以，縱使找到了金剛心如來藏，如果自己的慧力不夠，碰巧又沒有善知識攝受而快速增長智慧，就會退轉。退轉了以後就會謗法及不信因果，然後無惡不造。所以，《菩薩瓔珞本業經》裡面佛說，過去世的王子舍利弗以及淨目天子法才，悟得如來藏以後心中不信，又沒有善知識攝受他們，於是退轉；退轉以後「若一劫、若十劫乃至千劫」之中無惡不造，當然得要下地獄及輪迴三惡道很久才能回到人間；輪迴受苦很久了，後來罪滅了，才遇到釋迦佛攝受，才能再度悟入，終於不退轉而能夠入地，所以這個法的實證及不退轉，其實眞的都不容易。

因此，爲免有人知曉密意而不能生起智慧時會謗法，不免下墮三惡道中，只好讓學人繼續修學而具足福德以後，再自己參究而明心，智慧才會生起而不會生疑謗法，諸佛世尊當然要告誡所有眞悟的菩薩們不許明說。既不許明說，想要開悟當然是很困難的事情；假使有人要怪的話，應該怪自己的福德因緣不足。應該要這樣想：「我的慧力不夠，聽人家明說而知道般若密意以後，我可能會謗法；所以我應該要自己努力去參究，有了深入的體驗，願意接受善知識的攝受，我才不會退轉。所以還是要接受世尊的交代，自己好好去參究，我決定不要去探聽般若的密意，也不要用意識思惟；我要依照善知識的教導，努力參究之後自然就有能力自己來整理，就可以確定祂是常住不壞的萬法根源，就不會退轉了。」所以，參禪得要自己參，別想要求別人爲自己明說；求別人爲自己明說，其實是害自己。

話說回來，學佛而想要實證的人，證這個心才是最重要的，出家以後一定要好好求證這個心。你們還在家的人，我倒是不逼你、不催你，因爲你們日常生活四事都自己要去賺，否則就得有個富老爸來幫你準備了錢財，不需要每天朝九晚五上班賺錢，才可以專心參禪。但是如果出了家，四事具缺，全部受供，當然是欠了施主的恩情，那麼要想想如何能夠回報施主一些恩情；縱使沒有因緣出世弘法，不能幫他們開悟，至少也要引導他們走向正確的方向。也許導入正確的方向以後，他們自己就有因緣可以悟入，才算是回報了眾生的供養。如果未證言證，裝出一副大師的模樣來，小心臘月三十到來，閻王老子拿了簿子來，一一計算你這一生收受眾生多少衣飯錢，卻是盡幹一些誤導施主的惡業，那時可就不好玩了。我們語重心長講了再講，書上也寫了再寫，可是那些大師們看來都當作馬耳東風，好像他們見山不是山的功夫好得不得了。我們且看玄沙師備禪師爲了這一點，是怎麼樣苦口婆心地說，《景德傳燈錄》卷十八：

【「有一般坐繩床和尚，稱爲善知識，問著便動身、動手、點眼、吐舌、瞪視；更有一般便說：『昭昭靈靈、靈臺智性、能見能聞。』向五蘊身田裏作主宰，恁麼爲善知識，大賺人，知麼！我今問汝：『汝若認昭昭靈靈是汝眞實，爲什麼瞌睡時又不成昭昭靈靈？若瞌睡時不是，爲什麼有昭昭時？』汝還會麼？遮箇喚作認賊爲子，是生死根本妄想緣氣。汝欲識此根由麼？我向汝道：『汝昭昭靈靈，只因前塵色聲香等法而有分別，便道此是昭昭靈靈。若無前塵，汝此昭昭靈靈同於龜毛兔角。』仁者！眞實在什麼處？汝今欲得出他五蘊身田主宰，但識取汝祕密金剛體。古人向汝道：『圓成正遍，遍周沙界。』我今少分爲汝，智者可以譬喻得解。汝見此南閻浮提日麼？世間人所作興營、養身活命種種心行作業，莫非承他日光成立，只如日體還有多般及心行麼？

還有不周遍處麼？欲識此金剛體亦如是，只如今，山河大地、十方國土、色空明暗及汝身心，莫非盡承汝圓成威光所現；直是天人群生類所作業次、受生果報、有性無情，莫非承汝威光。乃至諸佛成道成果，接物利生，莫非盡承汝威光。只如金剛體還有凡夫、諸佛麼？有汝心行麼？不可道無便得當去也！知麼汝既有如是奇特，當陽出身處，何不發明取便？隨他向五蘊身田中、鬼趣裏作活計，直下自謾卻去；忽然無常殺鬼到來，眼目諕張身見命見，恁麼時，大難支荷，如生脫龜殼相似大苦。仁者！莫把瞌睡見解便當卻去，未解蓋覆得毛頭許。汝還知麼？三界無安猶如火宅，且汝未是得安樂底人，只大作群隊干他人世，這邊那邊飛走野鹿相似，但知求衣為食；若恁麼，爭行他王道？知麼？國王大臣不拘汝，父母放汝出家，十方施主供汝衣食，土地、龍神護汝，也須具慚愧、知恩始得，莫孤負人好。長連床上排行著地銷將去，道是安樂未在；皆是粥飯將養得，汝爛冬瓜相似變將去，土裏埋將去，業識茫茫無本可據；沙門因什麼到恁麼地？只如大地上蠢蠢者，我喚作地獄劫住。如今若不了，明朝後日，看變入驢胎馬肚裏，牽犁拽耙、銜鐵負鞍，碓擣磨磨、水火裏燒煮去，大不容易受，大須恐懼好。是汝自累，知麼？」】

玄沙禪師從來沒有過這麼嘮叨的，他一向都是直截了當，不贅語；沒想他這個晚上這麼嘮叨，只爲很久沒有添丁了，所以只好如此嘮嘮叨叨講個沒完。他不但嘮叨，而且還恐嚇，並且是一大堆的恐嚇。你看，他這一段開示，先罵了那些善知識，然後回頭嘮叨弟子們，接著再恐嚇弟子們要用功，就是希望多生幾個兒子。

玄沙禪師說：「有一種坐在繩床上的和尚，對外稱爲善知識；人家知道他是善知識，就來參訪；當人家問著祖師西來意，他就把身體動一動，問人家說：『會麼？』然後把手揮一揮，又問：『會麼？』不然就是點點眼睛、吐吐舌、瞪視人家，」到底這是不是眞的善知識？因爲裝模作樣並不難啊！一千七百則公案讀過了，不外乎應對進退，打一棒、喝一喝，誰不會呢？所以假善知識就學古時禪師的作略一般模樣，然而他們對禪宗的禪都只是想像猜測，對於其中的正訛，眞可謂雌雄難辨、金鍮不分。

那麼，還有一種人卻不是從公案去亂學一通，他叫作離念靈知；「遇到學人來問，他就說：『眞正的主人翁，就是昭昭靈靈、靈臺智性、能見能聞。』」意思就是說，每一個人都有一個很清楚、很明白而又很靈感的覺知心，這就是靈臺智性，什麼都能夠分別了知，平常就是能見能聞的自己。玄沙接著說：「這一些善知識，都是向五蘊身田裡面想要找一個能作主的自己，像這樣也可以稱爲善知識嗎？未免太容易賺人了吧！這件事情的眞相，你們還知道嗎？」也就是反問大家：「像這樣的善知識，你們聽過沒有？」然後又說：「我今天就問問你們大家：『你如果認爲昭昭靈靈的這個離念靈知，就是你的眞實法、常住心，爲什麼後來瞌睡的時候，又沒辦法昭昭靈靈了？如果瞌睡的時候就不是昭昭靈靈，爲什麼不瞌睡的時候又有昭昭靈靈的時候呢？』你們還會其中的淆訛麼？這種人就叫作誤認賊人作兒子的愚癡人，只會每天盜走他的法財，這其實是生死流轉的根本，也是妄想因緣產生的氣氛；眾生都是不知道這個心虛妄而認定是眞，才會再三去受生，於是就有了無量的生死；所以這個心就是生死的根本，這都是從妄想之中錯誤建立爲常住眞實的自我，因此沒有眞實的道理在其中。你們想要認識這昭昭靈靈背後的根由麼？我就跟你們說吧：『你們昭昭靈靈清楚分明底時候，都只是因爲有面前所接觸的色聲香味觸等六塵諸法而產生了分別，才能夠說這個叫作昭昭靈靈。如果沒有面前所面對的六塵，那你這個昭昭靈靈清楚明白，就跟龜毛兔角一樣不能再存在了。』」

諸位都可以拿玄沙師備禪師這個開示去問那些大師們，他們自稱開悟而證的離念靈知，各個自稱說：「我了了分明而不分別，就是證得無分別心。」但他們那個心能不能離開六塵而存在？根本就沒有辦法存在。都是假藉六塵而生起，也都是依靠六塵才能存在的，所以玄沙師備禪師才會說：「你昭昭靈靈這個心是依眼前所面對的六塵而有分別，才能夠有這個昭昭靈靈。」他接著就問大眾說：「仁者啊！你的眞實法在什麼地方呢？」就是要提起大家的疑情，要大家都去尋找眞實心如來藏啊！就是問大家：「你們自個兒的眞實心在哪裡？」然後就指出方向說：「你們今天如果想要出離這個五蘊身田，要出離這個處處作主的執著心，你只要直接去認識、去找到自己的祕密金剛體就可以了。」

每一個人都有自己的祕密金剛體在身中，等到問著的時候都說不知道。禪師也許哪一天聽了不滿意，罵將起來：「你每天抱著祂睡覺，還說你不知道祂在哪裡！」被罵了，晚上好好看；看了一晚沒瞧著，醒來說：「我根本沒抱著誰睡覺，我都是一個人睡。」禪師聽了，一棒就打了過去：「還說是一個人！」玄沙禪師就說：「古人早就跟你們講過：『這個祕密金剛體圓滿成就，而且祂是眞正遍一切處的，並且是遍周沙界。』」一切沙塵數世界都有祂，不論你走到哪裡去，你都找得到祂。恆河沙數的世界，隨便你去到哪一個世界去找，有人之處、無人之處，有情、無情之處你都去找，你一定可以找到祂。也許你心裡面懷疑：「蕭老師！你可別亂說，你的書中有講：有情才有這個心，無情沒有這個心。你爲什麼叫我去無情的世界找？爲什麼說『去到無情之處也可以找到這個心』？」我說：「就是可以找到，等你有一天找到的時候，你才知道原來無情沒有這個心。」眞的如此啊！佛法爲什麼奇特？就在這裡啊！所以禪師家都不願意當經師，原因就在這裡；因爲當經師不但辛苦，而且總是給人依文解義的感覺。禪師們請了經文來，不必依文解義，從自心裡面就講出來，七顚八倒所講的都對，聽的人可就腦痛難過，頭腦痛到最後就七花八裂。你看，所以禪師家都不喜歡當經師，就是這個原因，都喜歡當禪師；我卻是笨，當了禪師還要來當法師——成了個講經的說法之師。

接著，玄沙又說：「我今天就稍微爲你們講一講，凡是有智慧的人都可以用譬喻就聽得懂。你們大家有沒有看見南閻浮提這個太陽嗎？世間人所作一切事業乃至養身活命的所有身行、心行所造作出來的各種業，莫非都要承蒙日光才能成立。」古人也知道，如果沒有日光，作物根本就不生長；如果沒有日光也不可能會有雨水，你能吃什麼？所以玄沙說「莫非承他日光」。那麼舉了這個例子以後，就問大家：「可是你們看看那個太陽會有很多種嗎？而那個太陽會有眾生的心行嗎？」他的意思就是說，各人的金剛體也同樣只有一種，沒有兩種、三種以上。所以，凡是眞正的證悟，都是證得同一種心，沒有二種、三種心。開悟的內容不許各說各話，不可以說：「你悟的是那個，我悟的是這個，咱們各人悟各人的，大家不要互相評論。」古來就不許這樣啊！以前有一些小法師在網站上講：「你們正覺悟你們的，我們道場悟我們的，我們不要互相評論。」陳履安曾打電話給我，也這麼講：「蕭老師！你說你的，我們說我們的，不要評論別人嘛！」可是我告訴他：「實相法界的開悟就只有一種，難道你認爲實相有兩種嗎？」我這麼一問，他只好閉嘴。後來他自己覺得與我無緣，便跑到密宗去了；因爲他在顯教裡面沒辦法開悟，去找密宗試試看，結果竟是弄了個大窟窿。

同樣的道理，玄沙就說：「這個太陽難道還有不周遍照耀的嗎？」所以我也要問大家：「這如來藏還有不照顧你們的嗎？」是啊！被人家照顧都不感恩，然後還每天罵祂。不但口罵，還寫書否定說：「這如來藏是不存在的。」這眞的是忘恩負義！可是忘恩負義的人，自古不乏其人。從部派佛教中的六識論聲聞凡夫繼承下來的應成派假中觀，即是佛護、月稱；甚至於自續派假中觀的清辨也湊一腳，同樣不承認第八識如來藏。他們就這樣傳下來，應成派則是安慧、寂天、阿底峽、宗喀巴，然後現代的代表就是釋印順；印順死了，現在就給昭慧繼承，就是這樣子。可是，不管他們怎麼罵如來藏，他們各自的如來藏始終還是繼續照顧著他們、護持他們，從來沒有一句怨言，也不曾動過一個念說：「我就五分鐘不照顧他，讓他瞧瞧我的厲害，讓他知道我的存在。」連這個念都不曾動過。

玄沙禪師這樣講了以後，又說：「你們如果想要認識這個金剛體，那個道理跟太陽的道理是一樣的；如今眼前看著山河大地、十方國土、色空明暗，以及你們的身心，莫非都是承蒙你那個祕密金剛體的威光圓滿成就才能夠現前，否則這些都不可能存在；就算是天人群生類所作的各種善業、惡業、淨業，正在造作的時候以及受生果報的時候，乃至一切有體性的無情物，莫非都是承蒙你們自己這個祕密金剛體的威光才能存在。乃至諸佛成道成果以後，接物利生莫非盡承這個祕密金剛體的威光。可是你們來看看，這個金剛體如來藏心還有凡夫、諸佛的分別嗎？從來都不作這個分別的。如果沒有這個金剛體，還有你所知道的這個五蘊身心嗎？還有這個覺知心的心行法相嗎？可是你們大眾聽了我這麼說，卻不可以說沒有這些五蘊身心的心行法相就算是證悟了，」這還不算呵！還得要去參禪把祂找出來。「你們自己五蘊身中既然有這樣的一個祕密金剛體，祂又是這麼的奇特，祂簡直就像處在太陽底下那麼清楚在顯示給你看，你爲什麼不把自己的智慧光明顯發出來去認取祂呢？竟然隨著那五蘊身心，在死人家裡面作活計，都是在當下把自己給謾騙了；像這樣自以爲開悟了，忽然有一天無常殺鬼來到的時候，把眼睛閉得緊緊地或者睜得大大地，結果都是落在身見、命見裡面，到那個時節可眞的很難承受；到那個時候大妄語業現前、業風所飄，就像生脫龜殼一樣的大苦。各位仁者啊！不要把那一些假名善知識的瞌睡見解當作是眞正的法，其實這樣的人、這樣的善知識，對於法身慧命，根本不曾懂得如何遮蓋保護住一毛頭，生死無明都是具足存在而分明顯現的。你們還知道嗎？三界無安猶如著了火的宅院一樣，而且你們都還不是得到安樂的人，卻一天到晚只是一大群、一大隊地干擾人間，這邊那邊飛也似地奔來走去，好像野鹿到處跑一樣，只知道求食求衣；如果都像這樣子，怎麼能夠行於王道之中呢？還知麼？」

又說：「國王大臣都不拘束你們，父母放了你們出家，十方施主供養你們的衣食，土地神、龍神也都護持著你們，你們也得要具慚愧、知恩才行啊！可不要辜負了人才好。不求好好證悟，每晚就在長連床上這樣一行一行躺了排著，或者在禪堂地上一行一行這樣坐去，一天到晚都說自己還沒有到達安樂地；你們可都是每天用粥飯將護養育才成人的，今天你們卻像爛冬瓜一樣地變爛了去；將來往土裡埋了去，到那個時候，業識茫茫無本可據，」也就是落在造業的識陰上面，不能作爲解脫的憑據而沒有一個根本心可以依據安身；「你們是沙門、出家的人，究竟是因爲什麼原因而到了今天這個田地呢？那一些大地上正在蠢動的，我都說他們其實是在地獄劫中長住。如今你們如果還不趕快了了這件大事，明天早上或是後天，眼看著就要變入驢胎、馬肚裡去了；等到下一世出生了以後，得要去牽犁拽耙耕田去，口鼻裡還要銜著鐵、背上還要負著鞍，從此以後要在磨坊裡面碓擣磨磨，拖著石磨轉去。最後老了，還得要水裡火裡被人家燒了、煮了、吃了去，這眞是大不容易受啊！你們得要大大地恐懼才好啊！可是這一些，你們都不能怪我玄沙，只能怪自己牽累了自己，知道麼？」

你看他，又罵、又責備諸方的假善知識，然後又用地獄、畜生道來恐嚇弟子們要好好用功求悟。拿地獄果報恐嚇完了，還怕弟子們不信，又說：如果不好好努力求悟，下輩子還不了人家的供養，往生到了驢胎馬腹裡，要去牽犁拽耙、銜鐵負鞍。這可還好喔！即使是被綁在石磨那邊轉著圈圈一直磨麥粉，也都還算好，就怕老了還要被宰殺、煮了吃。你看，他今晚也眞的是夠老婆了，既恐嚇、又鼓勵，無非是逼著弟子們求悟、得解脫。然後又說：那都是假善知識們的過失，跟你們無關；可是你們不悟也不行，如果這一世不能悟入，死後就得下地獄、當畜生等等。講了一大堆！爲什麼要這樣？總因爲師徒一場，不能沒有督促之說。

但是他催逼恐嚇地說完了以後，金剛心何在呢？不知道的仍然是不知道，所以咱們還要再來看看經裡面也有談到的宗門之法，究竟是如何說的。

很多人讀了《般若經》以後，不知道它是在講金剛心，總是以為說：**般若就是智慧，智慧就是知道一切法空**。可是般若講的是金剛心常住不壞、能生萬法、能使人成就佛道，而金剛心所生的萬法全都緣起性空。金剛心就是第八識如來藏，若想要眞正懂得般若的實相法義，得要證了這個金剛心如來藏以後才能夠眞懂；因爲般若這個智慧，其實是講法界的實相，而法界的實相講的是萬法的根源、宇宙的起處。宇宙從哪裡來？從這個實相心來，如果沒有這個實相心就不會有宇宙。都因爲這實相心含藏了一切眾生的業種，有業種就須要受報，那麼實相心當然就出生了山河大地、十方世界，讓眾生來出生和受報，所以宇宙還是從這個心來。因此《楞嚴經》中說「**諸法所生，唯心所現**」，又說十方宇宙、虛空世界「**因心成體**」，所以 世尊這樣開示：「**一切因果、世界、微塵因心成體。**」都因爲這個能生萬法的實相心，因果、世界、微塵等，才會有它們的眞實體性；如果這個心眞的不存在，只是假名施設而已，就不會有山河世界，更不會有三界眾生了。如果懂得這個道理，知道大乘見道就是親證此心而發起實相般若，就能夠努力求悟這個如來藏識；悟了如來藏識就能夠眞通般若，通了般若才算是能夠眞正修學菩薩道的人，成爲內門廣修六度的眞實義菩薩，位在不退轉住。

不過修學菩薩道，如同閩南語講的「三不等」，因爲很多人在修、在行菩薩道，可是修出來、行出來的結果卻是參差不同。在十信位的人，也說他在修菩薩道、在行六度萬行，但是今天修了，後天就不想修了。明年春節到了，去寺院走一走，熏習了一會兒以後想：「好啦！我再繼續修菩薩道。」然後修了三天，再休息一年；因爲他的信還不具足，這叫作信位修菩薩道。終於信具足了，很努力修菩薩道了，心想：「六度萬行我都懂啦！我努力去作布施、持戒、忍辱、精進、禪定、智慧。」很努力再學，可是學來學去，都在外門繞來繞去，始終繞不進內門來，這也是行菩薩道啊！這樣行呢，不能稱爲摩訶薩，只能稱爲凡夫菩薩行菩薩道，修的都是外門廣行六度萬行。

後來終於弄清楚了：原來眞行菩薩道，得要入了門，才算是眞正行道。那麼要如何入門呢？得要證金剛心、要通般若。終於一頭栽進去，努力修學；後來開悟明心了，實相般若生起了，住於第七住中，不再退失了，然後就開始眞的行菩薩道了。但是悟了歸悟了，明天家裡太太說：「唉呀！你一天到晚修行，不行啦！跟著我出去玩一玩。」好了，太座下令了，不能不去呀！

因爲他是ＰＴＴ俱樂部的會員，當然得要去啊！「好啦！就去玩。」這一玩，恍神了，忘了修道，結果呢？當這一天結束了，他反而說：「太太！明天我帶妳去另一處玩，比這裡更好玩。」換他主張要去玩了；這就是說他到了「位」不退的地步，但是「行」還是有退。也許玩個三、五天說：「明天我要上課了，不能再陪妳玩了。」收心了，終於回來了，進了正覺講堂，心眞的很用功在精進了。下課後再用功個兩、三天，也許又開始懈怠了，又開始想到玩了。這就是行退，但是位不退，這也是行菩薩道；不過他終究是入了內門，就算是菩薩摩訶薩內門行菩薩道了。

一世又一世這樣努力去修，終於入了地，這就進入行不退的階段了——一切行都不退轉於菩薩道，這也是行菩薩道。可是入了地還是有一種退，就是有時候念退：「唉呀！我度了這某某人，眞的很不錯，要重用他。」重用了以後，結果發覺這個人開始變心了——他開始生起私心了。剛入地的菩薩有時候想：「唉呀！枉費我對他這麼好，竟然退心，開始在私心上面運作。」有時候就想：「唉！度眾生眞的沒意思，不想再度人了。」這就是念退。也許退個幾分鐘，也許退個幾秒鐘都不一定，就看他的修爲。然後想一想：「不行！我還是得要攝受他，我要逼著他把私心捨了才行。」又繼續再努力，這叫作念退、行不退。這也是行菩薩道，這也是菩薩摩訶薩。

如果到了八地心，念念都不退轉。八地心菩薩，你們喜不喜歡親近？（有人答：喜歡。）喜歡？等你親近的時候，你才知道「喜歡」！當你見了八地菩薩，心裡只有敬畏，你還「喜歡」？只有六地、五地以下的菩薩，特別是三地以下的菩薩，你才會很喜歡。八地心的菩薩，你見了一定不敢造次的。我告訴你，八地心菩薩就像是無情的菩薩，沒那麼好親近。雖然你一樣會想親近，可是你心裡面很敬畏。他就是因為念不退——三界愛的習氣種子已經斷盡而成就這種不退，只剩下無記性的習氣種子，也就是只剩下無始無明上煩惱，沒有絲毫幽默或三界情愛習氣種子了，所以妳別想說：「我夢見過他幾劫以前曾經當過我老公。」我告訴妳，他現在不會依以前多劫的情分而特別對待妳，不會再有這種習氣引生的情感了；因為他只剩下異熟性的習氣種子，三界愛的習氣種子已經全部斷盡了。當然，他也沒有憂鬱。憂鬱，懂嗎？不是憂鬱症那個憂鬱，是菩薩底憂鬱，這種憂鬱就好像初地菩薩的極喜不形於外，你看不見。可是這也只有七地以下才有，因為三界愛的習氣種子還沒有斷盡，才會有極深沈的憂鬱。但是念不退的八地以上菩薩，全無憂鬱，也是行菩薩道，那到底有什麼不同？那差異可大了。

念不退之後，到了等覺地，接著是百劫修相好，專門爲了施捨色身內財而去受生，專門爲了捨財而受生去繼承財產；他這樣子也是在行菩薩道，那又是另一番光景了。所以菩薩道，眞的叫作三不等。口稱在行菩薩道，也自稱是菩薩，其實從十信位到等覺位，眞是千差萬別，有誰知道其中的差異呢？且不說菩薩們不同層次的心性，單說表相的事修就完全不一樣了；所以菩薩有這麼多應證的法，這麼多的層次差別，你要一一去經歷過才能成佛。但是要如何開始去眞正經歷它？你得要先證悟這個金剛心如來藏，才有辦法脫離凡夫位的層次而眞修菩薩道，否則都沒有辦法眞修菩薩道的。因此說，眞要修菩薩道的人一定要學般若、熏般若、修般若、證般若，證般若以後才有辦法悟後進修而獲得通達。通達時即是進入初地，才能眞正地邁向成佛之道而繼續進修十地之道。那麼，我們再來看看《勝天王般若波羅蜜經》卷六怎麼說般若金剛體第八識心：

【「譬如金剛自體堅密，刀不能斫、火不能燒、水不能爛、毒不能害；菩薩摩訶薩方便智慧，聲聞、緣覺及諸外道一切煩惱所不能壞。世尊！如清水珠，若在濁水，即爲之清；菩薩摩訶薩般若波羅蜜珠，能使一切眾生煩惱悉得清淨。世尊！譬如妙藥珠寶，毒不共居，能消眾毒；菩薩摩訶薩行般若波羅蜜方便，不與一切煩惱共俱，悉能斷滅。世尊！以是因緣，一切諸法皆是菩薩摩訶薩道。」

這段經文說，菩薩摩訶薩的智慧是從哪裡來的？是從那個祕密金剛體來；也就是參禪人大家找來找去，始終都找不到的第八識如來藏。這段經文中說：「這個金剛心就像是堅固不壞的金剛一樣，體性很堅固並且很周密，刀沒有辦法砍祂，火無法燒祂，水不能把祂浸爛，毒也不能害掉這個金剛。同樣的道理，菩薩證得金剛心以後，所產生的金剛智慧，能使菩薩產生種種的方便智慧出來；這種智慧，一切聲聞、緣覺以及外道們所仍然存在而無法斷除的煩惱，都無法用來毀壞菩薩所證的這種金剛智慧。世尊！就好像能把水澄清的寶珠一樣，這個澄水珠如果放到濁水裡面，就會把濁水轉變清淨。菩薩摩訶薩智慧到彼岸的寶珠，能夠使一切眾生的煩惱全部清淨。世尊！譬如神妙之藥或者極妙的神珠寶貝，毒物是不能與它們同在一處的，因爲它們能夠消滅眾毒。同樣的道理，菩薩摩訶薩行於智慧到彼岸的各種方便時，不會與一切煩惱同在一起，都能加以斷滅。由於這個因緣，說一切諸法都是菩薩摩訶薩的道。」

《般若經》說的與禪師說的完全一樣：一切諸法都是大菩薩的道。你看，人家來參訪禪師，禪師不斷地裝神弄鬼。禪師最會裝神也會弄鬼，把自己本尊的神要裝成什麼模樣，都由著他裝；這個神，如果眾生看不見，就把他弄成鬼，在眾生面前晃來晃去；偷偷地遛來遛去，大家都看不見，這就是禪師的作略。禪師們認爲「生緣處處」，所以才會有很多的公案出現。若是當時沒有能夠套用的公案，就自己發明公案；所以有時候說：「我手何似佛手？」有時候說：「我腳何似驢腳？」怎麼樣弄都可以，而且諸佛都不會怪罪。所以學人上門來，尋師訪道爲了求悟，禪師卻說：「先幫我把那個椅子拿過來。」拿過來了，禪師坐了就儘管吃他的飯，不理會他了。如果剛好要建廟，須要從山下挑泥上來，正好有人前來參問：「如何是佛法大意？」禪師說：「山下幫我挑三擔泥上來。」不知道的人就說：「這禪師爲何這麼奇怪，都要利用人？剝削勞力啊！」其實不是啦！這就好像閩南語說的「摸蜊仔兼洗褲」。

譬如有名的木平禪師有個三轉泥的公案，一方面那個牆壁需要糊了，或者是那個地方想要建個寮房，需要從山腳下挑泥土上來，另一方面也是爲你好啊！便叫你從山下挑了三擔泥土上來，如果還不會，就該打了。禪門就是這樣子，所以才說「**生緣處處**」。又譬如你問：「**如何是佛？**」雲門答覆說：「**花藥欄。**」若有人家問：「**如何是花藥欄？**」他卻可能說：「**饅頭。**」隨便怎麼樣都有爲人處，這不就是《般若經》講的嗎：「**一切諸法皆是菩薩摩訶薩道。**」因爲這個只有菩薩摩訶薩才能作，還沒有悟的凡夫菩薩們怎麼能作這種禪師的事？

要是哪一天讓人家知道他是沒有悟而裝著有悟，利用悟者的身分要求人家幫他蓋房子、挑土、幹什麼的；也許哪一天會有人跑上來一拳把他打倒說：「**原來你是裝神弄鬼，欺弄我！**」因爲他沒有爲人處，他根本就不懂「**一切諸法皆是菩薩摩訶薩道**」的正理。所以，其實《般若經》不難懂，難懂的原因是沒有善知識指示，以致不知道要去瞭解它所說的都指向什麼。如果有善知識指導，知道《般若經》所講的意涵全都指示出一個地方，就是在說明實相心如來藏的自性，那時就知道要趕快進入禪門求悟，設法證得實相心如來藏。《般若經》所說的實相智慧，其實就是了知實相法界如來藏的種種自性與功德；當你親證實相心如來藏而瞭解實相境界時，自然就會有證知實相法界而引生的智慧，就是實相般若。所以，學佛必須先知道的最重要之事，就是要有善知識指導而知道：般若智慧的實證是因證得實相心如來藏而發起的。那時就可以把以前請回來的一大堆經典都暫時供著，專心求證第八識如來藏。等到有一天親證時，就是證得《金剛經》——證得《金剛經》中說的「此經」，也就是證得這個金剛心，那時《般若經》中說的眞如法性就顯現在你的眼前了。

所以《般若經》的實證並不難，但是一向無人知。因爲過去大師們都說：「去瞭解一切法空，去瞭解覺知心如何不落入兩邊，那就是懂得般若了。」幾百年來的中原，幾十年來的台灣，一向都是如此。今天，我們得要把它講清楚：《般若經》的實證是在證眞如，由證眞如而了知萬法的實相，就會知道一切諸法皆是菩薩摩訶薩道。從此以後，再也不會想要入無餘涅槃了。要是以後還有誰勸你入涅槃，你絕對不會動心。就算是你以前證阿羅漢以後迴心菩薩道，想要解脫三界生死的種子還在，就算是一時間被人鼓動了，也不過是動個幾秒鐘、幾分鐘的心，然後還是會繼續回到菩薩道來；因爲「一切諸法皆是菩薩摩訶薩道」，既然如此，爲什麼要入涅槃滅掉一切法呢？而大乘涅槃之中並不禁制一切法，只有二乘涅槃才要禁制一切法，這是完全不同的。能夠懂得大乘涅槃不禁制一切法，繼續在大乘涅槃中留住一切法，這就是懂得「菩薩摩訶薩道」的人，就離開了菩薩凡夫道，這樣的人就知道「一切諸法皆是菩薩摩訶薩道」。總而言之，凡是想要進入內門廣修菩薩道的人都應該趕快求悟，一悟就能現觀第八識的眞如法性；依第八識的眞如法性而入內門廣修菩薩道，才眞的有辦法正確的實修菩薩道，努力修行才不會唐捐其功，這樣才有資格說是眞的在修學成佛之道。

再從另一個方面來說，證得如來藏的人，一定會知道「一切如來常住智印祕藏相」，就會知道「一切諸佛金剛智印甚深處實相般若波羅蜜法門」；同時也會知道，「一切諸佛所攝持金剛身印」，是因爲「得一切如來眞實體性」的緣故；也會知道「一切諸佛所攝持金剛語印」，是由於「得一切法門自在故」；接著就會知道「一切諸佛所攝持金剛心印」，是因爲已經「得一切三昧具足故」；這一切都知道了，自然就知道「一切諸佛所攝持金剛智印」，因爲他已經得到了最高無上的身、語、心三法，而這三個都如同金剛一樣的緣故，這樣才是眞的實證三密的人：身密、語密、心密。

這才是佛教裡眞正的密宗啦！藏傳四大派所謂的佛教其實並沒有眞正的密法可說，只有覺囊巴的他空見如來藏心，才是佛教裡眞正不許明傳的三密法印，才能稱爲眞正的密宗。這種實相般若密法眞的不可言詮，藏傳四大派所謂佛教的密法，全部都是可以言詮的。老實說，密宗的密現在也都沒密了，因爲《狂密與眞密》都已經把它披露出來了，密宗還有什麼密可說呢？但是我們正統佛教裡的這三密，他們卻永遠不知道。能夠這樣知得三密，禪宗的公案無有不通者；因爲禪宗的公案有許多是證悟的祖師讀了《般若經》以後，把它運用出來的。這叫作觸類旁通，因爲從如來藏可以通一切法，通三乘菩提；所以只要從如來藏這個根源一拉起來，一切世間、出世間、世出世間法就都跟著被提出來了。

如果能夠這樣，就能夠一步又一步地圓滿諸佛的「金剛智印」。這樣才能夠說是證得「金剛智」；密宗那個金剛智，只能叫作下流智，根本沒有金剛法性的智慧可言，因爲都是欲界中最下流的法，也都是生滅不住而沒有一絲一毫金剛不壞性可言。你們現在已經瞭解密宗了，不會對我這一句話反感了；如果我在《狂密與眞密》寫出來之前就先這麼講，你們之中一定會有好多人在心裡罵翻了：「**你的證量再怎麼高，也不該這樣批評密宗吧！**」大概會這樣想。可是，現在知道他們所謂的金剛智，只是在追求雙身法過程中如何持久而已。那算是什麼金剛？一把慾火把他們燒了，他們的慧命全都完了，哪兒還有金剛？眞的啊！他們自己都被慾火燒了，竟然自己都還不知道，那不叫作慾火焚身嗎？行善的功德早都被燒盡了，他們自己竟還不知道，所以說密宗的密法完全沒有金剛性。因此說，若是眞要說到金剛乘，我們正統佛教才有資格；若眞要說是密乘，我們才有資格，因爲只有在正統佛教中如法修學，才能證得三界法界中的至高無上大密——金剛心如來藏。證得金剛心如來藏，才能生起「金剛智」。不過，「金剛智」與「金剛智印」兩個名詞都已經被密宗用到下流境界去了，我們可就要盡量少用它，免得佛教界誤會正法。

話說回來，既然「金剛智」這麼勝妙，不可斫、不可燒、不可爛、不可害，然而這個「金剛智」要怎麼證呢？那當然要先求證如來藏，才能夠發起這個「金剛智」。我們就從宗門來看看吧！因爲求證「金剛智」時，宗門畢竟是最直接的。《景德傳燈錄》卷十：

【湖南長沙景岑，號招賢大師。初住鹿苑，爲第一世；其後居無定所，但徇緣接物、隨請說法。故時衆謂之長沙和尚。上堂曰：「我若一向舉揚宗教，法堂裏須草深一丈。我事不獲已，所以向汝諸人道：『盡十方世界是沙門眼，盡十方世界是沙門全身，盡十方世界是自己光明，盡十方世界在自己光明裏，盡十方世界無一人不是自己。』我常向汝諸人道：『三世諸佛共，盡法界眾生，是摩訶般若光。』光未發時，汝等諸人向什麼處委？光未發時，尚無佛、無眾生消息，何處得山河國土來？」時有僧問：「如何是沙門眼？」師云：「長長出不得。」又云：「成佛成祖出不得，六道輪迴出不得。」僧云：「未審出箇什麼不得？」師云：「晝見日，夜見星。」僧云：「學人不會。」師云：「妙高山色青又青。」

僧問：「教中云：而常處此菩提座。如何是座？」師云：「老僧正坐，大德正立。」僧問：「如何是大道？」師云：「沒卻汝。」】

這長沙招賢大師，他俗姓岑，當時禪師們管他叫作岑大蟲。大蟲就是老虎，說他叫作岑老虎，那典故就不說它了。有一天他上堂說：「如果我一向都是用宗門的法義來教導，一向拿出宗門法義來弘揚的話，我這法堂裡面一定是草深一丈了。」因爲沒有人會來向他求法。宗門下的說法是一進門就打，不然的話，學人才一進門，禪師就大喝：「出去！」那誰還要來求法？當然難得其人。如果我也學這一招，別說妳們女眾，大概你們男眾也要跑掉五分之四了；因爲一進門就打，也不開示；若眞的這樣子接引人，別說大溪祖師堂那個法堂，連台北市的這個講堂裡都會長草；因爲有一天漏了水都沒有人管，不久就長草了。

長沙禪師又說：「我眞是沒奈何，所以只好向你們大家說：『盡十方世界都是大乘出家人的眼睛，盡十方世界都是大乘出家人的全身，盡十方世界都是自己底光明，盡十方世界全部都在自己底光明裡面，盡十方世界沒有一個人不是自己。』」諸位！岑大蟲說的有沒有道理啊？然而，怎麼會這樣呢？這個就是禪師的金剛方便慧，要證得這個金剛心以後，才會有方便來說這一些法，這就是方便智慧。這可不是密宗在那邊搞什麼金剛方便智慧，他們搞的無非是追求方便法可以在性交時持久一點，那叫作下流智慧，談什麼金剛智慧？長沙禪師說的這個才是眞正的金剛方便智慧。剛剛我說，無情沒有這個金剛心，可是不論你去找什麼無情，你每找到一種無情，你都會找到金剛心。我說的很奇怪嗎？等到你找到了實相心如來藏以後，你一定會說：「這本來就應該如此，因爲『何處不稱尊？』」

在這裡，長沙招賢也這麼說：「盡十方世界是沙門眼。」確實如此啊！不論你去到十方世界的哪一個世界，一定都會看到大乘沙門眼，你的「金剛智」一定都在。又說：「盡十方世界是沙門全身。」不論你十方世界去到哪個地方，都是你的法身；不管你去到哪裡都一樣，全都是你的法身。然後說：「盡十方世界都是自己底光明。」也就是說，盡十方世界全都是自己的功能力用——功能威力作用。你要是有大神通，可以現在就實驗：立刻到十方任何一個世界去，看看是不是你自己底光明。長沙又說了：「盡十方世界在自己光明裡。」眞的如此啊！如果你有大神通到其他世界去瞧瞧，你會認同他的說法，但也會知道未悟的眾生們聽了他的說法後，難免都會誤解他說的話，所以長沙招賢禪師眞是一點點欺誑都沒有。

眞悟禪師說話時，只要他悟得夠深，說話絕不滲漏，一直都是周匝緊密，不會自相矛盾。你要是不信，等你找到金剛心如來藏以後，你說：「十方世界，我去不了，我沒有大神通，不然我去美國瞧瞧看，美國是不是在我的光明裡？」去到美國一瞧就說：「原來美國也是在我金剛心的光明裡面。」再不信，不然再繞半個地球到歐洲去看看吧！到了歐亞交接之處，四下無人，看一看，就說：「原來戈壁大沙漠還是在我實相心的光明裡。」也許有人覺得奇怪說：「怎麼會這樣？佛法怎麼會講到這裡去？」事實上就是這樣啊！因爲盡十方世界都在自己底光明裡。

眞要不信，哪一天說：「我一定要去參訪某某人，聽說他有大神通，可以來往極樂世界，我要叫他去極樂世界看看，極樂世界是不是也在他自己底光明裡？」結果那個人去了又回來說：「沒有啊！並不在自己光明裡啊！」爲什麼？因爲他沒有悟嘛！縱使他有大神通，可是因爲他沒有悟啊！那就沒辦法看見了；老實說，沒有開悟的人竟敢說他能夠憑自己的能力去極樂世界，那眞是大老千一個。講到這裡，也許有人說：「好，那我們幫他悟了再去看一看。」幫他悟了以後，吩咐他再去：「你趕快去極樂世界，看看極樂世界是不是在你自己的光明裡？」結果去了以後老是沒消息，因爲他在那邊端詳一會兒，你早就捨壽再受生了，後世都不知道了，眞是無可奈何！但是我跟你保證，假使你活上幾千歲，能夠等到他回來娑婆世界告訴你的時候，一定會是如此。雖然去了那邊聽佛說法以後，也許才只幾分鐘，可能這邊已經過了幾百年，他也不會想到在這麼短時間要託夢回來，但是終有一天會回來，他會告訴你：「這是眞的，極樂世界也在我自心如來藏的光明裡。」其實，不必這麼麻煩，你可以自己證實，當你證得如來藏時，我告訴你怎麼看，你自己證實也就夠了。眞的，極樂世界也在自己底光明裡。

也許最後有人乾脆敞明宗旨說：「即使是去十方世界，沒有一個人不是住在自己底威光裡。」因爲盡十方世界所有的人都是如來藏，有誰不是如來藏？從此以後，見了某甲是如來藏，見了某乙也是如來藏；見了螞蟻是如來藏，見了黑狗也是如來藏。從此以後，不論見了誰，都可以這麼說：「自家人。」對不對？都是自家人嘛！因爲同一如來藏。可是問題來了，聽到人家說「同一如來藏」，心想：「喔！原來如來藏在你那邊，也在我這邊，那是怎麼聯絡的？」並不是大家共有同一個如來藏，而是說大家都同樣是由如來藏來成就的，都是同一類的如來藏心，所以都叫作如來藏家族。每一個人各有自己的如來藏，同一種類，沒有高下勝劣的差別，這樣就說盡十方世界無一人不是自己。

然後長沙又說：「我時常向你們眾人說：『三世諸佛都同樣是這個如來藏，盡法界一切眾生，也都是摩訶般若的光明。』但是這光明還沒有發起的時候，你們這些大眾們要向什麼處委心去瞭解呢？當這個光明還沒發起的時候，尚且還沒有佛、沒有眾生的消息，」光，意思懂嗎？就是指如來藏的功能差別；「如來藏的威光還沒有發起的時候，尚且沒有佛、沒有眾生，連個消息都沒有，什麼地方能夠有山河國土來呢？」當時就有僧人想要知道自心如來藏的所在，就站出來問：「如何是沙門眼？」長沙就說：「長長出不得。」沒有人答話，於是長沙禪師又說：「成佛成祖出不得，六道輪迴出不得。」為什麼如此？因為從事上來說是如此，從理上來說也確實如此啊！事上，這個金剛心從來成不了佛、從來成不了祖師，但是金剛心卻也無法離開佛、離開祖師，所以「成佛成祖出不得」。六道輪迴也出不得，因為對祂而言，祂從來不在六道輪迴中，要祂怎麼出輪迴？可是從理上來說，長沙兩句話就已經告訴你這個金剛心的所在了，已經分明現前了，但這個僧人不懂。接下來，因為時間又到了，只好等下週再來講了。

上回宗說之三，講到長沙和尚岑大蟲的開示，他說：「成佛成祖出不得，六道輪迴出不得。」有僧人接著問：「未審出箇什麼不得？」因為他既然剛開始時開示說：「長長出不得。」你如果會的話，就答說：「短短戳不進。」這僧人可是長沙招賢禪師接著說：「成佛成祖出不得，六道輪迴出不得。」既然有出不得，一定有什麼當然得要問一下：「不知道是出箇什麼不得？」既然有出不得，一定有什麼東西或者什麼境界是出不得的，一直都落在裡頭，所以問：「未審出箇什麼不得？」照說他應該是問「什麼地方讓人出不得」，或者什麼法、什麼處所讓人出不得，結果長沙禪師卻答覆說：「白天看見太陽，晚上看見星星。」如果真的悟了，這些都是家裡事，不可能聽不懂。如果聽不懂，就表示你還沒有開悟，所以還會聽不懂，因為這是悟後應該會聽懂的，所以長沙說：「晝見日，夜見星。」其實已經告訴那僧：不論怎麼樣都出不得的這個，在「晝見日，夜見星」一句已經把出不得的這個說出來了；可是這個僧人還是沒有會處，仍然不是家裡人，所以他就老實承認說：「學人不會。」他倒也老實，自稱是學人；不像那些根本就沒有悟的阿師們，個個都自道是大師。

然後，長沙招賢大師就跟他開示說：「妙高山色青又青。」仍然是三句不離本行，直示入處，直下就已經告訴他如來藏的所在。如果是一般阿師就在那邊解釋：「你不要管會不會，全部都放下了，那時候心地怡然無所執著，什麼都放下的時候，看到妙高山那一片青色，不是非常舒爽的事情嗎？你爲什麼要在那邊強用心呢？所以你只要放下一切就對了。」如果長沙招賢大師剛好在旁邊聽到了，一定一棒就打過去說：「對你個頭！」因爲長沙大師說的根本不是他講的那個意思，可憐天下學人俱被瞎眼阿師所轉，這麼一耽誤可能就是一劫、兩劫乃至無數劫之後，才有可能開悟啦！

其實長沙招賢這一句「妙高山色青又青」已經直示密意了，有一些研究禪學的人往往說：「這個叫作放過語，這個叫作極則語，這個叫作拈提語。」又說：「這個叫作向上全提。」有的人不服氣就說：「這哪裡向上全提，這個只有向上半提而已。」各人講得一大堆，其實都應該各放三棒。也許諸方大師不信邪，來問：「請問，你蕭老師怎麼說？」我就針對他這個「妙高山色青又青」，答覆他說：「正覺妙法深又廣。」管叫他會不得。但是等到後來有一天，假使他們眞的悟了，才知道我於什麼處爲他，並不是沒有爲他處。

眞的有爲他處啊！只是難會。如果是瞎眼阿師，就會解釋一堆：「你沒聽過人家都在講，正覺的法眞的是又深妙又高廣嗎？所以，他講這一句話說正覺妙法深又廣，確實是正確的說法，他就是這樣開示你的啊！」我如果聽到了，也會當場給他三棒。眞的要挨棒，因爲我的意思不在說明正覺妙法深又廣，我有弦外之音、言外密意，他得要聽懂才行啊！枉費我拿了弓弦在那邊拉給他聽，他還聽不懂，那有什麼辦法？聽來聽去以後講出來，不然就說是豎琴，不然就說是小提琴，可是他聽不出弦外之音，那有什麼用？枉入佛門一場！且道：如何是正覺妙法深又廣？哪一天誰興高采烈一時心血來潮就上來答覆：「妙高山色青又青。」我就輕輕放他一掌：「且喜！」有資格喝茶了。到底這緣故在哪裡？一定有個緣故啊！爲什麼他這樣講我也認可？大師們如果來告訴我說：「這個道理是一樣，我禪七不就開示了嗎？生薑長在樹上，蘋果生在地下，反正亂講一通就是禪。」我就放他三頓棒，可不只是三棒而已。

所以，禪門有許多淆訛，都不是學人之所能知。且不說學人，乃至阿羅漢迴小向大以前，如果不是跟著 佛陀到處遊行，看見 佛陀一再地使機鋒，想要悟入還眞難欸！何況是一般凡夫？所以如果懂得「晝見日，夜見星」，那就懂得「妙高山色青又青」，自然也就懂得我說的「正覺妙法深又廣」；這時四通八達，由著你七顚八倒橫說豎說，全都沒問題，可是那些大師們聽了可就要腦裂七分了，就不好玩啦！那麼接著再來看別人怎麼向長沙和尚請益的：

有僧人問：「教中云：而常處此菩提座。如何是座？」師云：「老僧正坐，大德正立。」這也奇怪，這個僧人拿著經教中的「而常處此菩提座」，來問「如何是座？」他也聰明，懂得要問這個法座。其實每一個人都有一個法座，每天踩著這個蓮華法座來來去去，等到問著說：「你的蓮華座在哪裡？」往腳下一瞧，瞧來瞧去說：「沒有啊！我哪有蓮華座？」等到有一天證悟底緣熟了，上來問，禪師突然給他一棒：「汝喚什麼爲座？」終於恍然大悟：「唉呀！原來我眞的在這個菩提座上，從來沒有離開過，每天踩著這個菩提座來來去去。不但這一世如此，往世還踩著這個蓮華座，在十方世界來來去去，何嘗一時一刻離開這個菩提座？」這個時候正好向禪師禮三拜，到了佛像前說：「釋迦老爸！我知道您的菩提座在何處了。」改明兒趕快提了一籃水果來供養，開口說道：「世尊！我這一籃水果上供了，可不曾供養世尊。」然後發了個願：「生生世世在人間勤行菩薩道，永不改變。」就這樣成爲實義菩薩了。此後，不管妳穿著花花綠綠底衣服，留著長頭髮或者燙髮都行，依舊是菩薩僧，眞是沙門，已入菩薩數中。這樣修證才叫作佛法，如果都是靠思惟的，都在五蘊的生滅有爲法上面去用心觀察緣起性空，那不是佛法，那叫作羅漢法。

這個僧人來問：「如何是座？」長沙招賢不可以沒有爲他處，於是就把菩提座呈現出來說：「老僧我正在坐著，大德您正在站著。」看見菩提座了沒有？我把長沙招賢請來這邊，爲諸位示現菩提座了，照子若眞的夠亮，一瞥就看見了。但這個僧人還是眼花，因爲他眼光昏暗所以沒瞧見，又問：「如何是大道？」喔！問大道了！問這個大道倒是好，長沙招賢就說：「把你給埋卻了，把你給隱沒了。」對啊！不論誰進了大道，都被隱沒在人群中。有人不信邪，或許來問：「請問蕭老師，爲什麼說是『沒卻汝』？」我說：「不然你再問一遍，我告訴你。」他就問：「如何是『沒卻汝』？」我就說：「承德路三段二百七十七號。」這才是佛法啊！可是我想，有很多人可能聽到很懊惱，因爲這蕭老師手頭好像很儉的樣子。其實我不儉啦！我每逢週二來講經時都一直放水給你們，哪有儉？也許你心裡面還是不歡喜說：「這蕭老師都不跟我們明講。」心裡面抑鬱寡歡。我也知道，因爲我們正覺裡面也有泛藍、泛綠的，看到選舉結果，今天可能有些泛綠的人覺得心裡不太高興。那沒關係，我講一個高興的消息，讓你們沖淡一下鬱悶，就會歡喜一些：我們桃園講堂已經買好了，（大眾鼓掌……）這樣大家應該心情會好一點。

言歸正傳，爲什麼長沙和尚開示說「老僧正坐，大德正立」？可別學那些瞎眼阿師說：「禪師就是在教導你爲人弟子的道理，你想要悟入，就是要對禪師恭敬一點，不然禪師怎麼幫助你？你老是在禪師面前學那些機鋒、應對進退，那禪師看了都不歡喜，說你太狂傲了。所以，你來到禪師面前，可不要大剌剌地看見椅子就坐下來，你要站著，要恭敬一點；不但如此，你還要合掌。」長沙招賢假使當場聽到了，一定對眾大聲罵他：「屁話！」一定罵他，因爲長沙說底不是這個道理。那麼，到底什麼是長沙的道理？這其實不難，在經典裡面世尊已經講過了：「得最上身語心如金剛故。」世尊講這一句話底時候，你不要在這一句話上面去理解它是什麼意思，要會出 世尊的弦外之音。也許有人說：「這樣我還是不會，請你蕭老師幫忙吧！」我就說：「可以啊！你再問一遍，我就告訴你，我明明白白告訴你。」他就問：「如何是『得最上身語心如金剛故』？」我就說：「五陰十八界。」「學人不會，請師指示！」我就說：「涅槃如來藏。」我就用〈正覺總持咒〉一句一句答覆他。管他問多少遍，不論他怎麼問，我就一句一句答，答完了，從頭再答，永遠答不盡；因為如來藏永遠答不盡，因為這個眞是金剛法；金剛法是遍一切時、遍一切處的，當然可以答之不盡，不論怎麼答，都有為人處；只是學人如果無明籠罩，就會不得了，那可不能怪我。你如果嫌說：「你蕭老師大概層次太低了，所以沒有方便善巧，以致於我仍悟不了。」那好，我們就請世尊來開示。

經文：**【爾時世尊說此法門已，復告金剛手菩薩言：「金剛手！若有人得聞此一切諸佛金剛智印甚深處實相般若波羅蜜法門，受持、讀誦、正念、思惟，當知是人則得成就最上金剛印，於一切智及眾事業，皆得圓滿；身口意性，猶如金剛，乃至當成阿耨多羅三藐三菩提。」爾時如來復說咒曰：**

阿！（短呼）】

講記：上一段《實相經》的經文中，世尊解說了佛菩提至高無上的身語心，並且解釋說「這種至高無上的身語心猶如金剛的緣故」。然後 世尊接著又向金剛手菩薩開示說：「金剛手啊！如果有人能聽聞這個一切諸佛金剛智印甚深處的實相般若波羅蜜法門，他能夠受持、能夠讀誦，也能正憶念，並且正思惟，應當知道這個人可以成就至高無上的金剛印，在一切智上面以及種種事業上面都可以獲得圓滿；而且他的身口意性，都將如同金剛一般常住不壞而不受汙染；甚至於依此而次第進修，未來將會成就無上正等正覺。」開示完了，如來又說咒：「阿！」

世尊說這個法門，可是卻有很多種的名稱。同一個法門為什麼有這麼多的內涵？一切諸佛金剛智印，就表示這個智慧是性如金剛、常住不壞的，也是一切諸佛同一所證的，這才叫作「金剛智」。證得這個「金剛智」的時候，所證內涵是跟一切諸佛一樣而沒有差別；不論去到十方諸佛世界的哪一個世界，和諸佛印證下來時都會是一樣的，都可以用同樣的「金剛智」來印定，不會有差別。但這個「金剛智印」，意思是說有了這個「金剛智」以後，就能夠將諸法取來印定，也能將諸方善知識所悟的究竟是正是訛，都可以一體印定，這樣才能叫作「一切諸佛金剛智印」。這個「金剛智印」眞的是「甚深處」，要到達「金剛智印」的境界，是非常困難的。「處」是說這個境界，「甚深處」是說這個智慧境界是甚深極甚深的。這個「甚深處」其實就是實相智慧到彼岸的法門，如果有人能夠把「金剛智印甚深處」的「實相般若波羅蜜法門」加以受持、讀誦、正念、思惟，那麼他遲早會「成就最上金剛印」。

爲什麼要「受持」？因爲要建立自己的深厚信心、廣大信心而不會退轉。「受持」是很重要的，不肯「受持」就會否定而開始謗法。除非是離開佛法以後都不作任何評論，那他雖不受持也沒有問題；但是如果不肯離開佛法，知道了「金剛智印」以後卻不願意受持，他就必然要與 佛陀所說的各種大乘經論，乃至對於四阿含等教義都會產生諍論。所以「受持」的目的是讓自己不會退轉，保證自己在佛菩提道中永住不退、繼續修學，所以「受持」之目的是要讓自己不退轉於無上正等正覺的實相法門。

爲什麼要「讀誦」？因爲經文涵義甚深，難解難知，所以必須要再三讀誦，才有可能在某一個時節因緣之中得以悟入。也就是說，讀經典不能隨隨便便自以爲懂了，否則往往免不掉大妄語業。大妄語業出現之後，緊接著就是謗法、謗善知識，這是無可避免的。因爲既然宣稱證悟了，可是當人家拿來一部經典，取出其中的幾句話來問，結果答不出來，又不肯承認自己悟錯了，不肯承認自己不懂，那就只有兩件事可以作：第一、把它依文解義交代過去，第二、乾脆說那個不是佛說的經典，是後人創造的。他們爲什麼要這樣作呢？因爲想要維護自己虛假的證悟者身分，可是他不知道那個身分只有一世，死後也就沒了；因爲「證悟聖者」這個名稱是五陰所有的身分，他悟錯了所以不曉得，爲了這個假身分而毀謗經典之後，就要害慘了下一世的五陰在地獄裡面受苦。可是下一世的五陰不知道是上一世的五陰害死他，總是在那邊自怨自艾：「**我是什麼業障？每天要在地獄裡面受長時間的遍身痛苦。**」眾生都是這樣無知。

乃至地獄報完了，到餓鬼道去；在餓鬼道中受報完了，換到畜生道去；畜生道報完了回到人間，前五百世盲聾瘖啞，人家在說什麼，他都不知道或者不懂；後來終於過完那五百世，不再盲聾瘖啞而且開始學佛了，沒想到障礙一大堆。如果去慈濟眾生可都沒事，一來到正覺學勝妙法時可就一堆的障礙；為什麼呢？因為往世謗法、謗賢聖的種子還沒有滅掉。後來終於相信正覺是正法，堅定心志說：「我來修學，決心不退轉。」學啊、學啊！可是障礙一大堆，那時候自怨自艾：「我過去世不曉得造了什麼惡業，所以學正法這麼困難。」我說他真的還是業障。

這還算是好的，如果是更惡劣的就說：「正覺講堂的佛菩薩都不幫助我、都不保佑我，害我學法學到這麼痛苦。」這又增加一條罪。自己往世謗法、謗賢聖的業還沒有消掉，怨怪佛菩薩幹什麼呢？所以只好罪加一等。這一抱怨，本來也許十年後可以悟入的，這一下可能要再延個十年、十世。為什麼會這樣呢？緣於他「讀誦」時沒有深入，大妄語以後就不肯捨下那個虛妄的身分，老是覺得自己是開悟的聖者。可是，開悟以後有聖凡可說嗎？他執著那個聖者的身分，表示他根本就沒有悟。

所以，如果哪一天我出了家，穿起僧服來，那時我若是開口閉口都說「開悟的聖僧」；哪一天如果真的這麼說了，那你們就知道我已經退轉了，因為落到我所裡面去了。所以「讀誦」很重要，在沒有經過深入「讀誦」去確實瞭解並且印證了以後，千萬不要開口說悟，否則來日有殃災。因此破參後，我用了將近兩年的時間每天讀經，若不出門時就是讀經；在佛堂裡的那個四方桌前，盤起腿來就讀。我的腿功就是這樣練得更好，我本來的腿功還沒有練得很好，就是這樣練起來的。從此開始每天盤上八個鐘頭讀經，這雙腳再怎麼不乖、也得乖。那二年我就這樣一直讀，讀到腿痠了就換腿，又繼續讀。學佛上的實證一定要能夠通過經典的檢驗，經上說：「法不可見聞覺知，若行見聞覺知，是則見聞覺知，非求法也。」又如大精進菩薩開悟時說：「就好像這一張如來的畫像，沒有出息、沒有入息，眞實法也像是這樣，不是出息、不是入息。」法就是講自心如來——如來藏，如來藏沒有呼吸。猶如佛的畫像沒有呼吸一樣，如來藏也是沒有呼吸的，你要能夠用這個經文來印證。

又說：「猶如這一張如來畫像沒有見聞覺知，眞實法亦如是，不是見聞覺知。」人家大精進菩薩就是這樣開悟般若的。可是，如果有個人胡亂讀誦，二十年以後說：「我終於懂了，就是我們每天要打坐，坐到沒有見聞覺知，就是開悟了。」那要怎麼樣坐到沒有見聞覺知呢？有三種：第一個人就是坐入未到地定裡面，長時間忘了觀察自己的存在；就是打坐時眼睛開著三分眼，可是坐到後來不見頭手床敷，已經見山不是山了；後來出定了以後，他就說：「我開悟了，因爲我坐到離見聞覺知了。」可是把了義經典請出來讀誦時，他還是不懂。第二個人，他不是像這個人的定功這麼好而坐到離見聞覺知，他其實還是有見聞覺知，只是昏沈而沒有反觀自己而已，就誤認爲自己已經坐到離見聞覺知了。還有第三個人功夫沒前面二位那麼好，他一開始很用心打坐，後來坐著、坐著就睡著了，全無見聞覺知；然後突然醒過來說：「我剛才離見聞覺知。」卻不知道自己剛才是睡著了，竟然也說自己開悟了。那敢情好！每一個人晚上睡一覺就是開悟了。其實這三個人全都誤會佛法眞實義了。

所以經典裡面的每一字、每一句，都有它的用意；凡是自認爲開悟了，一定要再三讀誦，並且確認自己沒有誤會經典中的意思。這樣眞悟了，印定了，完全相符合以後，在這一部經中印定了，一定可以通那一部經；那一部經印定了，還可以通另外一部經，每一部經都要能夠互通。不但如此，大乘經通了，也可以通二乘經，就是四阿含所說的聲聞道也都可以通，這樣才可以有把握告訴自己說：「我是眞的證悟了。」到了這個地步你出來弘法，就沒有人可以推翻你，最多只能夠說你講得不夠深細，但他也無法推翻你，因爲你說的是正確的。所以，上地菩薩來了或者諸佛來了，都不能說你不對，但是可以說你講得太粗糙。

這就是說，「讀誦」是很重要的，必須要再三讀誦，不能輕易讀個一遍、兩遍就說：「唉呀！這個《般若經》裡的意涵我全都知道了。」有一位很有名的台灣佛教界人物，被一位女士吩咐說：「要好好讀《大般若經》。」他老兄半年讀完了，覺得自己開悟了。有一次說他要講開悟的智慧，我也去聽他講；我就坐在最後面一排低調地聽著，結果他講了老半天，全都言不及義。這位老兄後來競選的時候說：「我一定會用眞心爲國家作事。」當然諸位就知道是哪一位了，原來他錯把意識離念時當作是眞心。假使誰說他用眞心爲眾生作事，我就上前打他一棍。他如果問我說：「請問你如果選上了總統，你用什麼心爲眾生作事？」我就告訴他：「我也用眞心爲眾生作事。」可是我講的沒有錯，他講的卻錯了。到底這裡面對在哪裡？錯在哪裡？這裡面眞的有淆訛。可是兩個人說的話，一模一樣，爲什麼我說的就對，他說的就錯？這裡面的蹊蹺，你得要瞧得出來，才能夠說你眞的開悟了。若是這個蹊蹺說不出來，就不可以開口說開悟，因爲那是大妄語業，捨壽以後可不好受。

所以，宗門裡的「讀誦」眞的很重要，但這個「讀誦」是親自讀誦自己的如來藏這本經，不是讀經文。必須要再三「讀誦」確認以後，才好開口說：「我悟了，我要依世尊的軌則幫助別人開悟，度眾生入內門廣修正法。」否則用他的意識境界去幫人家開悟，那是在誤導眾生，是在戕害眾生共同違犯大妄語業。眾生善良，本來還不會犯這個大妄語業，都因爲他的緣故，所以許多眾生就跟著犯了大妄語業。假使當代有善知識出來指正說他們悟錯了，那還算幸運。假使當代善知識認爲不適合出來弘法，沒有出來指正他，那他們一票人全部都死定了。所以悟前讀誦諸經也很重要，讀誦的目的在作什麼呢？在熏修，讓自己從正知正見裡面不斷地熏修；熏修久了以後，正知見很廣泛地攝取了，然後就會建立出自己所有的正知正見。這樣去修學佛法，就不會走錯路。他自然而然就會知道：「我如果自稱開悟，一定是要證得第八識如來藏，現觀如來藏的眞如法性，否則就不可能是開悟。」他的正知正見就可以建立起來。

譬如說，有的人經年累月去研究《八識規矩頌》，當他研究到很深入以後，有一天回頭來檢查自己的所悟，他一定會認定只有第八識才是開悟時所應證的眞心，絕對不會認定意識的任何境界作爲開悟的境界。因爲《八識規矩頌》熏習久了，知道意根和前六識都是第八識所生的，那就表示說：第八識才是最終極的心，而意識是有生必滅之法，當然開悟時一定是要找到最終極的心，總不會是找到最粗糙的、平常就可以看得見的覺知心意識。這就是說，讀誦的目的，是可以經由聞熏來使自己建立正確的佛法知見。假使把第三轉法輪經典不斷地讀誦了以後，他會建立很正確的觀念：能生名色的第八識如來藏才是正法實證之標的。建立了這個正知見以後，就不會再主張離念靈知就是開悟境界，因爲他已知道離念靈知是意識或識陰的境界，不是最終極的心。所以悟前讀誦很重要，也就是說它可以使人聞熏正知正見，然後變成自己的正知正見，修學佛法時就會有正確的知見與方向。

接著說「正念」，就是正確地念持；正確地憶念受持它，就是正念。可是「正念」要從哪裡來？對一般人而言眞的很難啦！也有一些老菩薩，《大正藏》讀過三、五遍；這並不在少數，但是始終不得「正念」；這問題出在涉獵太廣，卻沒有經由思惟而設定某一個範圍內的幾部經，把它重複比對、讀誦，所以他無法生起眞實的瞭解，只是依文解義讀過去。這樣一來，對於經文中的正確意旨，沒有生起讀誦層次的勝解。當他沒有生起勝解的時候，就無法正確地念持，這就是正念生不起來的原因。譬如說，第三轉法輪的經典，選了五、六部很深入去讀。讀誦以後，他終究會瞭解：原來這阿賴耶識是離見聞覺知的，不會在六塵中生起見聞覺知。當然這是從沒有見性者的立場來說，也是從十住菩薩眼見佛性的立場來說；但諸地菩薩所見的佛性是不一樣的，這個層次就不準用。

現在就一般的情況來說，他瞭解了：這如來藏於六塵中，是從來沒有見聞覺知的。既然如此，他就永遠不會再落入意識心的境界中了。那就表示說，他對於如來藏正法有了勝解，第一步的勝解是知道說：「我這個意識心離念、或者放下煩惱、乃至我連身體都可以放掉了，當我放下了一切以後，結果還是意識心，不外於五陰。」他可以瞭解到這一點：不管怎麼樣放下，能放下的終究還是意識心，依舊不離五陰我的範圍；因此他就知道應該離開意識心的範圍來找另外一個實相心，那就是第八識如來藏，又叫作阿賴耶識。從此以後，他對第三轉法輪的經典，就有一些正念存在了。

建立了這樣的正見，來讀四阿含也會讀通——自然可以讀通。讀通以後，無妨先取證聲聞果再迴入佛法中——從羅漢法中實證後再迴入佛法中來參禪，這也是一條好路。因爲聲聞果的取證很容易，並不困難。這表示說，他選定一個範圍好好去閱讀、去讀誦，然後他產生了某一個部分的勝解，就對佛法有了正確底憶念；可是這個正念得要從深入讀誦才能生出來，膚淺的讀誦是無法生出正念的。讀誦的時候一定要思惟，因爲如果光是讀誦，讀到口乾舌燥，也只是常識，或者叫作知識。如果要說讀誦，寺院裡面難道沒有每天讀誦《心經》嗎？每天早上要課誦，大家都不用看經文，都比我厲害，我現在都記不起來了；他們根本就不用看課誦本，可以一直課誦下去，但是有沒有正念呢？結果還是沒有。

所以讀誦還要講究方法，得要去配合思惟。如果能夠配合思惟，經由讀誦經典所得的正知正見來作思惟，思惟以後再思惟；越思惟，知見就越深越廣。深與廣是有連帶關係的，思惟得越深就越能觸類旁通，思惟得越廣就越能夠對某一個法作更深入的思惟，這是有連帶關係的。所以，如果有人說：「我對於法非常非常深入，就是廣度不夠。」我會說他是騙人的，如果有人說：「我對佛法知道非常廣，就是不夠深入，我只是個通家。」我說：「你連通家都不是，因為一定是誤會了。」所以，如果是瞭解很深的人一定也是理解很廣的人，理解很廣的人也一定是很深入的人，這是成正比的。越廣，對某一個法的理解就越深入，這是互相成正比的，所以思惟很重要。

可是思惟有個前提，要依照正確的理來思惟，千萬別用六識論應成派中觀那個邪理來思惟，也千萬別拿六識論的自續派中觀來思惟，因為那二種中觀都是歪理，都是假中觀。所以思惟很重要，思惟是在建立自己的正知正見，讓自己的慧力達到某一種水平。達到那個水平的時候，才能夠說他有資格可以參禪了。所以這四個法：受持是為了不退，讀誦是為了熏修，正念是要從勝解來；最後一個思惟，是為了讓自己的正知正見得到深度和廣度。當深度與廣度夠了，破參的時間就在不久。佛說：「如果能夠具足作到這四個法，那麼應當知道，這個人就可以成就最上金剛印。」

也就是說，當你剛剛證得如來藏時，有「金剛智」而無「印」；得要悟後再用這法把它整理通透了，就可以用這個「金剛智印」——如來藏寶印，印定三乘菩提。於三乘菩提，你都可以通透，不會有所懷疑；因為已經看見如來藏實相心在三乘菩提中都可以相通，就可以通達三乘菩提，不會再覺得前後轉法輪的經論互相矛盾；因爲依你所證的實相法界如來藏心而言，三乘菩提的義理與實證，根本就沒有矛盾。有好多人讀不懂，覺得三轉法輪的經典前後矛盾，其實是自己誤會經中的意旨。因爲初轉法輪的解脫道—也就是四阿含諸經所說—裡面的法義並不全是聲聞解脫道的本意，因爲四阿含裡面有許多經典本來都是大乘經，但是被聲聞人結集成爲羅漢法的解脫道了。所以，我們說的是四阿含的法義，那些法義都說：「一切法苦、空、無常、無我。」來到了第二轉法輪般若期，竟然說：「一切法本不生滅，一切眾生本來常住涅槃。」喔！他們因此覺得矛盾了。

因爲在四阿含諸經中的法義都說：「一切眾生輪轉生死，不知涅槃，不到涅槃本際。」來到般若諸經中卻說：「一切眾生本來常住涅槃。」這不是矛盾嗎？他們還講得頭頭是道、振振有辭呢！因爲他們把經典的那些語言文句、一字一句列出來，看起來似乎確實有矛盾。可是，當你證得如來藏，有了這個金剛寶印時，把四阿含諸經請出來，你可以用寶印這麼一蓋下去就印定說：全都沒有矛盾。然後把第二轉法輪的經典請出來，一樣是同一個寶印拿出來蓋上去，一樣沒有矛盾。包括第三轉法輪唯識增上慧學，讀了以後也沒有錯，照樣又把它印定了，你說奇怪不奇怪？

那些只在文字上面研究佛學和研究禪的人往往說：「佛陀在初轉、二轉法輪諸經裡的說法，前後互相矛盾。」可是從你所證的第八識如來藏引生的「金剛智印」看起來，根本就沒有矛盾；因爲你以「金剛智印」印定以後，必然會有廣度跟深度，知道初轉法輪的聲聞解脫道是從現象界來說緣起性空，所以一切法因緣生、因緣滅；般若諸經則是從實相法界來說，把一切生滅法攝歸實相心如來藏時，一切法可就不生不滅了，因此你所看是互通而沒有矛盾的。

所以四阿含諸經說，眾生無始劫以來流轉生死，不知涅槃，不住涅槃。事實上確實是這樣，問題是，那是聲聞修的解脫道，是從蘊處界的層面來說的；但是在般若期，佛與諸證悟的菩薩，以及所有已經證悟佛菩提的迴小向大阿羅漢們所看，卻又都說：「這些眾生都在輪轉生死的當下，同時各有自己底如來藏心，一直都是不生不滅的，不生不滅就是涅槃。」而眾生輪轉生死的時候，是在各自本來涅槃的如來藏裡面輪轉生死，那麼請問：眾生輪轉生死的時候難道不是在涅槃中嗎？所以說，生也在涅槃中生，死也在涅槃中死；生與死都是在自己不生不死的如來藏中進行著，所以有的禪宗祖師說：生是不生之性。我們也可以反過來說：死是不死之性。由於這個緣故，《般若經》中才說一切眾生本來常住涅槃。斯有何過？

當你弄清楚了，你就可以掉文說：斯有何過？一點都不過分。事實上真的是這樣，這是從法界實相來看，說眾生本來都在涅槃中，真的沒有過失；所以經中說菩薩是「常在涅槃不斷生死而成熟有情無有休息」，有的經中則說：「一切法本來涅槃。」有的經中說「五蘊等一切法本來涅槃」。但四阿含中說的只是羅漢法的義理，只是從現象界來看、來說的，因此說一切眾生都在輪轉生死，從來不到涅槃。菩薩們則是從修學佛法所實證的實相法界來說，是從實相法界函蓋了現象法界而這麼說，完全符合現象法界與實相法界，也函蓋了聲聞解脫道的生死無常故苦等解脫義理，這哪有衝突？完全沒有。

所以 世尊說，若是證悟後能夠把這四個法都具足了，這個人一定可以「成就最上金剛印」。這個金剛印可以印定三乘菩提諸經，前後貫串而無矛盾，也都可以全體實證而沒有衝突。那麼，能夠到這個地步，可以印定三乘菩提諸經了，對於一切智以及眾事業，當然可以圓滿，所以佛說：「於一切智及眾事業，皆得圓滿。」由於這是不迴心阿羅漢之所不知，而你知了；當你出來弘法的時候，那些不迴心阿羅漢們聽你說法時，聽得目瞪口呆、張口結舌，他們還能夠插一句話來講嗎？都不行。阿羅漢說：「請問：你懂不懂我們證的一切智？」你可以像六祖那樣：「請你把一切智的內容拿出來，我看看。」結果拿出來一看，你就說：「這個我懂，這個沒什麼不懂。」因爲聲聞的一切智，總共只有十智，那都是現象界中的法，不離蘊處界的苦、空、無常、無我等世俗諦，現象界裡的蘊處界緣起性空，你全都看清楚了，這十智並沒有難處啊！所以聲聞的一切智，你沒有問題；而你所證的實相法界本來不生不死的涅槃實際，卻是所有大阿羅漢們所無法想像的，你爲他們解說以後他們還是不懂，因爲不是他們所證的境界。

以上說的是聲聞道的「一切智」，佛說「成就最上金剛印」的菩薩們，於「一切智及眾事業，皆得圓滿。」這時候你還有世出世間智慧，可以知道在世俗法中的事業應該怎麼去作，而在佛法的事業上你又應該怎麼去作；這時你都有智慧可以作判斷，來下一個最正確的決策，當然「於一切智及眾事業，**皆得圓滿**」，因爲一切智及眾事業都不能外於金剛心如來藏。當你弘揚正法的時候，阿羅漢們不能證得你的所證，而你可以證得阿羅漢的所證，問題是你要不要取證而已。你如果願意證，明心以後把《阿含正義》好好去研讀，並且如實履踐，三年如果不夠，十年證阿羅漢也並不難；只是說我們大家都是菩薩，心不在此，所以不想取證。

所以你之所證，阿羅漢們不懂；他們之所證你卻都懂，那你弘法的事業能不能圓滿呢？當然圓滿，一定沒問題；因爲連阿羅漢都無法挑戰你了，那些凡夫們還有誰能在法義上面來挑戰你呢？這時你就可以像我在《邪見與佛法》後面那個〈法義辨正無遮大會補充聲明〉一樣，公開把文字貼出去以後，只會有一些小嘍囉在網路上匿名罵你，沒有人敢來當面挑戰，那你的弘法事業當然可以圓滿。這時完全轉依於如來藏，你的身性、口性、意性當然猶如金剛，無所畏懼，有什麼好恐懼、好緊張的？所以 世尊才說：「**身口意性，猶如金剛，**」別人是無法強行恐嚇你的。

對了，談到這裡，順便跟諸位報告，昭慧誣告我的官司（她胡亂告我，但我不會告她），上上次開庭時，剛好我們辦禪三，我就請假了；有人在開庭時說：「下次如果再不來，就拘提！」這能用來威脅我嗎？砍頭我都不怕了，我還怕拘提？往世跟皇帝都敢抗爭了，我怕什麼？當時皇帝終究還是不敢砍我，最多也只能流放我，他也怕擔因果啊，還能幹什麼？我連砍頭都不怕了，還怕民主時代的拘提啊！拘提以後審理沒罪時，還是得要放我離開啊！我怕什麼呢？有人竟想用這種手段恐嚇我，也眞是沒智慧。這就是說，菩薩看眾生時，一切眾生都是菩薩；可是眾生看菩薩時，個個菩薩都只是凡夫眾生；菩薩的心境與解脫，凡夫是無法理解的。這就是說，世俗人沒有辦法威脅一個證悟的菩薩，有什麼好威脅的？老實說，我早就想要去裡面打坐，正式去修我還未全部完成的禪定去。我早就抱定這個主意了，我還怕他們拘提啊！也就是說，其實我這六、七年來根本沒有時間可以打坐；現在爲自己的道業所應作的，都沒有時間去作；如果有機會進去，倒是我的福報，可能會是你們的損失吧。

這就是說，當你轉依了如來藏以後，就如世尊開示的「身口意性，猶如金剛」，無所畏懼。因爲，皇帝要砍頭，就讓他砍吧！反正砍了，眞我又沒死，來世繼續與他奮戰，怕什麼？連一神教的上帝，我都敢挑戰了，世間法裡有什麼好恐懼的？因為有很多人心裡面恐懼：「人家好歹也是一教之主，聽說這位天神威力強大，挑戰了他以後，也許他會弄我幾個小動作，我不就倒楣了嗎？」我說：「我才不管這個。對就對，不對就不對，如果他能夠拿我的命，就來拿吧！但我還是要說上帝講的不對。他縱使拿了我這條命，二十年後、三十年後、四十年後，我繼續出來弘法，我繼續再破斥他。」他一定奇怪說：「我昨天才拿掉一個毀謗我的人，現在怎麼又跑出一個人來？」他永遠拿不完。我為什麼不怕呢？因為真我實相心的體性猶如金剛。當心性如同金剛的時候，口性就同樣會如同金剛了，所以說法的時候不假人情：對就對，不對就不對。假使我老爸也出來弘法，他如果講錯了，我照樣會說他講錯了法。回家可以跟他賠禮、道不是，明天上座說法時還是得繼續評論他，直到他改正為止。菩薩說法時本來就應該如此啊！這個叫作**口性猶如金剛**。

實證金剛心而導致的口行猶如金剛，那麼依於身性而導致的身行當然也就如此；所以該寫的繼續寫，電腦上面該打出來的繼續打出來，這就是引申成為「**身性猶如金剛**」，身行也就跟著無所畏懼了。諸位可以瞧一瞧，當代佛教界有誰敢接受任何人來作法義辨正無遮大會？沒有一個人敢啦！但是我們為什麼敢？其實我也不想現在就自裁捨壽，但是我為什麼敢作？因為我知道法是正確的，即使上地菩薩來了，他也無法否定我、推翻我，他只能夠說：「你這裡如果怎麼講，會更深細、更勝妙。」他可以指導我，但是無法推翻我。如果看個狀況，哪一天真的有人來了，可以讓我啞口無言，那他一定是真實證悟而且比我更勝妙，一定是上地菩薩，搞不好是個八地、九地菩薩，我還得趕快拜他為師、趕快挖寶，這不就結了？

這真是天大的福報送上門來，為什麼要怕？反而應該高興說：「唉呀！我終於遇到了大菩薩了，真是我的福報。」此後終生奉侍他，隨學修法；這是大福報送上門來，為什麼要去選擇自裁那一條沒有絲毫利益之路呢？那真是傻瓜啊！福報送上門來不要，還要去自殺，天下哪有笨到這種地步的人？所以，當你有智慧看清楚了這一點，有什麼不敢作的？當然可以啊！法義辨正無遮大會的公告，你大可貼出去。因為這等於是在釣魚——釣大魚，這一條魚搞不好比鯨魚還大，你才一條細線就把牠釣著了！你因此遇見了上地菩薩，眾生也會跟著你得到大利益，那有什麼不好？怕什麼呢？

話說回來，爲什麼你能公開宣布法義辨正無遮大會？古來沒有幾人敢這樣子公開宣示的啊！而你敢作，是因爲你的「身口意性，猶如金剛」，沒有什麼面子的問題。哪一天來了個八地或十地菩薩，咱們禮拜、供養、隨學都來不及了，還要考慮自己的面子嗎？這就是說，當你證得「實相般若波羅蜜法門」，你便有了「金剛智印」；有了「金剛智印」時，這一些都可以圓滿，並且可以使自己的身性、口性、意性都「猶如金剛」。不但如此，好處還在後頭，佛說最後還可以成就無上正等正覺。也就是說，最後甚至於可以成佛，而且是必定會成佛，只在於時間的早晚而已。可是，要獲得這個「最上金剛印」，要怎麼獲得？佛陀拿出來送給大家，只是大家都隨著那些語言文字轉，可就悟不了；所以佛陀特別老婆慈悲，重新再拿出來一次，就突然間說了一字咒：「阿！」好親切喔！

也許會外有許多人在背後說：「你故弄玄虛啦！這個誰不會講？」對啊！眞的大家都會講，這個「阿」是一切法之母。你看，那些孩子剛出生的時候，不論哪一個，剛開始時都是只會「阿—阿—阿—」的，對不對？這個「阿」誰不會講？這「阿」是一切法之母，不論哪一國人說什麼語言，乃至叢林中的土人——還沒有接觸到文明世界的土人，他們那些孩子出生以後剛開始也是同樣會「阿——阿——阿——」，還有誰不會「阿」的？有時候，也許有人說：「我長大了，我就不再講那個阿了。」我說：「誰告訴你不講？不是常常看見有人出了門，突然間說：『啊！我忘記了。』」有沒有？有啊！但是，雖然幾乎每一個人一天到晚都在「阿」，等到問你佛法的時候又不會了，這就是學人。問題是，究竟這個「阿」字如何是實相呢？爲什麼「阿」字就是「一切諸佛金剛智印甚深處」的「實相般若」，而能夠令人到達無生死的解脫彼岸？這當然得要探究。假使你通了這個「阿」字，佛菩提道裡的宗門教門全都可以通。

可是密宗喇嘛們也亂學一通，他們也敢說「阿」字是實相，說「阿」字是一切法之母。可是他們懂什麼叫作「阿」字？等他們哪一天又來問：「因爲你不認同我們密宗的說法，那你就說說看，這個『阿』字爲什麼到你那邊就變成一切法之母？我們講的就不對？」我說：「不然你再問一遍。」他就問：「『阿』字爲何是一切法之母？」我就跟他說：「阿！」至於他們會不會，可就是他們家底事了。我已經和盤托出了，他們不會，只能怪自己根基太淺，不然就去怪罪密宗祖師唬弄他們，老是用外道知見灌輸給他們。這個「阿」字看來還眞是難知難解。那麼不然，哪一天又來問：「你每一次都跟我說『阿』，我還是不會，請問『阿』是什麼？」我就說：「一。」乾脆把日語的母音拿來用，接著繼續說：ㄚ、一、ㄨ、ㄝ、ㄡ，這也可以啊！因爲從「阿」出發，到每一個都通。全都相通啊！何有不通處？如果這個還不行，那不然用ㄅ、ㄆ、ㄇ、ㄈ也可以，因爲你只要通「阿」，就通ㄅ，就通ㄆ，就通ㄇ、ㄈ，甚至於連A、B、C、D也通，這才是佛法呀！

但是，畢竟我這樣說，大家還是覺得說：「唉呀！聽來聽去都是聽不懂，我來聽這個『實相經宗通』已經聽了這麼久，到現在還是不懂，心裡面眞是一場氣悶。」好，不然我們讓祖師來說一說吧！免得你老是嫌我說：「這蕭老師手頭這麼儉，也許有的祖師手頭鬆一點，放得奢一點也不一定啊！」那我們就請禪宗祖師來說，但是請黃蘗禪師來說法以前，我先要提示一下：「法身不說法，亦非不說法。」有一些經典裡面說：「法身不說法，說法的是應身、化身。」可是，等到有人讀了不懂，去問禪師，禪師卻說：「莫道伊不說法，伊熾然常說。」爲什麼是這個道理呢？且來聽聽看黃蘗禪師怎麼說，

《景德傳燈錄》卷九：

【「佛有三身，法身說自性靈通法，報身說一切清淨法，化身說六度萬行法。法身說法，不以語言、音聲、形相、文字，無所說、無所證，自性靈通而已，故曰：『無法可說，是名說法。』報身、化身皆隨機感，現所說法；亦隨事應根，以為攝化，皆非真法，故曰：『報化非真佛，亦非說法者。』」】

黃蘗希運禪師說：「諸佛都各有三身：法身佛、報身佛、應身或化身佛，法身佛所說的是自性靈通之法，」這表示法身佛也在說法，法身佛說的是什麼法呢？是自性靈通之法。可是別誤會這個自性是跟自性見外道說的自性一樣，這個自性是講真如佛性的自性，不是講外道所墮識陰六識的自性。那些印順派的大小法師們都指責說：「你們主張有如來藏，又說如來藏不是名言施設，真的有其自性，那就是自性見外道法，跟自性見外道一樣。」有時候又私下指責說：「你們都說佛性可以眼見，說如來藏有自性，你們就是自性見外道。」問題是，我們所說的自性是第八識如來藏的自性，自性見外道所說的自性是識陰六識的自性，完全不能相提並論，當他們這樣質問我們時，就顯示他們對佛法多麼外行，也顯示他們連世間邏輯都不懂。咱們開著勞斯萊斯在路上跑，他說：「欸！你說你開車子，就是跟人家騎腳踏車一樣嘛！都一樣是車嘛！」這個理也講得出來？這表示說，對於四個輪子的汽車跟兩個輪子的腳踏車，他們都分不清楚。分不清楚的人有資格講車子的事嗎？都沒資格嘛！所以自性見外道的內涵，跟佛法所說的如來藏的自性內涵，分不清楚的人就沒有資格當教授佛菩提道的法師。

順便跟諸位報告，昭慧法師亂告我的官司，在上個禮拜四開庭。既然我已放棄度她了，已經決定要等未來世才度她了，現在無妨就講出來。她一直在庭上說：「被告十幾年來，一直在辱罵我，我都沒有回應他，我都容忍他，要讓他有成長的空間。」（大眾爆笑…）然後，審判長就問：「他在什麼地方辱罵妳？」昭慧教授可就口似扁擔，答不出來了；因為沒有證據可以證明我罵過她，我沒有哪一個地方曾經辱罵過她。然後，過一會兒她又重複說：「被告十幾年來一直辱罵我，我都容忍他。」審判長又問：「他什麼地方辱罵妳？」這一回不叫作口似扁擔，這一回我說她叫作口掛壁上。最後，審判長要結束前問我說：「那被告你有什麼話說啊？」我就說：「身為法師，如果對法義辨正跟人身攻擊都分不清楚的話，就沒有資格弘法，也沒有資格當法師。」然後庭訊就結束了。（大眾笑…）不曉得有沒有記錄進筆錄中，我不知道，我反正已經講出來了。

所以，「法」除了如來藏以外，還有很多的「法」，名為一切法；但一切法都是如來藏所生，不能把被如來藏所生的一切法的自性，拿來等同於如來藏本身的自性。如果可以這樣等同的話，哪一天女兒回娘家把媽媽所有的化妝品都帶走了，媽媽不可以講話，因為女兒就是媽媽，對不對呢？同樣是人類也同樣是女人的自性，兩個女人也都當了媽媽，所以母與女應該就是同一個人。這樣的邏輯究竟對不對？女兒嫁出去也生了孩子，也當了媽媽；回到娘家來，她的母親也是媽媽，可不可以說這兩個人就是同一個人？當然不行嘛！因此說，佛法之所以難學，不在於學人，而在於那一些所謂的善知識妄說佛法；他們把自性見外道所說的自性——那都是識陰六識的自性，拿來混同而指稱是第八識如來藏的自性。但是六識的自性是由如來藏藉著自己的自性來出生的，而六識的自性就是見聞覺知性，是被能生的如來藏所出生的六識的自性。這兩者的自性是完全不同的；一個是在六塵中運作的自性，另一個是在六塵外運作的自性；就好像說，腳踏車只能在慢車道裡面騎，汽車可以開到高速公路上去；可是汽車也可以到慢車道來慢慢開，而腳踏車不能騎到快車道或高速公路上，這兩者怎麼會一樣呢？把它混同的人，顯然就是無智慧的人。

所以「法身不說法」是因爲法身不曾用語言文字來說法，才說「法身不說法」；可是法身卻躲在應身、報身後頭，不斷地扮著神頭鬼臉，離語言道而把最勝妙的實相法不斷地演說著，有因緣的人只要一眼看見了，就親證法身如來藏而發起「金剛智」了。好多人學佛法想要求悟，卻不知道應該要悟得法身金剛心，甚至於連法身就是第八識實相心的道理都不懂；都因爲參禪應該要悟得什麼，自己全都不知道，然後被邪師作了邪教導以後，都錯認爲要把覺知心的妄心自己去修行離念而轉變成眞心；大部分參禪人與大師們都是這樣，卻不知道這樣的想法與說法有許多的過失。如果能夠知道參禪時應該要證悟的是另一個心，而不是覺知心自己，就會有一個基本的正見產生：「那我要去探究一番：既然悟的不是我覺知心自己，就不必在覺知心自己身上作文章；那我要悟的另一個心，究竟是什麼心？」這可要去尋找眞正善知識，或尋找眞善知識的著作去探究了；探究結果說，最究竟、最終極的心就是第八識實相心，又名眞如心；一切心，無過此識。那麼第八識到底是什麼體性，祂又叫什麼名字？也就要跟著去探究。探究的結果說：「喔！原來叫作阿賴耶識，又名如來藏。」祂是什麼體性呢？第三轉法輪經典請了出來讀過說：「離見聞覺知。」然後再把禪宗祖師的開示請出來閱讀，原來這個心隨緣應物，顯然是眞實存在的心，不是應成派假中觀說的如來藏心徒有名言施設。就這樣切進去，去參究，終有一天可以悟入。

學禪、參禪、學佛的人，悟錯了或悟不了的原因，都是因爲被假善知識誤導。可悲的是，我們問那一些學人：「你們想不想被誤導？」他們都說：「當然不想啊！」可是當你告訴他們說：「你們師父誤導了你們，知道嗎？」他們就破口大罵：「你不要毀謗三寶，我要告你喔！」瞋心又來了，那他們到底是想不想被誤導呢？原來是嘴巴不想被誤導，心裡面還是希望被誤導的，這就是眾生情執的眞相。所以當你說：「法身佛熾然常說，不是不說法的。」他們不信，他們只看經文中的文字表義。好，你既然只看經文，不信善知識，那就只有四個字奉送：死於句下。他們一定死於句下，活轉不過來；因爲佛陀說法時總是隱覆密意而說，但是來到了禪宗修學，有一天眞悟了以後卻說：「**法身熾然常說，無有不說時。**」反而是說這個法身佛熾然常說，也就是說，祂是很明顯地、很激烈地、不斷地在為你說法——熾然常說。不但熾然說，而且是常說，沒有一時一刻停過不說。

但是這樣實證了以後，來對照菩薩論中說的法身不說法，卻沒有衝突，因爲法身佛從來沒有開過口，從來沒有講過一句話。假使誰說法身佛開過口，我就打他三棒，因爲法身佛從來沒有口，這才是眞正的佛法。但是法身佛雖然沒有開過口說話，卻是不斷地在說法，這才妙！說法得要動嘴的，這樣的說法層次是不高的；所以我每週二的晚上在這講堂裡，嘴巴裡還嘰哩呱啦講個不停，這個層次還不夠高；夠高的是我的法身佛所說的，那個層次才高，因爲法身佛所說的是「**自性靈通法**」。眾生在想什麼，祂都知道，沒有不知的；這法身佛並不是只有你剛悟的時候所知那樣，這法身佛甚至於常常會直接去跟眾生心感應。感應了以後，你就產生了一個念頭，你就說出某一個法或某一件事情來，被說中的那個人心裡面一定很驚慌，不然就是很感動，這才是法身佛的靈通。所以法身佛隨著修證的差別，有很多種不同的現量出現；三賢位的法身佛有祂的功能差別，入地的法身佛又不同，三地、五地、八地、十地各不相同，誰可以說法身佛不說法呢？但是，不同層次的法身佛，所說的法也不相同。

那麼，黃蘗禪師又說：「報身說一切清淨法。」報身佛，就是佛的莊嚴報身，譬如常住於色究竟天宮的盧舍那佛，說一切清淨法。一切諸法不論染淨，來到報身佛中所說，都是清淨法，所以說貪是實際、瞋是實際、癡是實際。貪瞋癡不是三毒嗎？這是染汙法，可是到了報身佛這邊，所說都變成清淨法，這就是報身佛的所說。然而報身佛的所說，是以語言文字來開示的，說的是一切有情常住涅槃，譬如有的經中說：「一切法本來涅槃。」有的經中又說：「諸蘊本來涅槃。」是說一切法本來自性清淨，這就是一切法清淨；講的是從實相法界來看一切法時，一切都是清淨法。

那麼化身佛、應身佛說法時就不一樣了，應身佛或化身佛接觸的是凡夫眾生，就要先從事相上來說；因此，凡是有人來見 佛時，就先爲他說施論、戒論、生天之論，就是要使來求法的眾生建立基本的正知見；就是說，想要修學佛法而獲得實證之前，要先懂得布施的因果，要先懂得持戒的因果，要先懂得怎麼樣可以生天，如何能往生哪一些天，天有哪些層次。如果這個人聽完了有信受，不是聽到布施時就趕快把口袋按緊，也不是聽到持戒時就想「又要綁住我」而懷疑持戒的必要性，也不是聽到演說生天之論的時候就懷疑說：「天在哪裡？我又看不見。」當 佛陀說完施論、戒論、生天之論時，他都聽得進去，佛陀接著就會告訴他「欲為不淨」，跟他講怎麼樣出離不清淨的欲界，接著說明色界和無色界也都是有漏境界：「上漏為患，出要為上。」勸他應該出離三界生死，也演說了解脫道。

如果還聽得進去，也能實證了，才會再為他演講大乘佛法。好！當他迴小向大，修學大乘佛法時，佛陀就會講：「你如果想要實證菩薩果，得要修六度萬行。」六度是什麼呢？是六種讓大乘學人度到無生死彼岸的法，那就是布施到彼岸、持戒到彼岸乃至般若到彼岸。就為他講說這六度的內容，教他要不斷地修六度波羅蜜，叫作六度萬行。可是六度萬行是為誰說的？是為凡夫說的？或者為迴小向大的阿羅漢們說的？因為他們還沒有進入菩薩數中，所以要先為他們演說外門廣修六度萬行，這就是化身佛之所說，講外門精進修學六度萬行之法。可是，化身佛、報身佛在說法的時候，法身佛其實也同時在說法；只是法身佛在說法時不用語言、不用音聲、不用形相、不用文字，祂根本就不動口；祂也不動手來寫，既不動口也不動手，表面看起來是無所說，然而祂示現給有緣人所看到的境界，是無所證的實相境界。法身佛無所說而無所證的是什麼境界？說白了，不過是如來藏的自性靈通而已，是無境界的境界，所以黃蘗禪師才說：「無法可說，是名說法。」卻是非常難以實證的最勝妙法。

那麼，法身佛是這麼說，報身與化身如何說法呢？「報身、化身皆隨機感，現所說法。」報身佛與化身佛是隨著眾生的根機應該如何感應，然後就隨著眾生的根機而示現來說法。地上菩薩求見，就由報身佛來示現說法；凡夫眾生或者迴小向大的阿羅漢們求見，就由化身來示現說法；這就是「隨機感，現所說法」。但是，你說：「那是佛地的事，我們悟後出來說法時，也有三身說法嗎？」我跟你保證一定有。所以，有好多人都是去禪三以前，因爲親教師對他有好感，覺得這個人菩薩性不錯，有心幫忙；可是同修會的規定不可以私底下幫忙，一定要讓學人自己參究而開悟，親教師心裡面說：「這個人菩薩性很好，我爲什麼不幫他呢？」他其實很想幫忙，然後過沒多久，這學員就夢見親教師來夢中爲他說法，還弄了好多好白的機鋒給他。「喔！」

他終於懂了、會了，趕快爬起床來——因爲太高興就醒過來，把我的《公案拈提》拿起來趕快讀：「對喔！對喔！」又請出般若部的經典來讀：「對喔！對喔！」又找出蕭老師其他的書來說：「欸！也沒錯欸！」這一下，去禪三精進共修時他就可以開快車了，於是一關又一關一直闖過去了。請問：**那是不是被親教師的報身說法或者法身說法所度？**是啊！因爲這時親教師的法身就弄個報身去你夢中說法了。但我是從一心三身來說，可別誤會我說那就是報身佛。

可是等我這樣子說明以後，諸位才懂得親教師的法身、報身說法，我還是嫌你機遲；因爲各位親教師上課的時候，法身也是熾然說法，有人總是不聽，老是聽著親教師的那些語言文字，聽他的化身在那邊說法。所以你看，親教師五蘊在那邊說法時跟我現在一樣，是五蘊在這邊說法，這叫作什麼身說法呢？（有人答：化身說法。）如果是在夢裡面夢見了，跟你指點了；你有什麼地方打了死結，在夢中幫你解開了，那就是報身說法；可是如果你的照子夠亮——江湖術語的照子就是指眼睛——來到講堂聽經而看到我的應身說法時，你突然間一眼瞥見了、瞄見了：「**啊！原來蕭老師的法身也在說法，**

原來法身也在這裡。」那你就悟了，所以無論是諸佛、諸菩薩，或者我們會裡所有親教師說法，都是具足三身。但是，報身、化身是隨機感應的，如果每一次上課時你都用下巴對著親教師，親教師一看，心裡說：「這個人的傲慢，到現在還這麼重。」他一定不喜歡你，我就保證你絕對不會夢見他給你機鋒，因爲雙方的種子會由如來藏互相感應。這是隨著眾生的根機而去作感應的，所以有許多人夢見了親教師的報身來說法。

化身也是一樣，進了小參室，親教師一定會觀察：「這個人是來盜法的。」不然就說：「這個人是聲聞種性，我才不要幫他。」也是隨機感應。但是這樣報身、化身「隨機感」而「現所說法」時，「亦隨事應根，以爲攝化」。所以，報身、化身也是要觀察眾生的根性，也要觀察對方的因緣成熟了沒有。如果弟子的證悟因緣成熟了，即使弟子並不想開悟，師父也要設法幫他悟出來。如果因緣還沒有熟的，每天送一百萬元來供養，也是不幫助他證悟的，因爲那會害了他，所以說報身、化身也是「隨事應根」來「攝化」眾生的。但是，攝化眾生的時候，所說的當然不是眞法；所以不要期待在小參室裡親教師會直接把如來藏指點給你，因爲皆非眞法嘛！祖師已經告訴你了，我們也不違背祖師的所說；因此，在小參室裡不要期待會聽到眞法。但是親教師們一定會幫你去粘解縛，你在哪個地方粘住了，捨不掉、放不開，就幫你剝開；什麼地方被綁住了，找出那個結就幫你解開，那你就能邁向通途大道，開悟只是遲早的事情，因此黃蘗說：「故曰：『報化非眞佛，亦非說法者。』」

接著我們再來看宗門裡面又怎麼說，《景德傳燈錄》卷十：

【長沙招賢大師　遣一僧去問同參會和尚云：「和尚見南泉後如何？」會默然。僧云：「和尚未見南泉已前作麼生？」會云：「不可更別有也。」僧迴舉似師，師示一偈曰：

百丈竿頭不動人，雖然得入未爲眞；

百丈竿頭須進步，十方世界是全身。

僧問：「只如百丈竿頭如何進步？」師云：「朗州山、澧州水。」僧云：「請師道。」師云：「四海五湖皇化裏。」】

記得我在《公案拈提》裡面拈提過這個公案了，那是不是諸位乾脆去讀《公案拈提》就好了，我這裡省得口水？長沙招賢景岑大師派遣一個僧人去問他的同參會和尚。這個是自古以來的規矩，禪門叢林向來如此；只要覺得誰悟得不眞，就要派人去看看，或者自己親自上門去勘驗。因爲叢林宗門中的規矩，向來不容許野狐冒贗賢聖之名，因爲他們會誤導眾生。所以大家要有一個正確的觀念：不是證悟大師的手下每一個人全都是證悟者，不論古今都是如此。就好像我們會裡也不是每一個人都是證悟者，但往往有人還在進階班中，就敢誇大口籠罩別人說：「我雖然沒機會去打禪三，但平實導師早已在夢裡印證我開悟了。」這話大家可都別信，因爲大部分是日有所思、夜有所夢，作不得準。

同理，長沙禪師聽說了會和尚的一個現成公案以後，知道他是有問題的，但總是要重新派人再去確認一下，所以派了座下一個僧人去問他的同參會和尚，因爲以前是禮拜同一師父爲師。那僧人去後就問：「會和尚！您見了南泉普願禪師以後，是什麼樣的智慧境界？」這個會和尚就來一個默然，他就模仿淨名大士杜口無言。這個僧人看了，記在心裡，接著又問：「請問會和尚，您未見南泉普願以前作麼生？」這個會和尚就說：「不可以另外還有別的。」這個僧人這樣探底，也就探到了；原來探究會和尚的這根探竿不必探到很深，只有這麼淺，這一探可就探出來了；因爲他落在當前清清楚楚明明白白之中，所以不管誰來，認爲只要自己清清楚楚明明白白就對了。

這僧人問清楚了，回去就把這個過程與應答，稟明長沙招賢大師。長沙大師聽完了，當場講了一首偈說：「爬竹竿而到了百丈最高的竿頂時，已經到頂了，像這樣如如不動的人，」這表示什麼呢？表示說打坐的人坐到離開妄想雜念而純清絕點、澄澄湛湛了。這種定境如果你體驗了，一定會很喜歡；先不談初禪，光是談這個未到地定境界，你就會很喜歡了；這種境界，長沙招賢說這叫作「百丈竿頭不動人」，然後他下了個註腳：「雖然能夠進入到這個境界，而號稱是入了佛門，其實還不是眞的實證，到達這個百丈竿頭時還得要再進一步，」請問：爬竹竿爬到頂了以後，上面已經沒有竹竿了，已經是虛空了，你要怎麼上去？長沙禪師卻叫你還要再往上去：「百丈竿頭須進步，」他是說，如果還能夠再進得一步，「不管你去到哪裡，十方世界都是你的法身全身。」也就是說，你會和尙住在這個地方只是百丈竿頭，永遠停在這裡是沒有辦法眞正讓你的法身現前的；雖然你號稱是眞正進入佛法門中，其實還不是眞的入佛門，還在外門轉。到了這個地步，還得要再進一步。也許有人講說：「已經到了百丈竿頭，再上去就是虛空了，那我要怎麼進步？」

就是可以啊！就是能進步啊！你說：「那麼再進一步，不就變虛空了嗎？」我說：「對啊！就是虛空啊！你能進到虛空，那十方世界就是全身了。」那到底他講的是什麼意思？當然，從這樣一首偈要入門，確實是很難的；可是長沙招賢大師是有爲人處的，他當然還會教導人家再進一步。至於如何再進這一步呢？等下週再來說吧！

今天比較涼，但這其實還不是冬天，這只是台灣遲到的秋天；在台灣，大概要在十度以下才算是冬天。四十年前、五十年前，台北市城中區的博愛路，那是以前台北市最貴的地段，也是台北最熱鬧的地段。那時博愛路從六十幾號到一百○幾號，那些店面大部分是賣成衣的；賣成衣的人可以租用那麼貴的店面，可想而知，他們的生意非常好，可見那時台北市的冬天蠻冷的。可是漸漸的，那些賣成衣的開始要向銀行貸款了；本來是存款大戶，後來開始要貸款，然後有一些就開始倒閉了；爲什麼呢？因爲漸漸地冬天都沒生意作，以前賣冬衣都是大發利市；後來天氣越來越溫暖，一家一家都賣不了多少冬衣，於是一家又一家開始倒閉了，這是台灣發展史的縮影。所以有人說，台北的地龍會跑，從萬華跑到大稻埕，又從大稻埕移到博愛路、延平北路，然後又移到中山北路，再移過去是復興南北路、敦化南北路，現在是移到最東邊的信義區了。你看，已經跑多遠了！所以人生無常，從台北的變化，看出台灣經濟演變成長的過程，是從一無所有達到巔峰，然後再往下走。這整個過程，我們這一代剛好全都碰上，都看見了，也參與了；所以今天這個天氣其實不能說冷，如果遇到今天這個天氣就說：「今天好冷喔！不想去正覺上課了。」那個人就不是菩薩啦！這只是遲到的秋天而已，所以這還不算冬天，可能要到下個月中旬，看看會不會降到十度以下，那才算是典型的台灣冬天。好啦！言歸正傳，這樣不會打瞌睡了，可以開始說法了。

上週我們宗說的部分，說到長沙招賢講了那一首偈，也是禪宗史上蠻聞名的偈。他講完以後，有僧人就上來問：「你說到了百丈竿頭還要再進一步，再進一步是虛空，那要怎麼進步呢？」因爲若是再進一步，就不是現象界的事了——不是五陰十八界中的事了，所以那僧人弄不懂，只好再問：「只如百丈竿頭如何進步？」長沙招賢就開示說：「朗州山、澧州水。」有人就拿來解釋：「朗州的山特別不一樣，而且朗州有一個德山，也是因爲德山宣鑑住在那裡，所以應該去那裡走一走，也許德山宣鑑禪師看你很虔誠，就保祐你開悟了。」有人就說：「澧水，就是因爲有個臨濟院很有名，當然要去參訪、參訪，參訪完了也許得到臨濟禪師保祐，也就可以開悟了。」我說，他們講的這些都叫作屁話。因爲那跟開悟根本無關，實際上，當長沙招賢說「朗州山、澧州水」時，當下就是了。問題是，我這樣講，又不免有人錯會就說：「你這樣子講，就是說，當長沙招賢講『朗州山、澧州水』的時候，當下清清楚楚明明白白，都不昏沉也沒有妄想，所以當下就是了。」我聽了，還是得跟他說：屁話。因爲那不是宗門中的人該講的話。但這是比較難會的部分，所以我以前拈提公案時怕大家不會，就特地說：「如果還不會，不妨去朗州山爬一爬，去澧州水游一游，回來莫向我說不會。」並不是叫他們去尋德山、去參訪臨濟院，我只叫他爬山游水，沒別的事；回來如果還說不會，那就只好亂棒打出門去。

可是，這個僧人還是不會，就說：「請師道。」就是請師父直接告訴他。長沙招賢當然知道，直接告訴他，就會害死他的法身慧命了，所以就說：「四海五湖皇化裡。」四海是東海、南海、渤海、黃海；那五湖，就讓你去算算看，什麼洞庭湖、鄱陽湖、太湖等等，他說這四海五湖全都在「皇化」之中，都是皇帝所化度的範圍之內。他眞的不欺人，因爲不論你去到太湖，去到洞庭湖、鄱陽湖，不論什麼湖都好，如果看過了，覺得太小，那不然你去東海、黃海、渤海、南海看，那總夠大了吧？但是不論去到五湖四海，莫非是在如來藏君王所化度的範圍之內。

這話聽來有沒有覺得耳熟呢？我常常說：「你去到月亮也找得到祂。」你可別告訴我說：「月亮那邊只有無情，怎麼可能有這個如來藏心？」但我保證你去到那裡一定找得到；如果眞的找不到，不然，拜託彌陀世尊接引你去極樂世界，不管定中或夢中都好，去那邊瞧一瞧，也一定有，還是有如來藏。再不然，就在當地請彌陀世尊幫你送到娑婆世界的另外一邊，到東方遠處的琉璃世界去看看好了，還是有啊！所以長沙禪師說「四海五湖皇化裡」，還說得很客氣呢！但是到底什麼處有這個金剛心？哪裡有這個常住不壞的菩提心呢？也許哪一天有個人上來問：「蕭老師！我那一天聽過你講這個公案：四海五湖皇化裡。但我還是不懂，你如果眞的悟了，一定要講一句讓我能聽懂的，那才算數，不然怎麼證明你眞的開悟了？」我說：「好，那你再問一遍。」也許他老哥就問：「如何是『四海五湖皇化裡』？」我就說：

「好好聽了！草山明潭皆無外。」他也許聽了說：「你還是沒有告訴我啊！」我就一棍把他打出門去。明明告訴他了，還說沒有告訴他。那只能怪他自己根機遲鈍，不能怪我沒講，我已經跟他明講了。

他若是這樣會了，將來可以大用；否則就得要慢慢調教，調教很久了，才終於可以派出來見人。因爲要見眞人不容易，這一派出來，當然就是要與諸方大善知識門裡相見。所以，要釣一條黃金大魚眞的不容易，一般都是釣一些黑黑底小魚；北部這邊溪流大多是溪哥仔（台語），想要釣黑鯉魚都不容易了，何況要釣一條金鯉魚呢？但是如果能夠這樣會的，他可就是一把好手。所以，禪師都是這樣先求好手，用最難會的機鋒；如果這樣還沒辦法，以後再慢慢調教。那麼到底「四海五湖皇化裡」，跟我這個「草山明潭皆無外」，是異是同？若道是異，得要說個異處，總不能講了「這兩句不同」以後，卻講不出不同底道理。若道是同，又是同在何處？都得說分明。宗門之內必須針針見血，刀刀刻骨，否則進入宗門辛苦學禪幹什麼呢？所以才說：「參要眞參，證要實證。」這才是宗門下事。宗門下事本來就是出家兒第一件重要的大事，可是你看會外那些出家人，他們對這件事情都不重視；明明知道被人家拈提了，是被人證明自己不對了，不想求證眞實法，還要硬拗到底。這樣就不是求眞、求善的人，作起事來可就不美了。接著再來看《景德傳燈錄》卷十五：

【僧問：「如何是道？」師曰：「太陽溢目，萬里不掛片雲。」曰：「如何得會？」師曰：「清淨之水，游魚自迷。」】

有個僧人這麼問：「如何是道？」進了佛門當然是要求道，若不求道，何須出家呢？所以，他來見禪師就問：「如何是道？」禪師就開示說：「太陽充滿了整個眼睛，讓你的眼睛都張不開；晴空萬里不曾掛一片雲。」也就是萬里晴空的意思。一般人都說：「禪師們說話都是沒頭沒腦，如果講話不是沒頭沒腦，他就不叫禪師了。」但其實不是這樣，實際上，個個禪師腦筋都好得很，否則他還當不了禪師。當禪師最老實的，就是洞山禪師的師父雲巖曇晟，其他難得有一個禪師不扮神頭鬼臉的。這禪師也是一樣，人家問：「如何是道？」他卻拿那一天的天氣來講，說：「太陽溢目，萬里不掛片雲。」但其實他已經把道說了，只是難會。所以，那個僧人只好再問：「你說的這個開示太深了，我沒辦法體會，請問禪師：我要怎麼樣才能夠會取？」禪師就說：「清淨之水，游魚自迷。」水如果清淨而不混濁的時候，魚在裡面游來游去，牠竟不知道有水；牠覺得本來就是如此，你若是對牠說：「你的周遭都是水。」牠會問你說：「水在哪裡？水在哪裡？」你得要把那個水染了色、弄渾了，牠才會知道：原來這都是水。禪師家正是如此，所以這一種機鋒要是悟不出來，禪師家就只好扮出好多的神頭鬼臉，目的就是把水弄渾了，魚就能看見水：才知道原來整個都是水。

所以，禪師把如來藏清清楚楚告訴他，他卻說：「沒有啊！我沒有找到如來藏，如來藏在哪裡？」因爲太清淨了，他就看不見；只好把它染色了，就像是把它弄上很多的泥粉，才能看得見空氣的存在，所以叫作撒土撒沙。譬如說，在房子裡面看不見陽光，因爲房子裡面已經有光明，空氣裡的灰塵也很少，可就看不見陽光了；如果想要讓人看得見，該怎麼辦呢？就弄一把沙往天窗照下來的那一束陽光一撒：喔！終於看見了，原來這就是陽光。所以，禪師要扮那麼多的神頭鬼臉弄出機鋒無限，就是爲了讓大家容易找到如來藏。得要這樣把它弄渾了，參禪人才會知道說：原來這裡有如來藏。學人通常總是不會，因爲水清就沒有魚了——養不了魚；所以禪師用太高峻的機鋒時，學人都不會，只好再問。問了以後，禪師家裡如果人丁興旺，他不想再生孩子，就會用同樣的機鋒，不肯奢侈一點放給他，所以他還是一樣的機鋒說：「清淨之水，游魚自迷。」一方面指示了如來藏的所在，一方面同時把他罵一罵。

也眞的該罵，因爲如果不是上上根人，全部該罵，禪師就是這樣看人。一般人都不知道，都是在這些字句上面來用心，所以大師就解釋說：「這就是放過了，然後同時就罵他，因爲他太笨了，清淨之水明明在那裡，他就像那一條魚一樣還看不見那個水；其實周遭全部都是水。一切都是水，他沒有看見，還要來問禪師，當然禪師要罵他說『清淨之水，游魚自迷』。」我聽了，還是那兩個字：屁話。因爲從宗門來說，他講那一些話眞的是臭不可聞，這不是家裡人應該有的說話。可是話說回來，你說：「善會禪師已經把如來藏金剛心指示出來了，那究竟指示在哪裡？」其實繁不如簡，簡不如無。怎麼叫作繁不如簡？我請世尊來開示大家：「阿！」這叫作繁不如簡，這樣不是更直接扼要嗎？還講什麼「清淨之水，游魚自迷」？學人不落到語言文字裡才怪呢！可是我這樣請世尊來開示了以後，那個學人一定還是不會，他還是會說：「我是請你開示這個『清淨之水，游魚自迷』是什麼意思？你還來跟我裝不懂，還說個『阿』字。」所以才說禪門深又深，要能窮究源底可眞的不容易啊！然而這個公案到底要怎麼會？其實也不難，要是有人再來問我：「如何是『阿』？」我就跟他說：「你今天蠻有精神欸！」

經文：【爾時世尊復以一切如來永離戲論相，爲諸菩薩說文字轉輪品實相般若波羅蜜法門，所謂：「一切諸法空，無自性故。一切諸法無相，離眾相故。一切諸法無願，離諸願故。一切諸法自性清淨，般若波羅蜜清淨故。」爾時如來復說咒曰：

阿！（短呼）】

講記：此時世尊又以一切如來永離戲論之法相，爲諸菩薩們演說文字轉輪品實相智慧到無生死彼岸的法門，也就是說：「一切諸法緣起性空，沒有自性的緣故。一切諸法無相，遠離眾相的緣故。一切諸法無願，遠離種種願的緣故。一切諸法的自性清淨，智慧到無生死彼岸清淨的緣故。」此時如來又說咒曰：

阿！

張老師今天比較有精神了（大眾笑…），這個「阿」字唸得好，不過這個字要唸作「阿！」（大眾笑…）前面一段經文講完了，這時候「世尊復以一切如來永離戲論」之相，「爲諸菩薩說文字轉輪品」實相智慧到彼岸的法門。你們看，世尊說法眞的變化萬端，那永嘉玄覺〈證道歌〉不是說嗎：「但得本，莫愁末。」還記得嗎？只要得到了根本，當那一棵樹的根被你找到了，你從根作爲本源，要去找幹、莖、枝、葉、花、果，統統都可以具足。這就是說，只要找到了根本，那就由著你變了，變來變去都不離金剛心的範疇，從來不離「此經」。什麼叫作「一切如來永離戲論相」？「一切如來」既然說是一切，當然就包括三世如來在內，所以諸位也都包含在一切如來裡頭。你也是如來，你可別跟我說：「老師！拜託啦！我還不是如來。」誰說你不是如來？你是未來的如來，怎麼不叫作如來？世尊說，過去如來、現在如來、未來的如來，都是永離戲論相的。可是，明明現前看到自己不離戲論相，也明明看見諸佛在人間的時候，一樣吃喝拉撒，一樣也去看望生病的弟子們，有時也去看望在家的弟子們說：「你的病況好一些了沒？」那還是言不及義啊！仍然是戲論相啊！但是世尊爲什麼說「一切如來永離戲論相」？這可有意思了。

諸佛如來從不誑語，從不虛語，所說皆實。既然如此，如來去探病時，或者當人家供養而爲人祝願的時候，如來當時說的話明明是戲論法，都是三界中—特別是欲界人間—的法，何曾及義呢？爲什麼仍然是「永離戲論相」？這裡面當然有道理。那麼道理何在？學佛的人當然要從這裡去探究。一切如來的應身既然是感應人間的眾生，而來人間受生、示現，如來的五蘊當然是跟眾生一樣不離戲論相，否則應身如來就甭吃飯、甭走路也甭睡覺了。但如來事實上仍然跟眾生一樣走路、吃飯、睡覺，這明明是戲論，爲什麼竟說是「永離戲論」？因爲眞實如來並不是有時離戲論，而是永遠都離戲論的。這可奇怪了！但是一點都不奇怪，因爲應身、化身乃至莊嚴報身是可以常處於戲論相中，而眞實如來永遠離戲論相。

眞實如來就是「此經」，我們講「此經」講多久了？二年？不只啦！快二十年了。可是，最近有時候，我下午二點多、三點多下樓來吃午飯的時候，打開宗教台一看，終於也有人在講「此經」了。有進步，這表示佛教界有在進步；因爲他們如果不進步，就會被淘汰。一定如此嘛！他們一定要跟著升級。我們推出第一台電腦時，他們就得跟上來，一定要想辦法仿造。我們的電腦升級，而且是升了好多級，如今已經幾十級了，他們總要弄出一、二台來吧？不管像不像，至少要弄個殼出來吧！現在終於有人把殼弄出來了，那表示他們也有在努力；因爲他們若是不努力，繼續故步自封，時間久了以後就會被淘汰。乃至我們製造出來的電腦，都還要自我淘汰，所以我們淘汰三批人了，但那些人都是過期產品。這是說，由於我們的品質要求越來越高，所以那些大道場不得不跟進；至少要學個表相，至少要有那個電腦外殼的模樣，至少那個殼子要有一些燈會亮……等，雖然還不能操作。所以，佛教界顯然是有在進步。

這個「一切如來永離戲論相」之中，又無妨萬般戲論，所以世尊這時候另外用「一切如來永離戲論相」來弄一些戲論出來：「爲諸菩薩說文字轉輪品實相般若波羅蜜法門。」用文字來轉法輪，所說出來的這一品全部都是文字，都不離語言文字；可是雖然不離語言文字，卻仍然能夠示現實相般若到彼岸的法門，這就稱之爲文字般若，就是用文字來顯示想要傳授給大眾的實相到彼岸法門。《大般若經》六百卷全部都是「文字轉輪品」，是用「文字轉輪品」來宣說實相智慧到彼岸的法門。

所以，不要學了某一些禪師的機鋒就說：「那三藏十二分教都是老僧坐具。」然後就眞的拿來坐。千萬別把經典搬出七、八本來，疊在地上就當作椅子坐。人家夾山善會禪師是有他的時空背景，並且也只是口頭上說一說，並沒有眞的拿來坐。啊！如果有哪個狂人眞的拿經典來坐了，小心爛屁股！等到爛了以後終於才會得禪師並非眞的拿經典來坐，那代價未免也太高了，眞的不好玩啦！禪師們只是以這類言語作爲機鋒來度人，不要把他們的雞毛拿來當令箭，就在那邊吆喝起來。可是爲什麼需要這一些「文字轉輪品」留下來？都是因爲後世需要。諸位設想一下，假使不是有三乘經典留存至今，我出來弘法大聲疾呼說如來藏是正法，又說佛性可以眼見，佛教界會相信嗎？早就全體一起來圍剿我了。事實上我們並沒有被圍剿過，只是零零星星、稀稀落落地不斷有人來打擊。「圍剿」是怎麼回事呢？是要整個佛教界集合起來，在每一個月之中，今天某某山、明天某某山、後天某某山，輪流有新的文章出來抨擊，那才能叫作圍剿。我們至今還沒有遇上啦！都只是一些小囉嘍們，也只是在網路上化名而不敢具名，隨便罵一罵，哪裡有被圍剿過呢？眞的沒有啦！

但是縱使有一天眞的被各大山頭圍剿了，我們也不怕，因爲有三乘經典在這裡。第三轉法輪唯識增上學的經典請出來證明說：「你們看，都記載得很清楚。」如果他們說：「第三轉法輪的經典，我們不承認。」那好，我就請出第二轉法輪的諸經出來，至少印順法師還承認它是佛經；那裡面明講了非心心、無心相心、不住心、不念心，那不是在講心嗎？不正是第八識恆而不審的自性嗎？如果他們狡辯說：「那些所謂的心，都不是在講心，是在講一切法空。」我就說：「好，那麼請問《大般若經》濃縮爲《金剛經》再濃縮爲《心經》時，爲什麼叫作『心』？」這一下，他們終於發覺沒辦法回答、狡辯了，原來是自己認知錯誤了。如果他們還要狡辯說：「《般若經》也是大乘經，大乘非佛說。」好！那麼請問他們：「阿含諸經是不是佛說？」「是喔？」這回總不敢再推翻吧！總不敢再說「阿含非佛說」了吧！因爲他們如果連阿含諸經都認爲非佛說，那他們乾脆把佛教廢了，因爲已經沒有一部經是佛所說的經典了嘛！那他們乾脆公開認同一神教的外國學者說的「釋迦牟尼佛並不是歷史人物」，他們乾脆就這樣認同算了。那就得請他們把袈裟脫下來，離開佛教，留頭髮還俗去吧！所以，他們總不好意思也說四阿含不是佛說的，那好啊！我就說：「阿含諸經裡面也有講第八識心，你們要怎麼說呢？」當我們把四阿含中說的第八識的法義舉證而且講清楚了，都寫在《阿含正義》書中，他們只好默然而不回應。都因為有三乘經典留在人間，所以我們非常有力量可以破邪顯正，四面楚歌也都沒關係；因為四面楚歌唱久了，那一些唱楚歌的人最後都要回歸到我漢營這裡來，因為他們都沒想到蕭平實這個人瘦瘦小小的沒什麼力氣，可是我依憑著正法的威力，實際上比楚霸王還要堅強；他們縱使請出能夠對治項羽的劉邦來，也是無可奈何。正因為佛法本來如是，實相的法是永遠不可能被推翻的。

即使沒有三乘經典，他們也無法推翻我，因為我還可以從理上來說，可以從法界的實相來說理；而他們所說的都經不起檢驗，因為違背理則學，也就是違背邏輯，但我們卻可以經得起檢驗。如果有文字般若在，那就更好了，就不必費很多的口舌，只要把經典請出來說：「請你看看這一段經文怎麼說。」

他們也只好閉嘴了。所以「文字轉輪品」還是蠻重要的，如果沒有「文字轉輪品」的諸經存在，今天我們正覺同修會的如來藏妙法在佛教界裡的地位，絕對不是現在可以達成，還要再加上二十年費力經營，不是那麼簡單的！可是因爲有「文字轉輪品」還留在人間作爲至教量，我們可以拿來證明我說的正確，而那一些悟錯的人所說的開悟內涵，可都無法拿來跟「文字轉輪品」印證，所以「文字轉輪品」當然是很重要的。

也許有人說：「**我來到正覺同修會裡也沒有讀過什麼經，我去打禪三時不也是悟了嗎？**」那麼我請問你：「**兩年半禪淨班上的課，不屬於『文字轉輪品』嗎？**」那還是實相般若的「文字轉輪品」，如果沒有那兩年半去粘解縛、建立正知見作爲基礎，第一次去禪三就想要開悟，門都沒有！所以「文字轉輪品」還眞的很重要，千萬不要學著古時禪師的言語機鋒，拿它當作眞的，就去搬了《大藏經》來坐。那個眞的不好玩啦！即使夾山善會曾經那樣說，他一輩子卻從來沒有坐過經典，只是嘴裡說「**三藏諸經、一大藏教是老僧坐具**」，但他何曾坐過？只是弄了個窟窿要人家去跳，只有傻瓜才會眞的去跳。假使有人把機鋒當作眞的，弄假成眞，小心下輩子不在人間，眞的不好玩啦！所以說，「文字轉輪品」還眞的很重要。

三乘菩提的「文字轉輪品」將來如果消失了，都變成白字——大家都讀不懂了；《佛說法滅盡經》不是講嗎？法欲滅時諸經文字都不見了，最先滅去的是《首楞嚴經》、《般舟三昧經》，因爲這二部經典的教義最深妙也最難理解；隨後是其餘的唯識諸經，再接著是般若部諸經，此時十二部經已經全部滅失了；當這一部《實相經》如果也滅了，就剩下淨土經了；至於其他的唯識增上慧學經典、阿含部以及般若部的就不能期待還能存在了。就是說，當大家全都讀不懂時，就等於那些文字全都消失不見了，那時得要叫作無字天書了。從實證的菩薩來說，小說《西遊記》裡講的唐三藏不就是取回無字天書嗎？人家取回無字天書時就開悟了，所以你看孫悟空雖然那麼厲害，不還是要聽從唐三藏的嗎？他頭上戴的金箍不就是諸經嗎？唐三藏唸起來的金箍咒不就是諸經裡的眞實義嗎？正因爲唐三藏會讀如來藏經，所以孫悟空就得聽他的，於是最後大家都到了西天，就是到達實相解脫的境界，於是共同取得了無字天書完成任務。

但是話說回來，如果那些經文的文字全都消失了——大家全都讀不懂了，那時如果有人把《大般若經》請出來一翻開，親眼看見裡面全都沒有文字——全都是言語道斷的實相心境界，那時就開悟了。當你知道那些文字裡說的實相境界其實都沒有文字時，你就開悟了，就都成爲無字天書了，不也是另一個層面的「不見文字」嗎？住於實相心境界中時，不就是世尊預記的「不見文字」境界嗎？那時你如果這樣子悟了，你眞的不是常人。但是當大家讀了都不懂經中的文字是什麼意思時，那就是阿含部《央掘魔羅經》說的，末法時代最後八十年的事情；因爲大家都知道密意了，一翻開市面上的書籍，或是上網查一下禪宗所悟的心是什麼？那個心在哪裡？全都知道了！可是實相智慧卻無法出生，因爲都不是自己參究得來的，所以諸經請出來閱讀時竟然還是讀不懂，那裡面的文字全都變成無字天書一般了——有文字也等於沒有文字了，豈不是「諸經中都不見文字」了嗎？

但這是什麼意思呢？都因爲般若密意全給不肯遵守 世尊施設的法毘奈耶的惡人給洩漏光了，大家都可以從書籍、網路上查到如來藏的所在，但也因此失去參究的過程，就沒有斷我見的基礎，更沒參禪的體驗，所以大家都不信受那個心就是第八識如來藏了，因此實相智慧就無法生起來，讀了般若諸經也全都讀不懂，不就是無字天書了嗎？這不就是經中說的「不見文字」嗎？那時大家都不信佛教正法了，即使佛教還存在，也當作一般宗教求感應來信仰而不再是可以實修的宗教了，於是在末法最後剩下五十二年過完的時候，月光菩薩就帶著那時從天界下來人間成爲阿羅漢的聖者們——也就是一往還者來人間成爲阿羅漢了，就帶著那些阿羅漢們入山去了，不可能再繼續弘法了；於是末法時期宣告結束，人間再也沒有佛法了。那時任何人從網路上隨便蒐尋一下如來藏或者金剛心，蒐尋出來時，如來藏是什麼，金剛心是什麼，在何處，大家全都知道了，誰還要修行求悟？誰還會願意修學佛法？全都沒有了；這樣一來，實相智慧當然無法生起，因此佛經中的所有文字全都讀不懂，猶如變成沒有文字而無法閱讀了，這時佛法就滅了，最後只剩下有境界法。什麼境界法呢？就是求生極樂世界，因爲念佛的人很努力念佛，還是會有感應；能夠感應到佛菩薩，還是可以生信而往生極樂世界去。

到那個時候，世間所有宗教就平等了，也就是說佛教跟基督教平等了。基督教其實也相當於佛教的淨土法門哪！不然他們神父拿著念珠一直念著在幹什麼？就是念著主而想要求生天國啊！佛教的學人那時候都念著佛啊！念主的要求生天堂，念佛的就求生極樂世界或者求生琉璃世界。基督教其實是淨土法門衍生出去的，所以有人說：「耶穌基督從六歲到十三歲，那一段期間去何處都沒有記載，不曉得跑到哪裡去了？」有人就說：「他其實是到印度去學念佛法門去了。」所以一天到晚唸著「主啊！」求主啊！禱告主啊！對主建立信心，死了要往生去主那裡。但他們都不知道，他們的主都跟他們在一起，他們卻向自己的眞主以外去求主。所以說，實相般若的「文字轉輪品」眞的很重要，因爲了義正法的弘傳，如果有「文字轉輪品」住持於人間，那麼菩薩弘法就可以比較輕鬆，不會很賣力、很吃力弘傳以後，還沒有辦法把了義正法傳下去。

話說回來，「爲諸菩薩說文字轉輪品實相般若波羅蜜法門」，請問要不要用語言文字來說？當然要。好啦！這個「文字轉輪品」的實相智慧到彼岸的法門，講的第一個部分是什麼呢？是「一切諸法空，無自性故」，這樣會了沒有？這就是「文字轉輪品」說的一部分。如果還不會，那不然再告訴諸位第二部分：「一切諸法無相，離衆相故。」悟了沒？如果還不會，再來：「一切諸法無願，離諸願故。」如果還不會，後面還有：「一切諸法自性清淨，般若波羅蜜清淨故。」這就是「文字轉輪品」。在「文字轉輪品」裡面已經很清楚地告訴大家了，「一切如來永離戲論相」已經很清楚表達了。雖然很清楚表達了，只是難會啦！眞的難會啦！因爲大都不會，所以 如來乾脆比較清楚分明地告訴大家，於是祂就示現給大家知道：「阿！」

如果我這樣子由宗門裡說話，你聽不懂，我們就從旁邊說去，先從聲聞法來解釋這一段。假使印順法師還在世，他來解說這一段，他會怎麼說呢？咱們就用他的思路，用他的理路來解說這一段經文：「這個一切如來永離戲論相，如來用這個離戲論相來爲菩薩所說的文字轉輪品的實相智慧到彼岸的法門是說什麼呢？就是說，因爲一切諸法都是無常，無常所以是空。一切五陰我永遠是無常，無常所以是空，所以不論是我，不論是法，全都沒有自性的緣故。那麼一切諸法爲什麼無相呢？是因爲一切諸法都是生住異滅，出生了以後看起來，一切諸法都是存在，可是也都一直在變異著，變異到最後還是壞滅了，沒有任何一個法可以常存不壞，所以一切諸法全部都是生滅有爲，一切諸法全部都是緣起性空；緣起性空所以無常歸滅，滅了當然就離眾相。那麼一切諸法不可能有願，因爲一切諸法都是眾生的覺知心在起願，可是眾生覺知心也是虛妄無常，無常以後滅了，一切諸法跟著就滅了，那還有什麼願可以說呢？所以一切諸法無願，都是離諸願。一切諸法爲什麼自性清淨呢？因爲一切諸法本來都不會被泥土塵勞染汙，所以是清淨的，那麼一切諸法終究是要滅掉，滅掉以後就變成空了，空了以後當然是自性清淨的，因爲這個就是一切法空，一切法空就是般若波羅蜜清淨了。」這就是印順派一定會如此演述的說法。這樣聽了，諸位有沒有「佮意（台語）」？大家都不中意呵！因爲這種說法，你們都聽多了。如果來到正覺講堂，還要再聽這樣的說法，又何必大老遠跑來正覺講堂聽法？而且初來乍到，又不免生分不熟。來到正覺講堂要聽的就是與凡夫大師們說的全然不同的眞如妙法，如果跟那一些聲聞法所解釋的一樣，你何必來正覺講堂？

所以，我們就來解釋一下——是從大乘法而不從聲聞法來解釋。這意思就是說，「爲諸菩薩說文字轉輪品實相智慧到彼岸法門」，其實講的就是「一切如來永離戲論相」。只是說，一個爲體，一個爲用；以「一切如來永離戲論相」來演說實相智慧到彼岸的法門，但是卻得要假藉文字言語來說明。那麼，假藉文字言語來說明時就有兩個層次了，一個是理上直接示現了，不拐彎抹角，那就是雲門禪師的「花藥欄」，也是雲門的「露」、「普」；然而雲門說的「露」、「普」，其實就是　世尊說的「阿」，完全沒有差別。可是畢竟甚深難會，那又該怎麼說？那就得要借重語言文字來轉法輪，來爲大眾建立正知正見，大眾才會有因緣悟入。

世尊這一段開示也是一樣底道理，一方面藉語言文字直接示現、開示如來藏金剛心的所在，同時也藉著語言文字讓大家理解：般若諸經爲何是這麼演說實相。所謂「**一切諸法空，無自性故**」，從證悟菩薩的立場來解釋，是說一切諸法無妨起起滅滅、無妨生住異滅不斷地輪替而永無止盡，但是在這個情況下，不離於這個情況下，就已經是一切諸法空了；因爲如來藏在一切諸法不斷生滅的過程中，如來藏不觀六塵境界中的一切法；一切諸法對祂而言是不加以了知所以不存在的，所以一切法是空。對金剛心如來藏而言，也就是對眞實如來而言，一切諸法並無自性，只是依境而有，也是由自心如來實相心所出生的，並無自己存在的體性。證得如來藏的人，轉依如來藏的立場來看一切諸法時，這時的一切諸法是完全無自性的，所以一切諸法都空，這是從實相法界來看待現象法界的所見。以證悟者的覺知心而站在如來藏的立場，來看待一切諸法的時候，說一切諸法空，是因爲一切諸法無自性的緣故，這不是覺知心站在現象界的自己立場來看的。那麼，一切諸法無相，同樣也是用證悟者這個覺知心自己來轉依如來藏，站在如來藏的立場來看一切諸法，而說一切諸法無相。

覺知心從自己的立場看一切諸法時全都有相，所以阿羅漢下山去托缽，他不想去觀看不必看到的眾生，原因就在這裡；因爲只要一看到眾生，馬上就有眾生相，有眾生相就有我相。如果托了缽，他看到缽中的食物，也要控制自己住於有餘涅槃的作意中，不要去管那些食物是不是色香味美，因爲只要去了別時又落在欲界中了，都有相啊！所以阿羅漢托缽的時候，如果人家送飯菜出來時是美麗的女主人，他就不看了，他只看著缽，不看人，因爲怕落在女人相中。假使那個女主人很有禮貌而且長得美，說話又有一點兒嗲嗲的，那麼慧解脫阿羅漢怎麼辦？就是不要聽，不要看。否則萬一落入這個外我所，可就麻煩了，所以不看也不聽。不管那女主人怎麼說，他都只看著缽，聽的時候不去體會人家說話聲音好不好聽、嗲不嗲，只聽那些語言中的意思。阿羅漢都是如此，因爲怕落入外我所。爲什麼他們要這樣呢？因爲是以蘊處界的觀行為主，是觀行蘊處界無常生滅、緣起性空，不是從法界的實相來看現象界，而是在現象界中來看現象界的緣起性空，所以不能離一切相。因此，從阿羅漢的立場來看，一切諸法都有其相，什麼相呢？緣起性空相、生滅相。

可是菩薩所見不是如此，譬如出家菩薩們，不論是不是長髮飄飄、戴著寶冠、綾羅錦緞，像觀世音菩薩或者像文殊、普賢那樣；當他們去托鉢時，不管男主人、女主人，都一樣看著人家，然後誠懇地為人家祝願；因為那些現象界所見的事，對菩薩都沒有影響，菩薩是從如來藏的立場來看現象界，所看到的是：如來藏捧著飯菜來供養，如來藏在跟托鉢的大菩薩說話，如來藏是離見聞覺知的，菩薩的如來藏聽著對方的如來藏講話，自己的如來藏受對方的如來藏供養，可是自己如來藏沒有聽到對方如來藏說的話，自己的如來藏也並沒有受到供養，對方的如來藏也沒有供養自己。既然是這樣現觀時，為什麼還要畏懼對方是否很美、聲音是否很好聽、食物是否很好吃呢？因為他從如來藏來看自己受供養時也沒受到供養，再從如來藏來看對方時，不管女施主長得多美，乃至天魔波旬派了最漂亮的女兒化身來供養時還是一樣看待，所以菩薩無所畏懼而不必逃避施主的眼光聲音等，因爲所見都是無相。從如來藏來看，那都是無相的，是在有相之中無妨離一切相；自己是如此，美麗的女施主也是如此；不管對方悟了沒有，全都一樣，所以一切諸法無相。因爲一切諸法都是如來藏，而如來藏沒有任何相，這樣就是「**一切如來永離戲論相**」。世尊是以這個「**永離戲論相**」來爲諸菩薩說「**文字轉輪品**」的實相智慧到彼岸的法門。

「**一切諸法無願**」的道理也是一樣，眾生在三界中都是有願、有求——因爲有願，所以就有求。無色界天人求能夠永住於無色界中無生無死，色界天人希望在色界天永遠常住不死；欲界天人乃至人類也是一樣，所以才要求生天堂，希望住在天上永遠不死。也因爲如此，道家才要修仙道，想要求得長生不老；他們不想長生不死，他要的是長生不老。如果老掉了牙，飯也不能吃，人家講話也聽不清楚，走路都走不動，你叫他不死，他還想死呢！他們不想那樣活，所以要長生不老，長生不老就不死，這不就是願、不就是求嗎？所以爲什麼有的人要去練氣功？因爲練了以後身體健壯，心想：「**我年紀大了，我打不來猛拳了；那山東拳，我沒辦法練，所有的外家拳都沒辦法**

打了，所以我去練太極拳。」好啊！這太極拳練起來，只要不練推手的話，老人家是可以練的，也可以健康嘛！但是把太極拳練夠了，能夠長生不老嗎？還是會繼續老啊！即使是練成以後都不老，也還是有願求的，所以練太極拳的目的，一樣是有願有求。後來終於承認了：「練到最後還是得死啦！既然沒辦法不死，那我求健康一點，死前不要病歪歪就行了。」所以每天好努力練功，每天早上四點多鐘起來刷洗完了，就到樹下練起太極拳來了。好，練歸練，是不是願與求？是啊！就是有一個願，希望自己健康；求什麼？求可以健康生活直到死亡。至於道家練內丹的，像崑崙仙宗，或者練外丹乃至練房中術的人，他們之目的也還是爲了求不死。可是那麼辛苦修練，結果最後還是得死。即使傳說中的彭祖有長生的因緣，也不過活個七、八百年，後來還是得死。

可是，你如果從如來藏的立場來看，何嘗有死？又何嘗有生？既然無生無死，那麼再來看一切諸法有沒有變異呢？也沒有啊！永遠都是如此啊！都只是在常住的實相心如來藏表面不停地生滅著，是永遠不變地維持著生滅現象而無休止，所以說眾生都是常。爲什麼常？因爲從如來藏實相法界看一切法時，一切法譬如生滅性的五陰全都是如來藏的附屬品，隨著如來藏實相心的常住而成爲常，猶如生滅不停的鏡像附屬於鏡子而成爲常，這才是菩薩們從實相法界中所見的眞相。然而世間俗人也認爲五陰中的覺知心是常，因爲他們看見每一世都生了五陰又壞掉，然後又投胎生了五陰又壞掉，這個生死的狀況是永遠如常，是永遠不變的，說這也是常。正是無常說常，不過這叫作外道法，不是眞常的眞如。但是眾生都不瞭解，所以想要把無常的意識修行轉變成常，都想要把已生的法變成不生。

如今還有哪一位大師不是如此呢？除了正覺以外，不論哪一位大師都是如此，都是想要把已生的變成不生。請問，已生的已經生了，又怎麼能變成不生？這不是腦袋有問題嗎？明明都已經生了，單純地承認生了就好，另外去尋覓一個本來就無生而常住的心就行了，怎麼還能修行想要把已生的心變成不生？你要把已生的變成不生，只好往前推，最後推回到還在媽媽肚子裡的時節，然後再推回到中陰身去；住在中陰境界都不要再去入胎，行不行？不行啊！因爲中陰境界也是有生之法，也是不持久而不能久住之法啊！再回到意識本身來說，前世意識既然是往世中陰入胎後就永滅了，直到此世住胎

四、五個月後才有此世意識出生，不是前世的意識所以不能記得前世的事，這就是已經出生了，就不可能否定已生的事實，也不可能把時空移轉而回到未生以前的無生，而且剛入胎時未生意識以前的無生是空無，又何必回到空無的時節去？縱使有人眞的可以回轉時空到意識未生之前，豈不是成爲空無或斷滅空？卻又認定離念靈知意識是常住法，他不能否定也不能滅掉意識，以免成爲斷滅空，依舊是要回到當前意識有生之時，依舊不是無生之法啊！

所以說，已出生的就要承認祂已經生了，大師們偏偏要去扭曲，然後狡辯說：「我們這個離念靈知是不生的，是常住的心。」請問，離念靈知心出生過了沒有？生了嘛！不然離念靈知是從哪裡來的？那些大師們爲什麼會這樣糊塗呢？都是因爲有願。他們心中是願什麼呢？願離念靈知不滅，想要意識不滅而要設法修行成爲不生不滅，認爲這樣子便是成就不生法。有了這個願，他們就要去求；怎麼求呢？至少要每天坐兩個鐘頭無念，每天至少要坐一座，一座要有兩個小時。如果每天能夠坐三座、四座，那就更好；於是爲了達到這個目標，一心想要退休，領了退休金以後在家裡每天打坐。可是打坐三十年，已經七十歲、八十歲、九十歲了，他那個離念靈知到底是有生還是無生？還是已經生了，因爲幾十年之前從娘胎中生出來時就已經生了；這個已生的事實是無法改變的，凡是有生就必有滅，所以他起了願以後去求——想要把意識變成無生無滅之法；結果老而臨死時，願求全都落空，此世意識死後入胎終究永滅而去不到下一世。

所以他們最後還是落空，但卻都是自以爲悟；有一天，遇到一個從正覺同修會裡剛剛破參的毛頭小伙子來問他：「這個公案，師父你會不會？」「這個我不會，唉呀！已經二十一世紀了，那老掉牙的公案，你還拿來談？」他還說得振振有詞呢。然而他爲什麼不會公案？因爲他落在有願有求的覺知心裡頭，不是禪宗諸祖所悟的第八識實相心；所以他宣稱開悟以後必須時時刻刻保持悟境，認爲悟境就是一念不生，所以每天要打坐增長一念不生的境界，那可眞是把人累壞了。所以他們「悟後」都是很累的，要時時刻刻保持離念、無念。如果是咱們正覺呢？都沒關係啦！都不需要保任，因爲實相心時時刻刻都在，睡著無夢時也都在，不曾一刹那中斷過，不需特地保任祂。

祂也是永遠無念，所以《般若經》中說祂是不念心——根本不想記住什麼或想起什麼，那還要辛苦保任離念幹什麼？完全不必保任離念的境界。所以每天蹦蹦跳跳的，也都沒有關係；悟了以後無妨親朋好友來的時候，因爲他們是世俗人，要陪他們唱卡拉ＯＫ，那也沒關係，唱歌跳舞時分明瞧見實相心正在運作，也還是在保任悟境。這樣快快活活保任悟境，跟那個人每天要打坐好幾個鐘頭跟腿痛、妄念對抗的保任悟境，而且他們保任的是假悟境，那麼到底你要選哪一種開悟？這答案不就很清楚了嗎？而且你在正覺悟後，祖師公案很多都可以通，如果你的差別智圓滿時（即使差別智還沒有圓滿時），大多數公案也都可以通；至於《般若經》、《阿含經》和第三轉法輪的唯識諸經，你也都可以隨分通達啊！但他們落在意識離念靈知裡的人可就統統不通，那你到底要哪一種開悟？答案就很清楚了。因爲你在正覺悟了以後，可以無願無求；他們那裡悟了離念靈知以後，還是繼續有願有求；他們得要繼續起願：願我今天一整天可以一念不生。得要繼續求，怎麼求呢？跟腿痛對抗，求打坐時都沒有妄念生起，就這樣求。因此他們所謂的悟境都是有願有求的境界，不離識陰範疇，未離凡夫境界。

可是，在正覺裡面悟了以後說：一切諸法無願。無願就不必求，就敢公開說：「我爲什麼要像你們一樣每天打坐？我不需要打坐，我每天繼續作工作，爲眾生繼續努力。我也不需要有什麼願，雖然我妄心發了大願，但眞我依舊無願。」明明發了願說：「我願爲眾生作什麼、作什麼，爲正法作什麼、作什麼。」每天都努力去作了，可是眞我仍然沒有發願；因爲沒有願，所以眞我沒有所求。人家聽了，反問說：「不然你每天坐在電腦面前，一直打字打到手都腫了，那你在求什麼呢？明明有求，還說沒求。」你說：「不！我還是沒求，因爲眞我第八識從來無求。我這個五蘊雖然求正法久住，卻不是爲我自己求，所以我也還是沒有所求。」因爲實相法界裡面本來就是一切諸法無願無求的，實相中本來就是離諸願也離諸求的。會了這個，就看見「一切如來永離戲論相」；看見了「一切如來永離戲論相」，就能眞的永離戲論相，不會有時再落入戲論相中，這樣就說你在大乘法中、在佛菩提道中眞的入門了，這是可以實證的，這不是假的。

「一切諸法自性清淨，般若波羅蜜清淨故。」懂了這個道理，依聲聞法而對這句經文所作的解釋，你就聽不進去了，因爲你聽了會覺得好笑。在現象界看一切諸法的自性都不清淨，看看世間人一切運爲營生無非是求生，都是爲了求生存而不是求滅度，所以才有種種的法不斷地生滅不住。孔老夫子講禮樂射御書數，請問這六個法是不是爲了人間生存所須要的？是！那就有願有求。孔老夫子是有願有求的，教導眾生在人間活得有意義，是爲了求生而更美好。既然是求生的，請問凡是爲了求生而去學的法，它到底清淨不清淨？當然要先籌謀計畫一下：我學這個要花掉多少時間、人力、精神、金錢，然後我學成了可以用在人間謀生。爲了謀生，他去學世間學問；然後到社會上去作事時，當然要計算一下：「我今天開一家米店賣米，可以得到多少利潤。」正當的商人追逐什一之利，賣十塊錢賺一塊錢，這也是求生存；既然要在所得的利潤上面去用心，這又怎能夠說一切諸法自性清淨呢？

所以，古時候有教化的年代，東家賣了貨物，客人拿了貨物付出銀兩，東家總是要客氣地說一句話：「貪財。」有時候東家說：「一個月又到了，孩子該給先生束脩了。」因此把銀兩包了上來：「先生！這個月辛苦您了。」西賓接了束脩，口裡也得要說：「貪財。」眞誠實，正是因爲貪財，才要受雇於東家辛苦教他兒子一個月，也眞的是貪財。可是，依現在的人來說，那位西席眞的有禮、誠實，這明明是他該得的束脩，他還說「貪財」。可是從我們求出生死、求證清淨佛果的人看來，他眞的還是貪財，不然爲什麼要爲五斗米折腰？當然這就叫作一切諸法不清淨，因這個法的自性是不清淨的。這都是依於聲聞法解脫道而說的，眞是不能移易一絲毫，因爲確實是貪財，也都是爲了求生，所以說有願有貪；但是菩薩就不一樣了，菩薩應聘教學，一個月時間到了，東家捧出銀子來，菩薩他收了卻說：「**我貪財，但也沒有貪財。**」這是實話，問題是這句話一說出來，下個月東家可能不是只請菩薩教他兒子了；因爲世間人是自性不清淨的，是有願有求的。如果是遇到眞正的佛弟子，菩薩可就好了，因爲眞正的佛弟子會這麼說：「**原來先生您佛法這麼有證量，講得出這句話。**」接著東家也跟著拜他爲師了。兒子拜他爲師是學之乎者也，是學禮樂射御書數，這位東家拜他爲師則是學佛，這就妙了。然而爲什麼能夠這樣呢？因爲那位東家懂一些佛法，也有深入研究。深入研究才能叫作懂一些佛法，東家拜這位菩薩爲師，菩薩就幫他證悟這個「**一切如來永離戲論相**」；等東家也證得「**一切如來永離戲論相**」的時候，他也會開口說：「**一切諸法自性清淨。**」

爲什麼「**一切諸法自性清淨**」呢？因爲「**般若波羅蜜清淨故**」，也就是智慧到彼岸清淨的緣故。「**一切諸法自性清淨**」可不能隨便說，敢說這一句話，得要眞的實證了才好說；因爲阿羅漢也不敢這麼說，除非他迴心大乘以後證悟了，成爲眞實義菩薩了才敢這麼說。那時候，從如來藏此經來看待所生的一切法時，一切諸法不過是在清淨的如來藏心中起瞋、起貪、起無明，可是這個與無明相應的五陰，住在如來藏中來看待所證的如來藏，再設身處地依於如來藏的立場來看待五陰的所有身口意行時，就會發覺其實沒有所謂染汙與清淨可說，所證得的實相般若到解脫彼岸的智慧也沒有染汙或清淨可說。既然所證的實相智慧到解脫彼岸的境界沒有染淨可說，「離一切戲論相」，這時就可以說：「一切諸法的自性都是清淨的。」現前觀察一切諸法—也就是說函蓋世間法、出世間法、世出世間法—全部自性清淨，這時就知道自己的智慧到彼岸已經清淨了，這樣就是證得「一切如來永離戲論相」了。

這樣的菩薩從此以後就可以東施效顰了：佛怎麼說，我也怎麼說。菩薩們永遠不會成爲西施，永遠都是東施，卻不像東施效顰令人覺得可笑；因爲都是學著佛的所說與所行，佛怎麼說，菩薩就怎麼說；佛怎麼行，菩薩就怎麼行，可以眞的改變自己。東施永遠無法改變自己的容貌與氣質，所以東施永遠不會變成西施；但菩薩修到了最後身而降生人間時，換他來當佛，而他的弟子們繼續來當菩薩；永遠都是如此，這是法界中不會改變的事實。

「般若波羅蜜清淨」的原因，是因爲現見如來藏自性清淨，而一切法即是如來藏，如來藏即是一切法，才會現見「一切諸法自性清淨」，所以接著「般若波羅蜜清淨」。可是「一切諸法自性清淨」卻是從親證「一切如來永離戲論相」而來的；然而「一切如來永離戲論相」，卻是指自心如來永遠不落在戲論相中，不是指覺知心的自己可以離開戲論相。假使覺知心的自己可以離開戲論相，愚癡的人就會這樣說：「我喜歡啦！」有智慧的菩薩卻說：「我不喜歡。」爲什麼呢？因爲覺知心假使也是「永離戲論相」的，那麼佛陀來人間示現的時候可都不能說話，也都不會開示諸法，因爲「離一切戲論相」，那你們要不要跟隨那樣的佛陀學佛？一定沒有人要跟隨了，因爲以這樣的「一切如來離戲論相」而度眾生，所度眾生的範圍是很有限的；也就是說，以這樣的方式度眾時，所度眾生的般若智慧只能到達般若的總相智慧爲止，別相智就沒辦法進修了，因爲般若的別相智一定要用「文字轉輪品」來宣說。如果是更深的一切種智——諸地菩薩所學的一切種智，那更要用「文字轉輪品」才有辦法宣說與傳承的；所以不該是覺知心來離戲論相，而是應該以覺知心轉依於永離戲論相的「此經」實相心，然後用轉依所成就的智慧來演說自己已經離開戲論相的事，諸佛如來莫不如是。

所以三十幾年前，台灣佛教界不是常常在爭執說：「唉呀！你說『我在度眾生』，「我」就是生滅法，你應該『無我』。」然後，另一方面就提出來說：「你看，經中佛陀不也是說『我』是佛、『我』是世尊嗎？你爲什麼主張說不能講到這個『我』字？」兩派就起爭執了，所以後來有一派就說：「這是隨俗方便說，理上是無我的。」後來這一派終於贏了，因爲事實上也是這樣：「理上是無我，事相上度眾生時是要有『我』，才能方便說法而度眾生。是事上有『我覺知心』證得『無我』的理，轉依之後來說覺知心自己是『無我』的，但是無妨爲人家說明『五陰的我離開了我執，這個五蘊我依如來藏時就是無我的』。」這樣才是佛法。可是如果從菩薩的所證來看，當三十幾年前，凡夫們所謂「親證解脫道的聖者」在那邊演說：「理上是無我的，實際上我們五陰還是有我的；一定要方便說我，不然要怎麼弘法？」我如果遇見了，就要說他：「原來你不懂佛法。」爲什麼要這樣講呢？因爲要刺激他，他以後才會轉而實修佛法。有的人不知不覺，有些人後知後覺，你得要多扎他們幾針，他們就會覺悟說：「我要趕快實證佛法才對，不能只停留在理論上面。」所以，用針扎人也是好心。但如果被針扎了還不知不覺，那要怎麼辦？就得要拿刀子把他割一割，因爲有的人眞是不知不覺。

至於我說的針扎是什麼意思呢？就是大師們都在誤導眾生時，我不指名道姓辨正他們說錯了的法義。如果這樣還不行，就只好指名道姓辨正法義了，就等於是用刀子割他們了。割到哪裡呢？割到臉上去。所以他們爲了照顧面子就要抵制正覺，這也是正常的。那麼這樣子，歸結到最後，爲諸菩薩所說的「文字轉輪品」的實相智慧到彼岸，原來講的就是「一切如來永離戲論相」，而這個「一切如來永離戲論相」，原來就是在講如來藏金剛心——實相心第八識。但是，如來藏金剛心在哪裡？我就告訴你吧：「在這裡！」如果這樣還不會，我就請 世尊來告訴你吧：「阿！」

這樣講完這一段經文了，我們再來看補充的資料，看宗門裡面怎麼樣說理，讓大家更有因緣悟入。這一段《景德傳燈錄》卷六的文字，是從兩方面來說：一方面說妄心諸法都沒有自性，所以是空；可是另一方面，又從金剛心如來藏無形無色來說空。悟得深的禪師們即使說理，也是兼顧兩邊而不違背於事的。《景德傳燈錄》卷六：

【馬祖道一禪師：「達磨大師從南天竺國來，躬至中華，傳上乘一心之法，令汝等開悟。又引《楞伽經》文，以印眾生心地，恐汝顛倒不自信。此心之法，各各有之，故《楞伽經》云：『佛語心為宗，無門為法門。』」又云：「夫求法者應無所求，心外無別佛，佛外無別心。不取善不捨惡，淨穢兩邊俱不依怙。達罪性空，念念不可得，無自性故。故三界唯心，森羅萬象，一法之所印；凡所見色，皆是見心。心不自心，因色故有心；汝但隨時言說，即事即理都無所礙。菩提道果亦復如是，於心所生即名為色；知色空故，生即不生。若了此心，乃可隨時著衣喫飯、長養聖胎，任運過時，更有何事？汝受吾教，聽吾偈曰：心地隨時說，菩提亦只寧；事理俱無礙，當生即不生。」】

馬祖道一，當他傳法下來的時候，就故意講了這一段話。為什麼要講這一段話？因為怕弟子們退轉。這永遠是禪師家心裡的一塊石頭，總是怕徒眾們退轉。因為這個法難信，所以必須要好好地加強信心。馬大師這麼開示說：「禪宗初祖達磨大師從南天竺，親自來到中華，」據歷史的記載，他是坐船從海路來到福建或者廣東那邊登陸上來的，但是在南方因緣不契。在南方時他也見了梁武帝，梁武帝根本是個門外漢，都在修福德等教相上面用心，所以因緣不契合，他就北上來到了少室嵩山。後來他故意在那邊打坐，不吃不喝就這樣坐，終於話就傳開了：「有個面壁胡僧，一坐九年。」這一坐九年，不得了！所以終於有人知道有這麼個大修行人，這才引了二祖慧可前來。「達磨祖師親自來到中華所傳的是上乘一心之法，」也就是說，這是向上一路，不是在現象法中去宣講的解脫道等法，也不是在教下研究經典的文字佛法，「讓你們大家開悟。」就是打開了大眾的迷雲而能悟入佛的知見。「然後又怕徒眾退轉，所以又引用《楞伽經》的經文來印定眾生眞實的心境界，都是因爲恐怕你們大眾心生顚倒，悟了以後自己心中依舊不肯信受。」爲什麼要這樣作呢？因爲恐怕大家心生顚倒而不相信如來藏心。

達磨大師用《楞伽經》來爲二祖慧可印證，是佛教界非常重要的一件大事。假使沒有用《楞伽經》來印證，且不說當時與未來，現在就已經這樣子了，十來年前不是有人講嗎：「教門跟宗門是不相干的。」誰講的呢？自□居士講的，後來他出家叫作法□法師，他公開說教門跟宗門不相干。那麼請問：假使不相干，爲什麼達磨大師要以《楞伽經》來印證禪宗二祖慧可所悟底心，說那個心就是如來藏阿賴耶識？顯然宗門的所悟要用教門來印證，而且這是中國禪宗的初祖達磨大師所作底事。

再說，教門如果跟宗門不相干，請問：釋迦佛悟了宗門以後為什麼要講經？經典中所說的眞義都屬於教門，那麼世尊講經跟祂所悟的若不相干，說了那麼多經典，不都是戲論了嗎？那麼佛陀悟後講了那麼多戲論又是為了什麼？何必多此一舉？正因為悟了才講經，講經的內容就是講出所開悟的內容，就成為教門，怎麼會教門跟宗門不相干呢？自稱開悟的人，連這種渾話也說得出來。這眞的是渾話啊！因為他根本弄不清楚宗門與教下的關聯性，那樣的知見還不夠渾濁嗎？達磨大師之所以要用《楞伽經》的經文來印證，就是怕教門所說的正法失傳，也怕宗門的所悟不被大眾信受；因為教門文字所說的就是宗門所悟的法，所以才要故意用《楞伽經》來印證。

馬祖大師又說：「這一個心所生、所顯的眾法，每一位有情各人全部都有，所以《楞伽經》才這樣說：『佛所說的話都是以金剛心為宗旨，但是要證得第八識金剛心，卻是以無門為法門。』」《楞伽經》中這一句話，讓印順派的那一些法師、居士們恨得牙癢癢的。為什麼恨呢？因為這是經中說的，不可以推翻，可是他們都沒有辦法實證，所以心中恨啊！佛所說的一切言語目的都在指向這一個實相法界之常住不壞心，所說一切法語的開示都在教人要證這個心，所以「佛語心爲宗」。

可是想要實證這個心，卻是「無門爲法門」，這可就慘了！所以，那一些南傳佛法的法師以及印順派的法師們，他們常常說：「人家禪觀都有個次第，都有個方法可以入門，可是你們中國禪宗說的，根本就沒有一個次第，也沒有個方法可以入門，都是忽然間就悟了，而且只是師徒之間自由心證，怎麼可以說那是正法？你至少也要讓人家可以實證，也要有個方法可以讓人家循著次第入門，結果都是無門可入，那要怎麼學？」他們還說得振振有詞呢！所以，就是因爲這個原因使他們不承認大乘經，因爲大乘經都是同一鼻孔出氣，都沒告訴你說應該要怎麼實證這個金剛心。因爲如何實證的事都是教外別傳，不用語言文字明說；所以 佛陀幫助座下那些迴小向大的阿羅漢們來證「此經」，也是用教外別傳的方式引導。因此，佛陀講經的時候，從來不用明說的方式來講金剛心如來藏；可是這個教外別傳卻要有經典來支持、來證實，得要實證以後可以和經中所說互相印證，可以桃符相契；經由這樣子攝受以後，證得教外別傳心法的人才不會退轉。

所以馬大師舉《楞伽經》中 佛說聖教，就說：「佛語心爲宗，無門爲法門。」眞是至誠語。可是這個至誠語無門可入，因爲是以「無門爲法門」；然而這個「無門」其實也不是眞的無門，禪師自有教外別傳的妙招；所以我們正覺同修會施設了一些法門、次第，教你從無相念佛法門進入，轉爲看話頭、參話頭，那時只要心夠細了，想要會祂就容易了。再加上我們各種方法的法道，這已經是有法門了；可是這個法門說明白了還是無法門，因爲並不是先證得一點又一點，然後再漸漸增加的，而是你找到了金剛心的時候，那就是全體現前——一刹那間就看見實相法界整體了，這是刹那間就會了，還是「無門」啊！不像四禪八定等次第禪觀有個次第性。

譬如我個人早期怎麼樣修定的呢？我用數息，然後讓心隨息，接著制心於一處不亂攀緣，發起未到地定；再來則是離欲而斷除欲界愛，於是證得初禪，隨後再深入定境修證二禪。這就是有次第的禪觀，有方法、有順序，得要每天坐在那邊修定，我這一世悟後就是這樣回復往世所證的禪定。正因爲有次第、有方法，不是般若禪，只是世間禪定，所以我知道他們以定爲禪的那種開悟，不但是錯悟，而且「悟了」以後還要每天繼續靜坐保持離念，才必須每天靜坐，不可以生起妄想，要把所有妄想壓住。有法門的禪都是世間禪，就是要這樣子修，而且修到認爲開悟了，最後還是悟錯了。

但是「無門爲法門」的般若禪卻不必那樣，修得等同未到地定的定力而會看話頭了，然後在眞悟者的指導下很輕鬆地悟了，以後也不必再去辛苦地用各種法門去對抗語言妄想。所以 世尊說的「無門爲法門」的宗旨才是眞妙門，有門爲法門而想要悟得實相般若的方法，依般若禪觀而言都是假法門。馬祖爲什麼要特地引出《楞伽經》的宗旨來解說？他是特地要告訴大家說：應該以《楞伽經》的宗旨來印證宗門的所悟。由此可見自古以來，把宗門跟教門切割開的法師、居士一定是很多的，所以馬祖道一才要這麼說，表示宗門的所悟就是教門裡所講的意涵。

馬祖道一又說：「求法的人應該要無所求，因爲除了此心以外，沒有別的佛可說，這個心就是佛，而諸佛以外也沒有別的心，諸佛所證的同樣是這個心，由這個心來作佛。」可是，很多人弄錯了就說：「對啊！就是這個心。」「哪個心？」「我清清楚楚明明白白這個心來作佛。」對不起！那個叫作化佛，那不是眞佛。眞佛住在五蘊裡面，不接待外賓——從來不了知六塵也不接見覺知心；可是，他說的「清清楚楚明明白白一念不生了了分明」的心，這心一天到晚都在接待外賓；對啊！所謂外賓就是六塵與六識。

老趙州明明說：「金佛不度爐，木佛不度火，泥佛不度水。」最後一句說：「眞佛內裡坐。」這才是眞正的佛，所以馬祖說「心外無別佛，佛外無別心」，講的是第八識眞如心。諸佛都是以這個金剛心來成佛的，假使沒有這個金剛心，諸佛什麼都不是，所以馬祖大師才會說：「心外無別佛，佛外無別心。」修學般若禪的人所應求證的正是這個心，證得這個心，實相般若便生起了，立刻成為實義菩薩；其他的都不要求，應該要無所求。這樣一來就可以一切放下，把七識心全都放下，放到無可放的時候，那就是金剛心了。所以有人來見老趙州問：「一物不將來時如何？」老趙州說：「放下吧。」那僧人明明說：「我什麼東西都沒有帶來。」結果老趙州竟然叫他放下，因為這個僧人落在覺知心裡，竟然還說什麼都沒帶來。但這個僧人不懂，就問：「既然一物都不將來，教我放下個什麼？」因為他認為自己已經放無可放了：「我什麼都沒帶來，你還叫我放下，那我還要放下個什麼？」老趙州沒奈何，就告訴他：「擔取去。」叫他挑起去，那麼到底是要放下還是要挑起呢？那僧聽了趙州這個開示，也就當場悟了。

懂得那個「擔取去」，其實才是懂得放下的人；因爲能夠挑起來了，自然也就能放下。也許你說：「你講那個不是屁話嗎？能挑起來的人當然能放下。」我說：不然，大部分參禪人都是挑起來而放不下。可是他挑起來了能放下，這時你若知道他能挑起的是什麼，也知道他能放下的是放下什麼，那你也就能挑起也能放下了；否則你就始終只能挑起來而放不下，這時候可就放不下也挑不起來。但是我這話裡面究竟是在說什麼？其實只有家裡人才聽得懂，一般人總是會自認爲聽懂了，等到有一天眞悟了以後才會知道原來當時誤會一場。這僧來到老趙州面前問：「一物不將來時如何？」其實早是帶來一大堆，自己還不知道呢！都是以這個覺知心想要不取善、不捨惡，卻總是永遠不離善惡兩邊而自以爲離了；殊不知自以爲離的時候，依舊是落在識陰覺知心中，何曾有離？因爲識陰覺知心是永遠住在善與惡這兩邊之內的。眞正能夠不取善不捨惡的人，是無始以來就不取善也不捨惡的人，這個人是永遠如此不取兩邊的人，才是眞正能挑起也能放下的人。所以馬大師說：「這樣能挑起能放下的人，才是淨穢兩邊俱不依怙的人。」就能離兩邊了。

這裡來講。上週《實相經》的宗通我們補充資料講到馬大師的開示，今天繼續再從這裡來講。馬大師說：「達罪性空，念念不可得，無自性故。故三界唯心。」這是延續上週馬大師說的「心外無別佛，佛外無別心」，而說「一個眞正求法的人是應該無所求的」。但是，這句話往往被誤會了。馬大師說「心外無別佛」，這三句話裡面說到「求法者應無所求」，這個無所求不是說讓覺知心的自己無所求，而是說所要求悟的那個法是本來就無所求的，悟得那個無始以來都無所求的心以後，覺知心轉依於祂而開始在世間法中無所求，這才是眞正「應無所求」的意思。

爲什麼馬祖道一要這麼說呢？這當然有緣故。因爲一般所謂的開悟都是悟錯了，錯就錯在他們有所求。爲何叫作有所求呢？都是求自己覺知心要去變成無所求，要把本來有所求的覺知心去變成無所求以後，然後說這樣叫作開悟。如果這樣就叫作開悟，那悟後這個人應該如何安住其心呢？大家來想一想看：他是以覺知心的自己來無所求，當他悟後轉依於覺知心自己的所謂無所求時，如果眞的轉依成功了，當人家邀請說：「師父！你應該出來度眾啊！」他覺知心既然是無所求的，就應該說：「我根本就不需要徒弟，沒有想要徒弟，因爲我無所求。」那應該他就一直住在茅棚中，都不出世。可是，他即使在事相上這樣作到了，還是有所求；他求什麼呢？求覺知心的自己每天都住於無所求之中。可是，他這樣一定很苦惱，爲什麼呢？待會兒沒有道糧了，怎麼辦？要去找一找，看附近樹上有沒有水果，或者有什麼可吃的野菜等等。那麼到底是有所求還是無所求？還是有所求。他如果有一些在家徒弟住在山下，那更有所求了，應該下山去找徒弟化個緣：「師父我最近沒糧了。」還是有所求。如果說他可以一餓就是十天半個月，能不能算無所求？還是有所求，求什麼呢？求自己要住於無所求中。那豈不是要累死人了嗎？每天要把自己控制住，美其名曰牧牛，其實一條牛也沒牧到，因爲他已經在要求自己永遠住於無所求之中，老是落入識陰中而不曾看見自己本來無所求的大白牛——第八識金剛心。

但是，馬大師的意思不是這樣，馬大師是說：你若是眞要求法，應該是要求到那個無所求的，才是求法。你如果證到那個本來就無所求的，祂從來都無所求，現在如是，未來無量劫亦復如是無所求，這樣才是眞正求證到無所求的。求證到這個無所求的心以後，就叫作證悟了。證悟以後，每天爲眾生忙，求資源、求建立道場、求眾生得度，可是他所轉依的自心內境仍然是無所求的，因爲他所證得而且依止的第八識實相心是永遠無所求的，但是無妨自己不斷地爲眾生求。如果爲了幫助眾生實證佛法而需要一個道場，那他去跟社會賢達、去跟有錢的佛弟子化緣，他仍然是無所求；因爲他的實際境界是無所求的心，而不是有所求的覺知心，而那個無所求的心就是實相心如來藏；而他爲眾生所求的也是要教導眾生實證這個無所求的心。所以馬祖說「夫求法者應無所求」，凡是眞正求法的人都應當這樣求，如是求的人才能名爲相應於無所求。求到了這個如來藏心以後，不論怎麼樣觀察、怎麼樣檢驗，結果都會發覺一切求之中都是無所求，都會發覺一切法都從無所求的祂而來，這就是生命的實相，也是宇宙萬有的實相。

可是這個實相心不是求開悟的心——祂不必求開悟，祂也不懂得怎樣開悟，祂也不會想要開悟；要求開悟的心是這個能覺悟的覺知心，而覺知心悟得那個實相心的時候是有所求的，於是悟後對世間法就無所求了，凡有所說、凡有所作都是爲了眾生的法身慧命而不是爲自己，但是悟前與悟後都是跟無所求的實相心並行存在的。但是，悟後有所求的覺知心是依於所悟的第八識無所求心作爲自己依止的境界，所以這個有所求的覺知心，也可以方便說自己無所求，因爲已經轉依於無所求的心。所以，他悟後轉依成功了，去找某一位大老闆說：「你學佛了，我現在弘法需要一個道場，請你貢獻幾億元來吧！」雖然他開口求了，但也算是無所求，因爲他所住的眞正境界是無所求的實相，而不是住於覺知心有所求的境界；而覺知心有所求的境界是爲眾生求，不是爲自己求，因爲他求來以後一分一毫都不放到自己口袋裡，都是爲了利益眾生而不帶一點點的私心。求法者應如是求，如是求得者名爲應無所求者，這時就可以證明：心外無佛，佛外無心。他就很清楚：因爲這個從來無所求的實相心就是諸佛的實際，由這個諸佛的實際—由這個實相心的取證—可以按部就班次第修學成佛，最後成佛之時還是這個第八識實相心，不是別的心。這一個心是成佛的根本，所以成佛時——最後身菩薩示現到人間來開悟時，也是悟得這個心，因此說「心外無別佛，佛外無別心」，這樣才是眞正求無所求的菩薩。

所以祖師的說法，向來有很多人誤會，以爲是在講覺知心的自己，然後就每天辛苦地打坐，希望不接觸五塵，希望一切都無所求，因此自苦其身四、五十年以後仍不能增進道業；每天都是與妄念、與所求對抗，自苦其心而不能絲毫增進道業。全都是因爲把實相心跟有所求的覺知心，混同爲一個心或否定實相心第八識，所以想要把有所求的覺知心去修行變成無所求的實相心，因此他每天就要修得很辛苦。但菩薩不用這麼辛苦，菩薩悟了以後每天深入經藏，法樂無窮，不斷地求法卻可以說：「我從來無所求。」

菩薩悟了以後說：「我根本沒有開悟。」是因爲他轉依了如來藏，而如來藏永遠不會開悟；如來藏是被開悟之標的，是覺知心證得如來藏時而說有開悟。所以，有時候跟人家說：「因爲我悟了，所以我有智慧。」有時候卻又說：「我根本沒有開悟過，我完全沒智慧。」那麼不知道的人就罵：「你這樣叫作什麼菩薩？一天到晚自語相違，說話顚倒；昨天還說沒有開悟，今天又說有開悟，到了明天又說沒開悟，你怎麼說話顚三倒四？」菩薩說：「沒有顚三倒四，我昨天說有開悟，跟今天說沒有開悟是一樣的。我明天如果告訴你『我有開悟』，後天又告訴你『我沒有開悟』，還是一樣的，並沒有矛盾。」因爲是從覺知心而說開悟，或從實相心而說沒有開悟，其實意涵是不矛盾、不違背的。

但是一般的大師們不懂，就毀謗說：「中國禪宗祖師都是自由心證，自己隨便講就認爲自己可以通。」其實不然，因爲禪師或菩薩們，有時候是爲了眾生，所以宣稱說：「我開悟了。」眾生就會因此對他有信心了。如果悟了而不敢承認開悟，那叫作什麼開悟？那是不是要叫作膽小鬼而不敢承認？就完全違背所悟的實相心大人境界了。悟了就承認悟了，不會有大妄語的問題；如果悟錯了，就要小心說話，於是說起開悟的事情時就支支吾吾，不敢正心誠意說自己悟了；又不想聽到別人宣稱開悟，因爲怕被別人比下去，徒眾難免跑光了，如否定別人說的開悟事實。那他到底是有沒有開悟？他想要承認又不敢承認，都是因爲恐怕大妄語。

菩薩悟了以後說：「我開悟了。」可是爲人說法的時候說：「我昨天跟你們說開悟了，其實眞正的我並沒有開悟。」因爲今天是以實相心的立場來說話，依實相心的立場當然沒有開悟可說；昨天說法的時候，有五蘊、有十八界、有六入、有十二處等等，一切都有，因爲是從意識開悟的立場來說的。到了今天卻說什麼都沒有，連開悟也沒有，爲什麼呢？因爲昨天是從現象界來講，所以這些都有，但是也都無常虛妄；今天換過來講般若的時候，是依止於實相法界金剛心的境界來說，就變成無眼耳鼻舌身意、無色聲香味觸法，無眼界乃至無意識界，什麼都沒有了。但是不論從現象界或從實相界來看，全都沒有矛盾。

一般人聽了往往質問說：「你怎麼前後說法顛倒？」所以那些悟錯的人就罵：「佛陀怎麼這樣呢？初轉法輪說一切都有、一切也都緣起性空；到了般若期又說一切都無，那《心經》不是明明寫著一切都無嗎？不就是一切法空嗎？」就指責說 佛陀前後的說法自相矛盾，這就是密宗所有應成派中觀師們的落處，他們就是這樣認爲。這是因爲他們不懂般若中道，其實他們連聲聞解脫道都不懂。可是對菩薩來講，根本沒有這兩邊的問題，因爲菩薩們的所證含攝了現象界的有及實相法界的空，兩邊都函蓋；然後依於實相心來看時，兩邊都不存在；因爲當你說實相心的境界如何如何時，那又是落在一邊去了。可是爲眾生時，卻必須要依實相境界而說：無眼耳鼻舌身意、無眼界乃至無意識界，無無明乃至無無明盡。全部都無，那是如來藏自住的境界。可是意識這邊什麼都有，意識的什麼都有對上了實相心的什麼都無，互佐互成才是絕妙正法，就是兩邊全部函蓋。但是證悟的菩薩處中不偏，絕不落到哪一邊去；爲眾生說法時無妨說這一邊又說那一邊，但他自己所住的境界卻沒有兩邊；在沒有兩邊之中卻又函蓋了兩邊，誰也無法質疑他，最多就是被外道或佛門凡夫在網路上化名亂罵一通。

所以，眞正的法根本的分水嶺是什麼呢？就是六識論跟八識論。剛開始學佛時什麼都不懂，都是同一條路，沒有所謂六識、八識的差別，剛開始都是這樣一直走，只是在四聖諦、八正道、十二因緣等名相上去理解。走到想要實證的部分，就必須要先建立正知正見了；這時候就有兩條路，一條路說所有的人都只有六個識，一條路說所有的人都有八個識；這時你要走哪一條路？可得要愼重選擇了。這時候從法義上來看，好像是五十比五十的選擇機會；可是從學佛的現象上來看，並不是這樣，選到正確道路的機會是只有百分、千分、萬分之一而已，有時甚至是連萬分之一的機會都不存在。

我們從現實上，也就是從佛教界弘法的現實上來看，特別是在我還沒有出世弘法之前，全球佛教界百分之百都是走六識論的路，有誰能夠走上八識論的實證之路？頂多就是聽說人們都有八個識，但都只能依文解義而不懂得實證之道。當我出來弘法以後，終於有萬分之一的機會，我顯示出一條路，叫作八識論的路，也說明是可以實證的。可是依舊沒有多少人看見有這一條路，因為這一條路太幽隱，也因為只有我一個人才剛開闢出幾步遠的小路來；我如果沒有再三再四來回多走幾趟把路拓寬了，這條八識論的路跡可都顯示不出來。

那時候全球佛教普天匝地都是六識論的相似像法，偶然有人講《八識規矩頌》，但是講到後來他所說的實證依舊是第六意識，又回到意識境界去了。我們正覺這樣一年又一年，書本一本又一本；到這幾年突然加速起來了，現在我個人每年最少有六本書出版，其他親教師們寫的還不算，大家一起努力把八識論的正道顯示出來，這條路看起來就平廣一些了。前些時在既定的出書時程中同時加上了每二個月將會印出一本《阿含正義》，於是這段期間的最高記錄就成為每一年印出十本書。這樣子快速而深入寫出妙義而且印出來流通，大家終於注意到了：**這裡還有一條八識論正路這麼寬廣，怎麼以前沒注意到？**於是這一條八識論的正路，終於被大家廣泛注意到了。

但我們這樣子努力，求什麼呢？全無所求，只是為眞正想要學佛的眾生去努力罷了。所以菩薩在無所求之中還要用有所求的心，在無所求心的加持之下，努力去作事，把這一條八識論的路開闢得寬大一點，弄得平坦一點。正因爲如此，才會有星雲法師在《人間福報》，由他署名刊登了一篇文章，承認有第八阿賴耶識存在，承認說阿賴耶識是蘊處界的根源，因爲他們不得不承認確有第八識實相心的存在，否則未來將在實證佛法這條路上難以生存了。但是在這文章之前，我們是篳路藍縷奮鬥了多久？眞的很辛苦啊！

不過，辛苦歸辛苦，其實是蠻快樂的，因爲法樂無窮。法樂無窮的時候就不感覺辛苦，所以常常有同修們說：「老師！您辛苦了，坐在那上面盤腿講兩個鐘頭。」我說：「我不辛苦，很快樂。」有機會讓咱們把了義究竟正法演述出來，這是非常好的福報，我們是在享受這個福報，怎麼可以說辛苦？享受時不該說是辛苦吧？對不對？我是在享受這個福報。假使哪一天台灣的政局生變，不能再公開講經說法時，正覺就要關門了；因爲像我們這樣的講經都要經過申請以後，官方還要派領導坐在旁邊監聽，那時我還能像現在這樣依法論法嗎？即使有一天時局眞的這樣了，也只好隨順因緣繼續講經了，可是禪三要怎麼辦？小參的時候領導坐在旁邊，我只有剩下一條路：我得要先把領導度了（大眾笑…），否則我就得把密意洩漏了，那可是犯了**法毘奈耶**，死後該怎麼辦？

這意思就是說，你怎麼樣用有所求的心，在無所求的實相心的加持之下，來完成這個法；但是兩邊都同時函蓋，自心卻不必住於這兩邊的一邊之中，這樣才是眞正的無所求；但是在現象界裡面，無妨五蘊可以繼續有所求。我們就這樣努力去奮鬥，奮鬥了將近二十年，都不曾求讓自己獲得什麼錢財名聲；這樣總共努力十九年整，終於有成績，如今有一位大師願意承認第八阿賴耶識的存在。這是好事，我們應該要支持讚歎。但是到現在，那些大山頭裡還有三個都還沒有承認阿賴耶識，那我就要定位說：他們那三個大山頭仍然處在六識論邪見裡面，不離凡夫妄想。凡是落入六識論中的人，不論名氣有多大，徒眾多達數千萬人乃至數億，依舊是個凡夫，因爲未斷識陰我見。

這個道理，諸位如果有機會上網與人論法，可以繼續講。台灣後山花蓮那位比丘尼到如今依舊是六識論者，那是凡夫的錯誤知見。金山的法鼓山到今年爲止（編案：此是二〇〇八年十一月所說）也還是六識論者，仍不承認有第八識如來藏，所以仍然是凡夫的錯誤知見，大家應該這樣把他們講清楚。還有一個寺廟，是全台最大最高的，叫作中台山，現今爲止仍然是六識論者，依舊不肯承認第八識的存在。當他們被人家定位爲六識論的時候，他們心裡面都會很痛苦，因爲現在佛教界差不多快要達成共識了：凡是主張六識論的人，都是沒有開悟的大乘凡夫，也都是還沒有斷我見的解脫道中的凡夫。

話說回來，學佛到了一個階段，也就是從信而入、心得決定，然後走上大乘法，開始進入初住位，這時候都不會有問題；接著一直修行到達第五度，也就是開始修學靜慮了，這就是外門廣修六度到第五度完成爲止，到這裡都還沒有問題。可是，到了要修般若度的時候，就得要熏習實證之法了，總不能一天到晚畫餅充飢，總不能一天到晚扮家家酒而公開說：「我眞的成家，我眞的立業了。」那孩子在玩遊戲說：「我當上大公司的董事長了。」那其實都不算數啦！因爲那只是玩家家酒嘛！現在說的是要實證了，在實證的時候，對於實相般若的正理剛開始熏習時還不覺得有問題，學到後來會開始探索說：「我應該怎麼樣修學實相般若，才能叫作實證？」這得要下定決心，要很費功夫去弄清楚：什麼叫作實相般若底實證。

在正覺同修會開始弘法以前，佛教界對於般若的實證一直都沒有人知道，都以爲是般若歸般若，與禪宗的開悟無關，也都不知道般若的實證應該如何定義，所以往往這麼說：「好好把般若諸經讀懂了，就叫作實證了。」其實不然！般若的實證內涵，是我們正覺開始弘法以後，才把它定義出來：般若的實證，就是證得《般若經》中講的實相心，實相心就叫作如來藏，又名阿賴耶識、異熟識、無垢識；般若諸經中說爲無住心、不念心、非心心、無心相心、眞如心。這樣子實證了這個實相心而現觀祂眞的有眞實性與如如性，名爲證眞如，才能夠說他眞的開悟了，才能說是實證般若的菩薩。然後開始轉入內門來廣修六度萬行，在實證之前都只能夠外門廣修六度萬行。

在十信滿心進入初住位，一直到第五度禪定度之前的修學，都不會產生六識論、八識論究竟是哪一種說法正確的疑問；可是到了決心要親證般若的時候，就是走到分水嶺的時節了：看到這兩條河流在這個山頭發源而分成兩條支流的時候，我們到底是要隨從哪一條河流繼續走下去才對呢？這時候就要仔細判定了。可是八識論這一條路看起來似乎不大，六識論這一條路看起來卻非常寬廣，因爲現代佛教界普天匝地都在六識論邪見裡面混，不論哪一個大山頭、哪一位大師全都是六識論者，所謂的開悟都是以意識的離念境界爲準。可是我們正覺這二十年來一直努力的結果，八識論這一條路雖然不大，卻很莊嚴，如今也越來越寬廣了；現在台灣佛教界—特別是北部—如果有哪個山頭談到誰是可以爲人家印證開悟的、誰是可以幫助學人開悟的，都會推薦說：「去正覺。」爲什麼呢？因爲正覺所顯示的法是那麼不同，非常地不同，而且完全符合經論。

自從我出來弘法以後，就常常聽到這樣的話；今天還有接到一個消息，有人特別交代講堂的義工菩薩說：「請您務必要幫我轉達，我要向蕭老師感謝。」他來買我的書，竟然還要感謝我，爲什麼呢？因爲學佛幾十年來都還不知道什麼叫作佛法，甚至於連解脫道的內涵都還不曾眞的懂；他讀了蕭平實的各部書籍以後才不過二、三年，竟然覺得比以前學佛幾十年學得更多；比起以前十幾年的努力修學，現在這二年的進步更多；如今終於把整個佛法的脈絡弄清楚了：原來唯一佛乘裡面函蓋了三乘菩提妙法，原來成佛之道的內涵與次第就是如此。他終於弄清楚了，好高興。其實感激我的人很多，包括被我拈提在書中說他不對的人，他心裡也是感激的；但是口裡一定要罵，因爲若是不罵的話，徒眾可都跑光了。這可是老實話，我也體諒他。

這意思就是說，正覺的八識論這一條路雖然不大，卻是平坦而不崎嶇的；那些大山頭們開出來的六識論大路全都是百米寬的大道，可是那整條路上全都是碎石塊，又是到處都有大石塊，一堆又一堆，走上去總是很辛苦，每天都是走得很累人，因爲每天要跟妄想雜念對抗。一個沒有語言文字的妄念就是一個小石頭，一句有語言文字的妄念就是一個大石頭；如果是成串的妄想或是一大堆邪見，就等於無量的大小石頭鋪在百米路上面；所以他們六識論的百米大道，可都是這裡一顆、那裡一顆石頭，這裡一堆、那裡一堆的大小石堆；路上滿是土堆、沙堆、石頭堆，走起來很辛苦。但我們正覺這一條八識論的路，雖然只有六米寬、八米寬，路上可是金碧輝煌又很精緻，而且路途平坦，既芳香又柔軟，一路上走起來好舒暢，所以現在台灣佛教界開始喜歡走這一條路了。這叫作佛法精品之路，因爲所有佛法都等著你一一親證而獲得無邊的法喜；那條六識論的百米大道卻是劣品之路，一路走來沒有眞正的佛法可證，路上處處是外道的邪見；不然就是以定爲禪，錯把修習外道定當作修學佛門般若。

所以眞正學佛的人，在修學靜慮的時候，應該先分清楚該學什麼樣的靜慮？什麼樣的靜慮可以使人修成禪宗看話頭的功夫與參禪的正確知見？學到第五住的靜慮修學圓滿而進入第六住位的時候，就要去探討什麼才是正確的法？就是要先探討般若的實證究竟是要證什麼？若還沒有先把這個分際弄清楚，面對八識論與六識論的不同法義都還弄不清楚，如何能夠談到要走哪一條路呢？所以，在進入實證之路以前，要先去選擇：「**我要走八識論的路？或者要走六識論的路？**」走六識論之路，結果就只能證得意識境界，只是世間法，全都是相似像法；走八識論之路，才能證得第八識實相心，現觀眞如法性，才能實證般若，才是眞正的佛法。

所以眞的要走上實證之路以前，就要先去抉擇：到底怎麼樣才是最正確的、最快速的可以實證的法？那麼，要去作抉擇之前，當然要先收集很多資料，而我們正覺就是盡量提供更多的資料給學佛的人以便判斷，所以才須要你們那麼辛苦去流通書籍給學佛人，也才須要有那麼多人來協助我把局版書印出來，去書局流通。因爲邪見的說法，以及凡夫位的大師們講出來一般性的說法——相似像法，始終是絕大多數，泛濫了整個佛教界，就好像一百米寬的路一樣，讓人們很容易看見而且走上去。而我們提供的正法就像是一條很精緻的八米巷、六米巷一樣，不容易讓人家注意到。

所以我們若眞的想要幫助當代的學佛人，就是要把這個正確觀念推廣出去。大乘佛法的實證，乃至二乘佛法的實證，都必須要先簡擇八識論的路或者六識論的路；而這一條路若是簡擇錯了就永遠無法實證，包括二乘菩提都是如此。所以，對祖師的開示千萬不要錯會，如果依文解義就錯會了。依文解義的結果，都會像十幾年前、二十年前全台灣的佛教界一樣說：「我們都不要有所求，你來找師父我，要求開悟，那你就是有所求；沒有所求才能開悟，當你求悟時，你就悟不了，因爲你有所求。」還講得振振有詞，而且我們出來弘法以後，那些道場徒弟們向師父求悟，師父都這樣講：「你跟我求悟，就是有所求；有所求就悟不了，開悟是無所求的。」「師父！那我們要怎麼樣修行？」「很簡單啦！你每天早上起床以後，該出坡的出坡，該課誦的課誦，該過堂時就過堂；你不論作什麼都專心去作，都不要求什麼；只要好好地專心去作，這就是開悟的方法。」那麼結果要怎麼辦呢？就是每天四點半打板了，就起來盥洗，然後就課誦、出坡，早齋後上了大殿就一直打坐，求離念。

可是，他坐了十年、二十年以後，有一天突然醒過來說：「我這樣沒日沒夜地坐，到底智慧有沒有開發出來？」才發覺說：「原來我跟剛出家的時候一樣，般若智慧都沒有進步，經典照樣不懂，公案一樣朦朧。」不知道該怎麼辦。這時候突然聽到人家說：「禪宗公案是可以眞懂的，是可以實證的。」這一下想起來就問：「你在哪裡學的？」「我在正覺學的。」「正覺？我才不要去，因爲我師父說那是邪魔外道，是居士說法，叫我們連讀都不許讀，不然會中毒。」可是有智慧的人應該求中毒，因爲這叫作法毒。正如《大法鼓經》中說的法鼓之毒，人家想要都還求不到呢！這種能殺死邪見、邊見的法毒只要一上身，那就所有的我見細菌以及邪見邊見等病毒全都要被殺光。眾生，連自己這個眾生也要被殺死，因爲中了法毒了；也就是說，那時我見一定會斷除，那不是正好叫作死透了嗎？

所以「應無所求」眞的不容易懂。一般人，上從大師下至販夫走卒，只要一讀了佛經，都會誤認爲是要覺知心自己應該無所求，其實都誤會了祖師們的意旨。能夠像我們這樣子，證得無所求的第八識實相心，覺知心應無所求而依止於無所求的眞如心，然後不妨繼續有所求：求眾生得證悟，求人天得安樂，求正法得久住，求法輪能常轉。無妨如此繼續有所求，但其實是對世間法都無所求的，因為都不是為自己在世間法上的利益來求。這樣事相上照顧到了，理上也照顧到了，道業就因此而快速的進步。但你走的不是百米寬的繞遠路的亂石大道，走的是八米寬的精緻而筆直的捷徑。這樣實證的菩薩自然就不取善也不捨惡了。善人要度，面對惡人呢？絕對不會說：「我不度你這個人。」只是說，這一世沒辦法度他，就留到未來世去度。到了未來世，只要對方得度的因緣成熟了，他已經沒有障道之業，那時就得要度他。菩薩如果看見一個人，知道他三百劫前謗法下地獄，現在才回來人間，就說：「我才不要度他。」如果這樣想，就不是菩薩。反而應該是看到人家從地獄道輾轉餓鬼道、畜生道而回到人間來，只要有因緣時就要告訴他：「你過去世是造了某某業，所以你這一世要求正法的實證，會有很多遮障；但是你要如此堅定其心、鞏固心智，無論如何困難都要能夠安忍，不要再犯了過去世所曾造的惡業。」應當這樣作。如果真的不行，對方的不好習氣又現行了，才一聽到如來藏妙法又開始毀謗了。那你沒辦法度他，轉不了他，只好暫時捨了他，但是要給他一點教誨，告訴他說：「你謗如來藏是有後世重大因果的，未來無量世中求證佛道時也將會有許多障礙。」你得給他一點教誨，讓他心中生疑而不再毀謗妙法，讓他在死前懂得懺悔而把謗法的種子除掉。不能夠說：「你是個不可救的惡人，我一定會記住你；未來世若是遇見了你，我也不要度你。」像這樣的人就不叫作菩薩，要叫作凡夫了。只有凡夫才會這樣，因爲世間聖人尚且不記隔天的恨，何況是菩薩。世間法中的聖人，今天也許把你恨得很厲害，可是明天一覺起來，他又放下這件事，跟你和好如初，不再記恨了，所以最多就只記恨一天。但菩薩是沒有記恨的，菩薩只有失望與不失望的差別。失望了，就說：「這一世度不了他，留到下一世再度。」或者是未來幾百劫以後再度他，因爲明知道他不可度，明知道他死後一定要下地獄，回來人間至少要等到一百劫以後。所以，當菩薩能夠證得無所求的心而轉依了，漸次修正自己覺知心的心行，把如來藏中覺知心的種子漸次改變轉依了以後，最後就是不取善、不捨惡，淨穢兩邊俱不依怙；都不會求善淨法來作爲自己的依怙，也不會惡向膽邊生，去求惡法來幫助自己、作爲依怙，這樣就是「達罪性空」。

菩薩到這樣的地步，通達了罪性本來就空，這時念念不可得，因爲無自性的緣故，只剩下實相法界作為所依，所以才說「三界唯心」。可是話說回來，「達罪性空」，眾生還是一樣誤會。所以，假使某一個大師作錯了事，有人私下規勸說：「師父！這種事情以後不要再作了。如今您已經作了，要怎麼辦？是不是要懺悔？還是怎麼樣補救？」這大師竟然說：「達罪性空，念念不可得，你還在講我有什麼罪？」他反而責備徒弟，說徒弟是落在分別心裡面了，反而要求徒弟別再生起分別了。

這種誤會不是古時才有，現代也如此；我十幾年前，曾經聽一位同修講過，說他以前跟一位比丘尼師父學法，有一天吃飯的時候，那比丘尼師父故意端著一碗好料放在餐桌的中央，就這樣一起吃飯；但那一碗好料又臭又難看，就是狗大便，這徒弟當時吃不下飯。他後來說，他當時根本吃不下，因為往餐桌上要去夾菜時，就會看見那一碗狗屎。可是，他師父說：「你應該要能夠不分別，要平等看待，才能修成無分別心，你的修行才會好啦！」好了，現在問題來了，我跟他說：「你當初有沒有問你師父說：『師父！妳夾菜時為什麼都不會夾到那一碗屎？』」他說：「我沒有想到要問這一點。」我說：「你還眞笨欸！」當他的師父伸出筷子都不會夾到狗屎時，請問：「到底她有沒有分別？」（眾答：有。）有嘛！因為他師父夾菜時都不會夾到狗屎。這是佛門裡面眞實發生過的故事，我不是講笑話。這就是說，大家都是誤會了，才認為這個也空、那個也空，既然都空，屎也可以吃嘛！那她應該自己有時也吃到狗屎才對嘛！可是她分明沒有吃過，連夾菜時都不會夾到。這表示說，她不知道自己所說的話是違心之論，她不知道、也警覺不出來。

今天諸位聽到這個眞正的故事以後，假使還遇到有誰沒有像那位比丘尼那麼惡劣，只弄來一盆臭爛的花或者植物放在餐桌上，告訴你不要起分別，你就要懂得要問：「師父！你為什麼都不夾那一盆爛掉的花、爛掉的菜來吃？」你就要問喔！我想他如果聰明，就會知道：「我還是有分別。」那你就度了他。所以「違罪性空」不是只在口頭上講的，也不是從覺知心上來講罪性空，因為覺知心一定會跟罪性相應。假使覺知心不跟罪性相應，為什麼一天到晚在那邊嘀咕著說「人生眞苦」？就是會跟罪性相應，因為覺知心一定要跟六塵相應，而罪業的報償就在六塵中的六識身上實現。這樣一來，覺知心怎麼可能不跟罪性相應呢？所以，從覺知心的立場來看，罪性絕對不空。

假使從覺知心的立場，也可以說罪性空，我就要問他：「請問，你快樂的時候樂空不空？」他一定會說空，因為他不知道後面我要問苦，他一定先說空。我接著再問：「當你在捨壽的境界中，不苦也不樂的時候，那個時候是不是空？」他還會答空，可是答完了，他就知道答錯了，因為他知道我接著要問苦，我說：「你正在苦的時候空不空？」他如果說空，我馬上當眾一巴掌給他，讓他當面被羞辱，看看這時候的苦是空或不空？他如果眞的空，應該不會臉上一陣紅、一陣青，對不對？一定是不會生氣的嘛！可是他顯然硬壓著，所以臉上一陣紅、一陣青；因為要堅持是空，所以不能生氣；被打了也不能生氣，要壓著。當他強壓著的時候就會臉紅脖子粗，等一下越想越氣，就變成整個臉色鐵青。那他到底空或不空呢？顯然不空。

如果這樣激烈的手段還不能使他警覺，不然，我就拿出原子筆來，望他手上一戳，看他痛不痛？他一定不可以說痛，因為若是說痛，顯然他就不空了，對不對？這一招，以前禪宗六祖早就用過了；六祖對神會就是這樣作的，因為神會口裡都是說空，就說「亦痛亦不痛」，六祖拿棍子用力打他，問他痛不痛？當然痛啊！但是口裡又要說不痛，因為一定要說「痛就是不痛」才對。可是口裡說不痛，身子明明就很痛，所以六祖就要罵他了。對不對？《六祖壇經》裡面有記載的嘛！六祖眞的打了神會，那正是神會禪師悟前的糗事。所以「達罪性空」的義理，一般人自以爲悟時也都是誤會了。眞正通達罪性空的人，是餓的時候說：「我肚子餓了。」他不會強說：「我不知道我肚子餓。」不知道肚子餓，竟然還要去吃飯？可是當證悟者說：「我肚子餓了。」人家問他說：「那你不是已經有分別了嗎？」他說：「我知道肚子餓的時候，還有另一個心不知道肚子餓；我依止於祂，所以我在分別肚子餓時，也是沒有分別的。」這樣才是眞正實證的佛法。要這樣著，般若才能通。

所以，「達罪性空」是覺知心從如來藏的立場來說罪性本空，因爲不管造了多大的善業、多大的惡業，去到未來世享受那個大福報，或者去「享受」那個大惡業的時候——不情願地享受的時候，如來藏還是不受苦痛或快樂的六塵，哪裡有罪性可說？實際理地眞的沒有罪性可說，這樣才能夠說他已經通達了罪性空。正因爲通達罪性空，才會知道將來因緣際會的時候罪福等種子流注出來，就不得不去領受那些業報，那個罪福等果報就都逃不掉了。有智慧的人親見這個將來必然會發生的業果時會怎麼樣應對？會趁著能夠轉業之前去趕快轉變，把福業保留著不要用掉，積集成佛的資糧；把罪業設法補救消弭掉，不要等到未來世罪業現行時再來怨天尤人，這樣才是眞正通達罪性空的人。

也就是說，通達罪性空的人，他一定也知道現象界裡面的五陰十八界是罪性不空的，但是他卻有智慧而會這樣說：「從五陰十八界來講，罪性也空。」爲什麼呢？因爲造了善業是這一生的五陰造的，造惡業時是這一生所造的；未來世受苦的五陰卻不是這一世的五陰。當你現在正享受法樂的時候，並不是你上一世那個五陰來這一世享受；上一世的五陰只是幫你作下這個好因緣，讓你這一世可以來正覺享受法樂；所以上一世那個五陰雖然不是這一世的你，還是跟你有關係。但是因爲上一世那個五陰種下善因，讓你這一世的五陰獲得善果可以證悟；前世那個五陰既不是你這一世的五陰，當然你也可以說罪性、福性本空。上一世誰造了惡業，在人間殺人放火、殺人越貨，無惡不造下了地獄；在地獄裡則是另一個未來世的五陰，不是這一世的五陰去領受，因此從現象界的五陰來講，還是可以說罪性本空——當你有智慧時就可以講得通。若是沒有函蓋現象界與實相界的般若智慧，就不免會講錯而被人挑毛病。

也許你哪一天入了定或者在夢境中，看見了你上一輩子那一把臭骨頭在某一個地方清楚分明，那你要不要去跟它掃墓？（有人說：不要。）不要哦？要！不但要去跟它掃墓，你還得要禮拜它，因爲正是它那一世很辛苦，才有你這一世的道業成就。所以人不應該忘恩負義，對別人尚且不該忘恩負義，何況是對過去世自己的那把骨頭，更不應該忘恩負義。所以，你如果衍生下來的話，可以說：「**我看見了去年的生活照，我去年正式受了菩薩戒成爲眞正的菩薩，而我今年眞的開悟了。**」你也無妨把去年受菩薩戒以後去照相館拍攝的相片，供在案上自己禮拜也可以，也不過分啊！你要每天上香供養它，也可以啊！即使那是供養自己，也可以啊！如果不是去年的你，還有今年的你嗎？對別人都不忘恩負義了，對自己怎麼可以忘恩負義？就是說，你通達了罪性空的時候，你怎麼樣去把函蓋面增廣，增廣了以後就可以說：「**我通達了罪性空。**」否則就不能夠說通達了，因爲如果剛悟了，只能夠說「**我知道了**」，還不是通達。從如來藏來看，根本都不受了，那當然罪性空。可是換到現象界來就不會講了，那怎麼叫作菩薩？要成爲摩訶薩得要能夠翻手雲、覆手雨，結果都對，與現象界、實相界的事實都符合。世間人若是翻手雲、覆手雨，人家就會開罵；可是菩薩怎麼翻覆都對，大家歡喜信受，不會罵。因為你通達現象界、實相法界，兩個法界你都通，這樣才眞正「達罪性空」。

到這個時節，人家問你說：「你悟後，怎麼樣精進修行呢？」你就說：「我每天吃喝拉撒。」「這樣也叫精進修行？」「對啊！這樣就是精進修行。」「那你豈不是妄念一大堆？」「對啊！妄念一大堆。」「那你不如我，我每天都打坐，我都離念。」你就說：「你那個離念不如我，我念念之中都不可得，你是念念都具足分明。」因為你從如來藏的立場來看，那妄心一念又一念無量無邊，可是跟實相法界如來藏有什麼相干？你儘管為了利樂眾生而打妄念，但你所轉依的如來藏仍然是無念；你把不念心如來藏抱著，祂從來無念，而你一天到晚打妄念卻可以跟人家說：「我依舊無念。」你可以這樣啊！但他們不是，他們是抱著自己，不是抱著永遠無念的如來藏；而他們自己是一天到晚打妄念的，那當然不能夠說念念不可得。所以他們若是想要念念不可得，就只能從事相上來說：「前念已經過去，現在這一念也正在過去，未來的念還是一樣會來，也會隨即過去，所以都不可得。」那他當然要被祖師打幾棍，因爲祖師說的念念不可得，是講實相心念念不可得。

好，這樣子念念不可得，也就是函蓋了實相法界跟現象法界。從實相法界如來藏來看，妄心所起的種種妄念都不可得，因爲跟祂不相干——那些念都只跟妄心相干，眞心如來藏從來不了知那些妄念。可是妄心儘管有無量無邊的念，菩薩依止於所證的這個如來藏實相心，回過頭來看妄心自己有各種念，也說念念不可得，因爲意識心中的一切妄念都是生滅無常、無自性。所以不管怎麼樣，通達了罪性空再來看一切念的時候，從實相法界說一切妄念的自性不可得，回頭從現象法界來說這些念，也是自性不可得。

總結起來，一直在打妄念的覺知心，仍然要依附於實相心才能打妄念，這樣來說這個一天到晚打妄念的覺知心，其實還是含攝在如來藏心裡面；十方三世一切法界，不管去到什麼世界，也都是由這個實相心來成就。如果沒有這個實相心，就沒有一切五陰世界、山河大地世界以及天人的世界，統統不存在，所以講三界唯心。眾生下了地獄還是由這個心來出生地獄身，地獄身仍然不能離開這個心去受苦。所以，地獄眾生如果有能力，他應該說：「我趕快離開這個實相心——我趕快死掉，就不必受苦了。」這個道理講起來，好像很有道理，但只是凡夫會覺得有道理，實際上卻沒道理；因為那該受報的業種還沒有報盡，所以假設他懂得自己這個心何在，捨了業身而死掉了，地獄裡的業風一吹又活過來，又繼續受苦。業風從哪裡來？從自己的如來藏中生出來的，不是別人弄了業風來吹他，是他自己的如來藏又生起一陣業風來吹他，於是他又醒過來再繼續受苦了。所以不管怎麼樣，菩薩知道這個因果業報的眞理，都不要怨天尤人。那麼，這樣才是眞正懂得三界唯心的人。

馬大師接著說：「故三界唯心，森羅萬象，一法之所印；凡所見色，皆是見心。」森羅萬象，就是包括人間、天上、地獄、畜生，一切有情世間的各種萬象，都是擺在那邊；人間有各種萬象，畜生世間也是如此，餓鬼、天道、修羅乃至地獄的世間都是如此，都是森羅萬象；可是這森羅萬象之中——三界裡的森羅萬象之中，有一個法是可以全部印定的，這個法叫作佛心；這個佛心是一切眾生各自都有的心，所以有時候又把這個佛心叫作眾生心，因此在經中有說：心、佛、眾生，三無差別。眾生眞正的心就是這個心，沒有第二個眞實心可得，覺知心則是生滅性的妄心。這個如來藏法，一法就可以印定一切境界相；所以凡所看見的各種色塵、各種物質，都是見心；因為你看見色塵的時候，那色塵也是你的自心所變現的。假使有人今天是第一次來聽我講經，這時大約會在心裡說：「你蕭老師亂講，明明我看見你，你坐在那邊，是在我的心外面的，怎麼會是我自己的如來藏變的？你又不是我如來藏變的。」在心裡面還講得振振有詞。我現在就剖析給你聽，因爲你根本不曾看見外色塵；接觸到外色塵的是你的自心如來藏，可是祂又看不見，祂是觸而不見、視而不見。但是，覺知心從來沒有接觸外色塵，凡所看見的色塵都是你的如來藏依據外色塵變現的內相分的色塵，這就是佛陀在《阿含經》中說的「內六入」，你的識陰六識只能看見祂所變現的內六塵，所以你的所見一切色，都是見自心。若不是如此，你十八界裡的六塵就是外塵而不是你十八界中的六塵了，是不是？因此你所見的還是自心。

但是問題來了，馬大師又說：「心不自心，因色故有心。」有沒有聽過一句話「刀不自割」？有沒有？經中就用這個「刀不自割」來譬喻第八識心，因爲這個心不像覺知心。我們覺知心會常常向外去攀緣，有時候會向內來返觀：「我現在眞快樂，我是不是正在享受好吃的、享受好看的、享受好用的？」有時候返觀自己確實正在享受或者自己正在受苦，唯識學中說這叫作證自證分；可是實相心如來藏從來不返觀祂自己，當祂正在執行因果時，祂也不理會自己在作什麼，祂從來都不返觀自己。所以你悟得了祂以後，你告訴祂說：「欸！如來藏啊！我找到你了！你正在這裡幹什麼，你知道嗎？」祂根本不回應你，因爲祂沒聽見，祂更不會去返觀自己。所以馬祖禪師說「心不自心」，就好像刀子專門去割別人，不會割自己。如果兩把刀，就兩把刀相割，這兩把刀也都不會割自己。

藉這個譬喻，我們就有話講了，凡是一天到晚爲了自己的利益，爲了照顧自己的面子，不管世尊的法義存亡，不在法義上面論辯，專門在事相上指責別人說：「你不對，他也不對，大家都不對，只有我對。」他其實都是在割別人。都在割別人的，當然是妄心。如果轉依如來藏的人，他絕對不爲自己的利益去割別人；如果不得不去割別人，那是爲眾生的利益而不是爲自己；因爲他轉依如來藏，如來藏從來不會返觀自己有利或是無利，如刀不自割，這就是如來藏的體性。那你說：「如來藏都不返觀自己，祂會不會觀察別人在幹什麼？」也不會，無始劫以來就不會，不是修行以後才不會。這就是禪師說的「心不自心」。

那麼，眾生想要找到如來藏心的時候，不可以吩咐如來藏說：「**你趕快把你自己找出來。**」不可以這樣，因為祂從來不返觀自己，你怎麼可以要求如來藏找出祂自己？如果可以這樣的話，古時祖師們悟前也就不必江西、湖南二處來往奔走，如今自然也沒有「走江湖」這句話了。那麼辛苦幹嘛？每一個人都只要吩咐自己的如來藏：「**我的如來藏，你趕快把自己找出來，告訴我。**」事實上不可能這樣，如來藏也不會想要找到自己這個心。能夠知道三界中有這個心，得要出生了色身，如果沒有色法，就找不到這個心了。所以，如果想要開悟般若，千萬不要生到無色界天去；因為生到無色界天去，只有一件事情可以幹，就是每天一念不生；連色身都沒有，每天一念不生地住在四空定裡；最差的空無邊處的一念不生，壽命最長可以到一萬大劫，然後再下來人間從頭再開始。假使他沒有惡業，功夫最好的非想非非想定者，生到非想非非想天，壽命最長的是八萬大劫，在非非想天死了以後才回來人間從頭開始。且不說一念不生活個八萬大劫，只要一萬大劫，你在正覺同修會裡已經修到難以想像的地步去了，他八萬大劫下來人間還要從頭開始學起。因為他沒有色，沒有辦法來找到實相心。

在人間最好了，因爲菩薩不太喜歡去天上弘法，所以在天上弘法只有兩個地方：一個是兜率天彌勒內院，另一個是色究竟天。釋提桓因說法，我想你就甭聽了，因爲他的善法堂講的大多是人天善法，所以不要求生一般的天界。至於三惡道呢，你想要遇到一位菩薩都很困難，因爲大菩薩總是要先衡量：「我若是去三惡道度那些眾生，他們有沒有可能開悟？」要先衡量啊！去到那邊，例如去畜生道，畜生有兩類：一類是一天到晚要爲人類工作而不得暇，然後老了、死了；另外一種是一天到晚在找食物，如果不必找，就是被人家養的，不自由。總之，畜生如果不是被養的，長大了以後每天得要找食物。如果是被圈養的，長大就被殺掉吃掉。菩薩見了就想一想：「我去畜生道幹什麼？」當然不去。如果發願生在餓鬼道、地獄道裡，那更苦了！去那邊，有誰能有時間來跟你學佛？也許你說：「我去餓鬼道，餓鬼道裡還有一點鬼通，總聽得懂我說法。」然而問題是，他們沒有時間聽你說法，餓鬼們一天到晚要到處去哪裡找看有沒有膿痰可以吃，而且找到了也還要努力去搶欸！哪有時間聽你說法？三惡道的眾生，大多是緣不夠的人，那麼菩薩當然不去那裡弘法。所以一旦往生到那邊去，想要開悟是很困難的；他們縱然有色，也是很難開悟的。

那麼，有色而且能開悟的就是人間最好，所以人間勝過天界、勝過三惡道，因此菩薩都不樂於生天。什麼時候可以生天呢？假使哪一個徒弟可以把整個正法承攬下來，他有那個能力，也願意把重責大任承攬下來，你想：「好啦！**這個世界正法無憂。**」那你就可以去色究竟天了，不然就去兜率陀天。否則的話，你就繼續留下來，因爲這裡修集福德最快。不管去哪裡修集福德，都沒有比娑婆世界的人間更快的。所以，如果發願去極樂世界，見了彌陀世尊就趕快禮拜，完了就立刻 say goodbye，要馬上回來，因爲這裡修集福德最快。如果說道業進步太慢，不然就請彌陀世尊特別扼要的爲你說一說，讓你很快就得無生法忍立刻回來，也許還來得及承事彌勒尊佛下生人間。由這裡修集福德最快，所以這裡最好。這裡的眾生好在哪裡呢？有菩薩願意在這裡弘法，而且有色身、有覺知心，就可以有色與心來返觀這個實相心，但這個實相心是被證之標的，祂是不會把自己找出來讓你開悟的，因此馬大師說「**心不自心**」。在無餘涅槃中一樣不可能找到這個心——如來藏不會自己找自己，你得要藉名色，特別是有色才容易證悟，無色很難悟，因此馬大師說「因色故有心」。如果不是有色陰在人間存在，你想證悟如來藏，門都沒有——一點點機會都沒有；所以才說：「心不自心，因色故有心。」

「汝但隨時言說，即事即理都無所礙。菩提道果亦復如是，於心所生即名爲色；知色空故，生即不生。」諸位可以從馬大師這一些開示去瞭解，馬大師絕對是宗教俱通，否則怎麼可能這樣講。光是通宗而不通教，不可能這樣開示，光是一句「心不自心」就要想上老半天了，何況是「見色即見心」，這要怎麼說？所以馬大師絕對也是通教者。接著他說：「你悟後只要隨時隨地爲人家說法就可以了，」因爲這話是交代百丈大師：「你在爲人說法的時候從事相上、從理上來說，都可以無所障礙；那麼要努力進修菩提道果，也是一樣的道理，對於心所生的，你就把它稱之爲色。」意思就是說，色陰是實相心如來藏所生的。以前誰敢說色陰是心所生的？都不敢，因爲他們都是落在覺知心裡頭。色陰正在出生的時候，他的覺知心還不曉得在哪裡呢，他怎麼敢說「我的色陰是我這個覺知心生的」？講都不敢講，因爲講了也會知道自己是心口不一。但是禪師卻可以這麼說：「於心所生即名爲色；」毫不遲疑。如果落在覺知心裡面，他想要講這一句話的時候，心裡就要不斷地猶疑：「我到底要不要講這句話？我要不要講？」於是這一句話來到喉嚨又嚥下去，換另外一句話來講，因爲他們所悟的離念靈知無法出生色陰。

如果懂得色法即是空，那麼當下有生的時候，就已經是不生了。色陰存在的當下，還沒有壞掉——還沒有空掉，就已經是空。爲什麼是空？因爲色陰是心所生，而這個眞如心是空——不牽掛一切法，所以說色陰也是空，不然《心經》爲什麼要說：「色即是空，空即是色；色不異空，空不異色。」如果單講「色即是空，空即是色」，人家一定會亂解釋一通：「因爲色陰是無常、緣起性空，所以就是空，緣起性空就是空性。」可是《心經》卻同時告訴你說：「色不異空，空不異色。」不是把色壞了叫作空，而是色陰存在的當下就是空，所以叫作「色不異空，空不異色」。所以這個《心經》害死了好多大師們，你看印順派那一些六識論的大師們都不講解《心經》，更別想他們註解《心經》。他們之中假使有人講解《心經》，就一定要先把祂扭曲作覺知心或直覺的心，印順不就是如此嗎？可是他扭曲了以後寫了出來，就得要小心了，因爲我們正覺裡面有好多金毛獅子都會咬他，那時只會更加凸顯他的無知，更無法獲得人家稱讚他是有智慧的人。所以，悟了實相心而通達了，就可以隨時言說，即事即理都沒有障礙；任何障礙都不會存在，因爲橫說豎說東拈西提全部都正確。

這樣知道了「色即是空，色不異空」的人，他知道在色陰存在的當下，就是如來藏了；但是如來藏卻又不是色陰，這個時候就可以說「生即不生」了。五陰身心是有生的，這有生的五陰身心存在的當下，自己的眞我如來藏就已經是不生的了。這五陰身心到了年老捨壽壞了，實相心如來藏眞我還是不生——死了滅了只是五陰，眞我如來藏還是不死所以未來世無生；因爲實相心如來藏在這裡顯現，這五陰身心本來就攝歸如來藏所有，而如來藏攝受了五陰，所以五陰有生滅，卻只是在如來藏心體的表面生生滅滅：此世這一個五陰離開了，又換下一世另一個全新的五陰來，始終在明珠如來藏的表面來來去去，所以說「生即不生」。

如果開悟只是證得離念靈知，能這樣講嗎？等他生了一場重病，或者不小心跌倒了，或是遇到仇家，被對方一記悶棍打了，悶絕過去了；當他在悶絕位中，你就一直跟他講：「你現在是生？還是不生？你這個覺知心生、還是不生？你的覺知心何在？」等他醒來了，你跟他說：「剛才我跟你問那些問題，你應該回答我了吧！」他一定說：「你哪有問我問題，剛才我悶絕了，都沒有聽到。」你說：「喔！原來你這個離念靈知心是有滅的，剛才不在了；所以我剛才跟你講了那麼多話，你都沒聽見。」你就拉著旁邊的某甲說：「某甲！我剛剛有跟他講話，對不對？」某甲證明：「有啊！」「你看！某甲證明我有對你說話啊！我有跟你提出問題，你現在連我問你的問題是什麼都不知道，顯然你的離念靈知在那個時候是滅了而不存在。」他如果有智慧，這麼一聽，知道了：「我該轉個彎了，不要繼續待在六識論裡面。」他離開六識論，就會回歸正法了。所以馬大師說：「凡所見色，皆是見心。」能夠這樣如實見的人，以第八識一法就可以印定一切法；以實相心如來藏這一法，就可以印定三界一切法。那麼這時「即事即理都無所礙」，明明有生的時候，他可以說無生；明明有滅的時候，他也可以說是無滅，因爲已經轉依於無生無滅的第八識實相心了。

所以馬大師說：「如果能夠了達這個心，才可以隨時著衣吃飯、長養聖胎，任運過時，除此以外還有什麼別的事該作呢？」馬祖大師這一句開示，我想要請問各大山頭那一些堂頭和尚們：眾位大師們！能不能依他的開示一樣隨時穿衣吃飯、長養聖胎、任運過時？當然都不行！因為他們都落在離念靈知而不離識陰境界，根本不知道實相心何在。那這樣子，他們應該怎麼樣？應該「如救頭燃」趕快來正覺修學。可是，那一層很薄很薄的面皮卻撕不下來，從來不曾想過要來正覺修學，只能各自偷偷組織專門研究正覺法義的小組，神祕地暗中研究我們寫出來的書中法義。對我們來說，這一層面皮怎麼秤都秤不了一兩、二兩、三兩重；但他們的面皮，那可不得了，他們很看重，所以他們的面皮可能有兩斤、三斤、五斤重。這是什麼意思？（有人回答：……）大聲一點！正是你說的那三字啦！因爲：馬大師的開示，他們又不是沒讀過，爲什麼還要如此看重面子？面子很輕，一點都不重欸！可是他們的面子竟然很重，那當然是很厚的，這還用說？所以，眞的要先明了此心以後，才可以隨時隨地，不管穿衣吃飯都可以，就在穿衣吃飯之際也同時是在長養聖胎，不必每天盤腿在那裡辛苦打坐保持離念。到了這個時節，任運過時，什麼都不必管，只是爲眾生一直去作就對了；緣熟了——也就是爲眾生作事而使福德足夠了，自然就會往上又跳一級去了；就這樣子任運過時，還有什麼事呀？沒別的事了。

接著馬大師吩咐百丈禪師說：「你就領受了我這個教導，聽我送給你一首偈：『心地隨時說，菩提亦只寧；事理俱無礙，當生即不生。』」是說這個眞實心如來藏的境界（地就是境界，是指所住的那個境界），這心的境界隨時隨地都可以爲人家說，因爲他不必用死背、死記的。如果是聽來的，就要筆記，也得要背得很清楚，不然就不能開口。一旦忘了就不能開口，因爲一開口就會講錯，家裡人就會抓他的包。所以馬大師說，眞正悟了、通達了，心地就可以隨時說：這個心的境界是如何如何……。他都可以講，因爲一面看著這個心一面就講出來，所以不會講錯，就不必死記。

你們看電視上大師們在講經，總是一個字又一個字唸出來，不然就是錄影的時候，在錄影機下面放一個大螢幕，他就看著大螢幕，把預先寫好的內容唸出來，怎麼可能像馬大師說的「隨時說」呢？可是我們這樣子講解馬大師的開示，講了一個半鐘頭也才講這麼幾行，是因爲：這是我們心裡面的東西，我們就看著祂來講，所以不需要去死記文字；而且這樣子臨場現觀而講出來的法義，都不會前後互相衝突，與幾年前說的都不違背；同時又是會外那些大師們聞所未聞的妙法，但是一定不會講錯。這樣才叫作「心地隨時說」，因爲這是自心現量。實相心如來藏的自心現量都在眼前，而妄心離念靈知參禪後證得如來藏，這個智慧也是離念靈知心的自心現量；所以都從自心現量來說，又何必要死背記憶呢？所以馬大師說：「心地隨時說，菩提也只是這樣而已。」

也就是說，證得佛菩提跟證得二乘菩提是不一樣的。佛菩提的道業增長，就在這個狀況裡面去作、去爲人說法。如果口才不好，沒有關係，就護持有口才的同修們出來弘法。如果自己覺得還可以，但現在還不夠，那就努力增長自己的慧力，把它通達了以後，未來一樣可以「心地隨時說」，這樣就是在增長自己的菩提。也許有人心裡想：「你講錯了吧？修佛菩提道，還得要修四禪八定、四無量心等等。」我就要問：「你到了三地境界沒有？」因爲佛菩提道是這樣的次第，入地之前，你所得的初禪不是修來的，而是因爲心地清淨了，它自然出現的，所以這不是單靠修定而得來的。假使你想要修的禪定等，當然也可以修，但要等到三地即將滿心前才修，這才是正辦。

也許有人抗議說：「老師！那你不是已經修得二禪了嗎？你爲什麼還這樣講？叫我們不要修二禪？」我不是不叫你修，我當初也不是故意要去修二禪，而是那個時候還沒有通達般若——往世的智慧還沒有全部流注出來；我那時是才剛悟後二、三年，我在想：「現在心也明了、性也見了，」那時候正是想要過牢關的時候發起初禪的，可是過了牢關以後，我想我還有什麼可修的？因爲《般若經》我懂，老實講，我不想讀；第三轉法輪的唯識諸經倒是很有興趣，我就很快樂地一直讀；可是光讀有什麼意義呢？我接下來要修什麼？那時候也還沒有通達般若，對於菩薩道的五十二個階位還沒有通達，那時也讀了天台宗智顗法師的論著，被他影響，所以就想：我接著要修禪定了。所以我們《念佛三昧修學次第》第一版、第二版書後的表，都還是悟後要轉修禪定。那是最早期的事，那時還沒有把往世所通達的般若智慧全部回復起來，所以那時候才努力去修禪定；是因爲這樣才修的，是因爲被智顗法師的著作誤導了而去修得二禪的，並不是故意要去修的。所以如果眞要修二禪，是要等到三地以後才去修；就是三地應該修的無生法忍修好了，但是爲了要完成猶如谷響的現觀，就得要修四禪八定、五神通等。但那是三地即將滿心前的事，不是現在。所以佛菩提道，馬祖講的沒有錯：「菩提亦只寧。」佛菩提的證悟就只是這樣而已，就是這樣修，不需要再修別的。因爲二禪以上的禪定，是三地心的事。所以他說：「心地隨時說，菩提亦只寧。」一點都沒有錯誤。

這個時候，事相上的法以及實際理地的法，都通達了，都沒有障礙了，可以很清楚地看見：自己正在生死中的時候就已經是涅槃了。所以，我以前把佛菩提兩個主要道的次第表列出來的時候，是因為通達了才會把它列出來；所以我才會宣講《邪見與佛法》，那是在《宗通與說通》出版前一年多就講過了。我那時候不就講了嗎：無餘涅槃裡面就是如來藏。那時候就已經講了，就是說那時候已經通達了，才會列出佛菩提道的二個主要次第出來。馬大師說：「正當事理都無礙的時候，正當出生的時候就已經是不生了。」不是把自己死了滅了以後不再來三界受生才說不生，而是在生死的當下已經是不生了；不生就是涅槃，這樣才是真正的佛菩提。這跟我在《邪見與佛法》中說的一樣，那麼，請諸位來判斷一下，馬大師有沒有通達教典？沒有通達教典的人能講出這個法嗎？不可能的，因為他所開示的這一些，有許多都是從教典中來的。所以，我們才要主張說：只有糊塗蛋才會說宗門與教門不相干。

接下來，再來談一談宗門裡，在理上是怎麼說的？剛剛馬大師說以一法可以印定一切法，這時是可以說一切法都是無相的，因爲一切法都收歸如來藏時，一切法就是實相心如來藏，所以當然一切法是無相。而如來藏可以印定一切法，不論在哪個世界都是如此。十方無量無邊的世界，你不論去到哪裡，都可以用這一法印定一切法；不但十方世界如此，三世的十方世界也是如此；所以一切法既然都是如來藏，那一切法當然就是無相的，因爲如來藏從來無相，所以說一切法無相。但是這個道理，禪宗祖師也是早就開示過了，完全符合經教的說法。譬如《景德傳燈錄》卷二十五：

【清涼文益禪師法嗣天台山德韶國師　上堂，示衆云：「佛法現成，一切具足。古人道：『圓同太虛，無欠無餘。』若如是，且誰欠誰剩、誰是誰非？誰是會者、誰是不會者？所以道：東去亦是上座，西去亦是上座，南去亦是上座，北去亦是上座。上座因什麼得成東西南北？若會得，自然見聞覺知路絕，一切諸法現前。何故如此？爲法身無相，觸目皆形；般若無知，對緣而照。一時徹底會取好！諸上座！出家兒，合作麼生？此是本有之理，未爲分外。識心達本源，故名爲沙門。若識心，皎皎地，實無絲毫障礙。上座久立，

珍重！」】

我演得像不像？因為這個是我們古時候家裡底事，一天到晚都在搞這件事情。天台德韶禪師有一天上堂，應該是心中有一些感觸，才要講這麼多話；因為天台德韶跟雲門是同一個格調，他們師徒從來都吝於開口的，沒想到今天晚上這麼奢侈，這一上堂便講了一堆。他開示說：「佛法是現成的，一切都已經具足了。」換句話說，佛法不是修來的，是本來就已經具足的，問題只是有沒有能力去加以取證而已，所以說：「佛法現成，一切具足。」

十幾年前有一個附佛法外道，被人家在電視上罵，也弄出了很大一件事情；我就不說是誰；因為跟他一起搞氣功的那個姓劉的徒弟，我也認識，但他並不認識現在的我。那麼，有一次在電視上，他說：「我那個師父教給我的東西，都是我自己身上有的，為什麼他要收我這麼多供養？」看到他在電視上這麼說，我就向我同修說：「他合該跟隨那個外道師父。」因為他不懂眞正的道理，只有自己的才是最珍貴的，所以他們是只懂得練氣功的。話說回來，我要請問：練得來的氣功，那氣是不是自己身上有的？當然是自己身上有的，師父只是幫你怎麼樣去修成而已，難道師父還要灌氣給你嗎？

說到灌氣，有一件好笑底事，因爲我遇到佛法以前，什麼都學，光是談這個練功，最早那時候台灣還在戒嚴時期；那時候最有名的是劉鋤強的科學內功，那時都用函授的，年輕時這個我也練過。接著我練因是子靜坐法，我就依著書中說的如法炮製。接著練山東譚腿，然後又練鶴拳的氣功；那時候很精進，都是早上四點多就起床，盥洗了以後就去練。後來又練過一貫道的九節佛風，現在一貫道裡大概也很少人傳這個東西了。有一次我在長安東路遇見過一個一貫道，他還聽過這個名詞，但他也沒練過。後來我又練過什麼呢？九九神功。什麼花樣我都搞過。

但是問題來了，這只是練氣；其實練氣，氣是無法傳遞的，練成以後都是自己的，無法灌給別人；武俠小說講的灌給別人，只是一種想像。那麼練氣，其實以前我在練因是子靜坐法的時候，那氣就起來了，它會循著經脈跳動。那時我是很早就練起來，後來我全都丟棄不要了，我說，這些都不是我要的，所以丟了就不見了。可是學佛以後，因爲學數息法靜坐，氣又回來了，所以說那本來就是自己的。

曾經有人廣告說：「我可以教你什麼氣功，這個氣如何如何。」那時有的人比較調皮就問那位氣功老師：「老師！你說你能夠教我們把氣練成，你如何證明你有氣？」我心裡面覺得說：「廢話！沒氣不就是死人一個？」可是，人家學生這麼講，氣功老師總得要試著證明啊！他就把整個一班學生都叫過來，把手掌放在學生的手掌上面，大約相隔一寸距離，就說：「你不要動喔！」然後就這樣子運氣說：「我開始放出我的氣呵！你有沒有感覺到？」有的人說有，一個又一個學生都說有；換到了我，我說：「沒有。」（大眾笑…）因為那其實只是心理作用，有什麼用？你又不是眞的有氣吹出來給我。

我這個人就不信邪，但是我也沒有給他難看，我沒有再說第二句話，就當作不知道。他再問下一個人，下一個也說有，大家都說有，就只有我說沒有。這只是一個曾經發生過的笑話，這意思就是說，你練氣，師父教你把氣練成，當然練成的氣是你自己本來就有的氣，難道你沒有氣還能練得成氣功？那氣當然是你自家的。你的師父能幫你把氣練成，你就應該供養他；難道不必他教，你就自然練得成？雖然那只是外道法，學生還是應該供養他，那是世間法裡的常軌。我說，好在那個人沒有來同修會，不然我就一棍把他打出去。因為他是心外求法，想要求得的是外面的東西，而我這裡傳授的可是人人自己家裡本有的實相心。

禪師一向說：「修來的就不是自家珍。」凡是修來的最後終歸要壞滅，因爲是藉修練的助緣而成就的本無之法，都是生滅之法，修練的緣在將來散壞以後就會跟著消失。所以，當然要自己家裡本來有的才是珍寶，那是本有而不曾有生的法；是本來無生才會是以後不滅的法，才是永遠不會失去的。所以，學佛一定要先有正確的知見：本來現成，一切具足，都在自家中。全部都是本來具足，問題只是有沒有辦法把祂找出來、拿出來用。如果你能夠找出來，就是悟得實相法界而有般若了；如果有能力把祂的全部種子具足拿出來用，你就成佛了。所有一切種子，你都能夠操作自如，這樣才算是成佛；這不是所有人作得到的，也不是等覺菩薩作得到的。因爲還有許多種子，連等覺菩薩都還無法去運作的。所以，佛法都是現成的，本來就已經具足的，只是你要怎麼樣一一把祂開發出來而已。所以，如果誰哪一天明心了以後，告訴我說：「這個實相心是我自己的，又不是你給我的，我爲什麼要感謝你？」我就一棒打痛他，告訴他說：「你不必感謝我。但我打你這一棒，你就得要感謝我。」因爲他欠教。眞的欠教，以前我沒有好好教他，現在終於教他了；

當然他挨了這一棒，得要感謝我，因為我現在有教他了。所以不能「心外求法」，應該要求證的佛法都是自己家裡的，不是從外面找來的。

天台德韶接著又說：「古人道：『圓同太虛，無欠無餘。』」說這一個眞實心圓滿地函蓋一切法，如同太虛空含攝所有的世界一樣；不論世界有多麼廣大，全都在虛空中，沒有辦法超出於虛空之外；而我們的身心世界與猶如虛空的如來藏實相心，和合似一，沒有絲毫距離，所以說「圓同太虛」。而這個眞實心函蓋一切法，就如同太虛空含攝所有世界一樣；既然圓同太虛而含攝一切法，當然是無欠無餘，不管你要求什麼法，其實都是在自己的實相心中，本來已經圓滿具足；只是無明遮障，所以無法把它顯發出來使用。既然說「圓同太虛，無欠無餘」，天台德韶接著問了：「如果眞的是這樣，我卻要問問諸位啊：到底是誰欠了、誰剩下？誰才是、誰才不是？誰是會的、誰是不會的？」這當然就要弄清楚，不會就要趕快想辦法體會。既然無欠無剩，本來都具足，那就要想辦法去把祂全部顯發出來。

既然本來都具足，人人都如此，為什麼還要分是非？因為全部都圓滿具足的時候，就不該說有是有非，所以絕對不許說：「他的第八識不是如來藏，我的第八識才是如來藏。」不許這樣講，因爲大家都一樣。菩薩只是找到祂，產生了智慧而已，菩薩的如來藏並沒有比那一條癩痢狗多一分，而那一條癩痢狗的實相心也沒有比那一隻小小的螞蟻多一分，都一樣具足圓滿，所以不該說誰是誰非、誰欠誰剩。那麼，從這裡再要來評論「誰是會者、誰是不會者」，那都已是分外事，因爲那都是現象界中的事。既然本來具足圓滿，一切現成；那麼大家都一樣，會了也只會這個如來藏，不會也只不會這個如來藏，可是大家的如來藏本來都已具足圓滿，所以天台德韶才會提出來問：「往東去也是上座，往西去也是上座，往南去也是上座，往北去也是上座。到底是什麼緣故，上座竟然會成爲東西南北？」今天講到這裡。

上週《實相經》的宗通講到《實相般若波羅蜜經》第十三段，補充資料講天台德韶禪師的開示。上週最後一句說：「且誰欠誰剩、誰是誰非？誰是會者、誰是不會者？所以道：東去亦是上座，西去亦是上座，南去亦是上座，北去亦是上座。」諸位如果有讀完我寫的《公案拈提》，應該會記得這一則公案，我曾經拈過。當時正好有一位專門教禪的大法師，他有一本書，書名好像就是《東西南北》，因爲他一生弘法走遍全球五大洲，常常東西南北到處去。我就拈了天台德韶禪師這件公案，然後把那位大師的書拈提出來。當然同樣的，我還是要問：爲什麼說望東去是上座你自己，望西去仍然是上座你自己？東西方談過了又談南北方，說望南而去是上座你自己，望北而去仍然是上座你自己，爲什麼是如此呢？這裡天台德韶禪師正是這麼問：「上座你是因爲什麼道理卻成了東西南北了？」

禪師家不隨便提問題的，他提出來一定有道理。如果是一般大師聽了，一定會說：「因爲望東去了，還是我離念靈知清清楚楚明明白白；望西去了不論去到多麼遠，仍然是我自己清清楚楚明明白白；且不說東西，即使望南到南方世界去，我還是一樣清楚明白；不但如此，望北方無量世界去了以後，不但是清清楚楚明明白白，而且我還能處處作主。」他說得意氣風發。但問題是，那意氣風發的是誰？有沒有欠、有沒有剩？一定是有，因爲當他東去、西去、南去、北去，去了還嫌不足，還回到中土來看，依舊是這個離念靈知；他一定是意氣風發，所以叫作有剩。如果不足的話，那就叫作垂頭喪氣；因爲意識始終落在六塵境界中，對於諸法永遠都會覺得有欠有剩的。那他意氣風發時，顯然是有剩；問題是，這個有剩有餘的到底是誰？假使有所欠少的，到底又是誰？無非都是識陰！離念靈知從來不離識陰，禪師說的卻不是識陰裡的道理。

禪師說的都不落在識陰中，是識陰念念分明的當下，就已經是無餘涅槃的本際了，就已經是在實相法界裡了，這樣才可以說東去也是我，西去也是我，南去北去乃至回到中土來莫非是我，這樣才能通達般若。所以德韶國師講了這麼多，他說的是：「東去也是上座你的本懷，西去、南去、北去乃至回到中土來，仍然是你上座的本懷，正是你的涅槃本際，可是你爲什麼卻稱爲東西南北？」如果能夠會得這個，眞正會取德韶禪師的意旨，那時才知道什麼叫作「法離見聞覺知」，什麼叫作「見聞覺知路絕」，什麼叫作「言語道斷」。這個時候無妨上了方丈室，跟和尚大呼小叫說：「我今方知言語道斷也。」這話才一大聲講完了，轉頭就走，留下和尚在那邊歡喜一陣子。這究竟是個什麼道理？明明進了方丈室大呼小叫，全是言語，卻敢說他是言語道斷？這又是個什麼道理？如果會得，自然就知道上座爲什麼會成爲東西南北，自然就懂了；從此開始觸類旁通、舉一反三，漸漸地就能通達了，也就入地了。

可是，從這個實證到通達，過程要多久？一大阿僧祇劫的三十心之中，得要走完二十四心，也就是一大阿僧祇劫的三十分之二十四。聽到這裡，也許有人腳底都涼了：「喲！這成佛之道這麼難行，已經入了門，還要走這麼久才能到通達位，才算入地。」再想想看：「後面還有二大阿僧祇劫，這條路可怎麼走呢！」這一下子心寒了，可又退回聲聞道去了，想一想：「這菩薩不是人幹的，我還是回去走我的聲聞道算了。」因爲聲聞道只要一世就可以解決了，最遲鈍的、最執著的也不過七次人天往返就出三界了；可是菩薩道這麼難行，眞的叫作時劫久遠，腳底發涼，於是就退回聲聞道裡去。

可是，再想回來，你又想：「生爲菩薩有什麼不好？」我以前去台中帶第一個禪淨班，帶了三年，因爲講不完所以講了三年。後來那半年，每一次都是連著講三個鐘頭，終於把課程全部講完，因爲講得太細了。可是那三年南北奔波雖是辛苦，想起來卻也沒有什麼不快樂。那時候，還沒有高鐵，都是搭乘台鐵。要南下台中時，一上車後，就把想要瞭解的資料拿來讀一讀、看一看。在台中下了課回來，才一上車，第一件事情就是大家去搬動座椅，四個座位轉成相向，一堆人就往那四個座椅圍在一起，第一件事是發點心。如果是聲聞人，那時該怎麼辦？過午不食，只好乾瞪眼，對不對？我們身爲菩薩，儘管色香味全，就吃它；肚子餓了，眞的好吃。再怎麼不好吃的，菩薩吃起來都很香，都很好吃。吃完了，這算是世間筵席；當世間筵席結束了，接著法筵就開始了，有好多的法可以論議，也是法樂無窮。這樣子三年也是很快就過去了，哪有什麼辛苦？都沒有，還是法樂無窮。但是就這樣子，時間過得很快，一轉眼，我就六十好幾了，眞的很快！以前如果人家說老，我都只想到那是講悟圓理事長的事，跟我無關。沒想到，我如今也六十好幾了，時間好快！

但是就在這麼快快樂樂演說正法當中，依然是言語道斷，還是聞思路絕。聲聞人可不是這樣，聲聞人如果要言語道斷、聞思路絕，他每天得要好好打坐入定，若是不能進入滅盡定，至少總得要進入二禪、三禪去，否則要如何言語道斷、聞思路絕？但菩薩不然，菩薩是在唱唱跳跳乃至弘法聲嘶力竭的時候，仍然是言語道斷，依舊是聞思路絕，這才是親證實相的法界。所以，聲聞人東去、西去、南去、北去，無非見聞覺知；菩薩可好，東西南北走了一遭回來，整個過程都是言思路絕、不聞不見。如果會得去，東去也是上座，南去、西去、北去莫非是上座，何處不是上座？何時沒有佛法？這樣子，才終於懂得正當見聞覺知路絕的時候，不妨一切諸法現前；一切諸法現前時，又不妨涅槃寂滅不離左右，這樣又何必再去進入無餘涅槃中呢？所以森羅萬象許崢嶸，咱家卻無妨依舊是在涅槃寂靜中。森羅萬象吵吵鬧鬧，於我何有哉？這才是菩薩的心境。菩薩住於這個智慧境界中，也就無所謂入涅槃、出涅槃可說了，因為剎那剎那、長劫短劫，無非是涅槃中事：藉諸世間事來弘揚佛法的時候，莫非是涅槃中事，何有寂滅與叢鬧兩邊呢？何曾有一心與散亂兩邊呢？能夠如此，才能夠說已經證得法身了。

但是這個「法身無相」，天台德韶禪師卻又說：「觸目皆形，」觸目所見莫非法身的身影，又說：「般若無知，對緣而照。」你所證的般若，那個眞實體從來不在見聞覺知中，所以都沒有覺知；可是祂很厲害，歷緣對境時鑑照無方、了了不亂。該現什麼法祂就現什麼法，該報償業果時祂就報償業果，絲毫不亂；所以祂眞的很厲害，一切莫非都在祂的鑑照之中。可是同樣這十六個字，實證者的層次有別、智慧即差；怎麼說呢？「法身無相，觸目皆形」，凡夫菩薩說：「我知道了，凡是我所見都是清楚了了而沒有遮障，這離念靈知了了分明時就是法身；因此，當我見聞覺知的時候了了分明時，那我就到了『觸目皆形』的階段，這離一切念而了了分明的覺知心就是我的法身，祂不也是無形無色的嗎？」講得好像有道理，其實沒道理，那叫作凡夫所知的法身。

阿羅漢也有五分法身，他們講的是解脫道上的五法，叫作戒、定、慧、解脫、解脫知見，也有這五分。可是，他們這五分法身是套用大乘法的五分法身去說的，因爲他們結集四阿含的時候，都已經聽過大乘經了，就把大乘經典也一起結集下來，宣稱：「我們這個解脫道就叫作成佛之道。」菩薩當然不滿意，所以阿羅漢們把四阿含定義爲《阿含經》，菩薩們眞的不能接受。阿含又名阿笈摩，就是成佛之道的意思。但問題是，四阿含裡面並沒有談到成佛之道，只有成佛之道的一些名詞，也只有一部《央掘魔羅經》談到大乘見道的內容，至於悟後進修成佛的次第與內涵全都沒有，並沒有成佛之道的內涵。可是畢竟他們聽過大乘經，就把大乘經中說的五分法身也寫下來。但是問題來了，阿含中說的五分法身何嘗有法身可言？因爲都是從現象界的蘊處界來作觀察，觀察蘊處界的自己，同時觀察蘊處界的各種有情無非緣起性空而無常、無我。這樣的法是虛相，有何「法身」之可言？所以他們的五分法身其實沒有法身可說的。

但是菩薩不同，菩薩眞的可以親見法身，因爲菩薩始從初住位修學布施行；當布施度的萬行修完了，持戒行也是修萬行。這樣一世一世來到第六住，熏習般若波羅蜜多，正知正見熏習具足了，終於走入禪宗，因爲這時才終於知道禪宗是進入般若門的最佳、最快大道。進入了禪宗，後來一念相應終於悟了：原來宇宙萬法的本源就是祂。且道，你喚祂作什麼？我喚祂作如來藏。因爲找到祂以後接著深入進修，可以證明萬法莫不由此生：都從如來藏生。所以萬法以如來藏爲身，這證悟明心的菩薩不管去到哪裡，所見都是見此心。所以某甲菩薩來，他看見說如來藏來了；某乙菩薩來了，他也說：「我看見如來藏來了。」阿貓菩薩來了，他也說：「我看見阿貓菩薩如來藏來了。」然後忽然看見一條蛇來了，說：「我要趕快走人了，因爲這個如來藏菩薩帶著那個很不好的五陰來了，我可不想跟牠結惡緣。」那還是如來藏菩薩，說來說去一切都是如來藏菩薩，你到底要怎麼區分他是什麼菩薩？總不能夠說：「『如來藏菩薩』！請你去告訴那位『如來藏菩薩』，我要他作某件事。」那到底誰是誰啊？於是還得要回到五陰來說某甲菩薩、某乙菩薩、阿貓菩薩、阿蛇菩薩。

所以，證得實相法界以後，無妨既在實相法界中，也在現象法界中；無妨是在如來藏境界中，同時又是在五陰的境界中；無妨是在無我的如來藏境界中，同時也在有我的五陰境界中；這樣腳踏兩條船，誰說不好？眞正的佛法就這麼妙啊！如果要用比較調皮的話來說，就說聲聞法好像一夫一妻制，大乘佛法就是一妻二夫或者一夫二妻制，可享齊人之福。到底享齊人之福好不好？那你得要區分清楚說：我如果在佛法中享齊人之福是好的，因爲我既鑑照聲聞、緣覺菩提，也同時鑑照大乘佛菩提，這個眞好啊！如果在現象界世間法中，你可千萬不要享齊人之福，不然可就天下大亂了；而且每當有人爭風吃醋時，你就只有痛苦可言了。這意思是什麼？是說證悟的菩薩所見的法身無相，莫非是見如來藏心——見一切法時莫非見心；乃至獨處無人，於閑居之處修頭陀行時，所見一切色莫非是見心；這是見法身，所以「觸目皆形」。

可是，如果換了十住菩薩，那又不同了；除了明心菩薩所見的「觸目皆形」—觸目無非法身—以外，他同時又遍見山河大地十方虛空，遍及有情、無情莫非是佛性。這也是見法身，而這個法身講的是如來藏自身的佛性，仍然是無形無色，但是卻一樣可以「觸目皆形」。乃至看見某人不小心受傷悶絕了，這十住菩薩都還現見這個悶絕者的佛性現前，無比分明，這就是十住菩薩的眼見佛性。那些凡夫大師們一天到晚在那邊吆喝：「我們見聞覺知能見、能聞、能知、能覺，這就是佛性。」請問：這個佛性是不是斷滅法？因為悶絕了就不在了。可是，那個悶絕的人他自己的佛性，十住菩薩照樣在他身上眼見分明，你說這個所見的佛性跟凡夫所知的見聞覺知的佛性怎麼可能一樣呢？所以這十住菩薩仍然「觸目皆形」，依舊是觸目所見莫非法身，你說明心與眼見佛性的層次會一樣嗎？當然不一樣啦！

不懂勝妙法的人總是說：「我去你們正覺講堂聽過幾遍了，是這一、兩年的事，但你們講來講去都在講如來藏；一個如來藏講那麼久，有什麼意思？」那就表示說，他還沒有入門；因為光是一個如來藏，可以從因地講到佛地，你想如來藏中有多少事？說之不盡，豈能盡知？只有到了佛地才能盡知，並不是找到如來藏就沒事了。在同修會以外，找到如來藏可就真的沒事了，就說參禪事畢，他可以睡大覺去了；每天除了睡覺，沒別的事了，因為不知進途何在，所以覺得滿足了。往前邁進的路途在哪裡，他們都不知道，這是會外的事；在同修會裡面可不是這樣，悟了如來藏，事情才更多。因爲在會外，他店門一打開，就只有一樣東西——黃金，就只是賣金塊；而且那些金塊還是黃銅鍍金的，沒有第二樣貨物了。我這裡不是，我這裡既有金塊，你把它切開了還是金，不是電鍍的；並且還可以有戒指、手環、臂釧、項鍊、金龍、金鳳，不管什麼樣的黃金莊嚴具，我這裡統統都有。假使錢太多沒處花，我這裡還有黃金的夜壺，因爲我這裡不怕資糧多的人無法滿足大願；我這裡叫作如來藏黃金百貨公司，管保悟後學不完。

所以在正覺裡面，悟了以後事情更多，因爲悟了以後才知道說：「原來我要學的東西還有那麼多。」但是不懂的人就說：「我去你們正覺聽了好幾堂課，每次週二講來講去都在講如來藏，難道沒有別的可以講嗎？」我說：「有啊！但是我不想講，因爲那些叫作世俗法。」如果要講家庭和樂、事業順利，那我也會講。去布施的時候多麼歡喜、多麼快樂，我也會講。但是諸位要那個嗎？那個叫作世間法，那沒有智慧到彼岸—般若波羅蜜—可說。可是，眞的要講那些世間法，換到我來講時，我也會講；我講來講去，那些世間法也還是如來藏，不管布施快樂不快樂，都還是如來藏，這就是正覺同修會的法異於諸方之處。

所以，好多人也許現在心裡面正在想：「我明心了，我接下來花個五年、十年拚到眼見佛性，就跟你 say goodbye。」可是，等到他眼見佛性以後，卻說：「我的見性怎麼跟你不一樣？」因爲他終於發覺說：「我眼見佛性了，可是我在監香的時候，我怎麼感應不到這些眾生的事情呢？」對啊！本來就是不一樣，不然佛陀爲什麼要區分見性的四種層次呢？當然有所不同。這一下，心裡面很洩氣，因爲本來想，見性以後就可以跟蕭老師說再見了，沒想到還是講不了。因爲見性以後，還有很多的事在等著你，這就是微妙而又深廣的佛菩提道，不是小根小器的人可以想像的。

那麼，這同樣都是法身，可是證得法身的境界，卻有那麼多的不同。來到同修會就是要你壓縮你的道業，就好像電腦檔案壓縮了以後，空出了很多空間可以再放進更多東西。我們也一樣，要把第一大阿僧祇劫好好壓縮，如果因緣條件、福德性障等等方面都具足圓滿了，可以壓縮在一世、十世、百世之中到達初地；不管是百世、十世或一世過完一大阿僧祇劫，都叫作化長劫入短劫。

所以，單是一個如來藏法，同樣是「觸目皆形」，各人所見的層次卻是千差萬別，不可同日而語。但是，一般人當然不知道這個道理，因爲還沒有明心，聽人家說那一棟正覺大樓每到週二晚上講經時搭電梯都要排隊，然後說：「我就去試試看吧！」開始聽經以後，聽來聽去都在講如來藏，可是弄不清楚這裡面有什麼層次差別，因爲都同樣是如來藏三個字，所以心想：「啊！就是這樣子，算了！因爲學來學去，就是那個東西。學完了，聽說還要跟著他繼續再學，還是如來藏。算了，我不如自己讀經算了。」就失掉機會了，因爲同樣是如來藏，見性後在山河大地上看見自己的佛性時，所見佛性仍然是如來藏境界，但是明心的人卻依舊看不見佛性，爲什麼會差異這麼大呢？

這就是說，如來藏中的種子無量無邊不可計數，你要如何通達這一些種子？很難欸！那要花整整二大阿僧祇劫。可是在這之前—幾乎是一大阿僧祇劫—只是要去瞭解如來藏自身的體性而已，這只是瞭解如來藏自身的總相與別相，還不牽涉到種子；而這是第一大阿僧祇劫三十心之中的二十四心的過程，你說佛道有那麼容易就成就嗎？不容易啊！所以，端視個人的心性、慧力、福德、因緣、性障的消除狀況，但是實證及快速進修時最重要的憑藉是護持正法，為眾生努力去作，這是最重要的憑藉。所以，同樣是「**法身無相，觸目皆形**」，層次就有很多差別。

「**般若無知，對緣而照**」的深入證解，仍然是有許多的層次差別。剛明心的時候，可以去了知、可以現前觀察：原來我的一切所思、所欲、所行，莫非都在如來藏的鑑照之下，一絲一毫都躲不過祂的鑑照；可是我悟後的所知畢竟也就是如此而已，而這所知的「一切」莫非在如來藏的鑑照之下，那個「一切」，我到底能夠了知多少呢？那眞是千差萬別。諸地菩薩的現觀就是從對於如來藏的鑑照具足了知而來，因爲知道祂怎麼鑑照，然後就知道怎麼樣轉變如來藏中的種子；諸佛的功德，就是這樣一地又一地次第進修而達成。所以，同樣是「般若無知無不知」，這個層次仍然是千差萬別的；因爲剛悟的時候已經知道：「**般若無知**」，卻總是能夠鑑照我的心行。但是這個知以及般若的無知，在三賢位中的所知畢竟仍然有限。

如果說明心以後大家應該全都一樣，那麼問題來了：釋迦佛明心了，然後眼見佛性就成佛了；可是禪宗初祖大迦葉那位金色頭陀，他也明心了，他也見性了，爲什麼他還沒有成佛呢？當初佛陀座下許多大菩薩們也明心了、也見性了，爲什麼也還不能成佛呢？而我們會中現在差不多四百位明心了，見性也有十幾位，爲什麼還沒有成佛呢？想到這個問題，才知道說原來「般若無知，對緣而照」的層次，還是差別萬端，並不是那一些錯悟者所想像的那麼簡單。所以，以前我寫書出來說：「悟後得要繼續修行。」有人不信，就去親近了某一個居士（後來那居士出家了），說：「誰講悟後起修，他就是悟錯了，就是沒有開悟。」好了，他們信了那居士的話，就在同修會裡面亂搞起來了：「我們正覺這個開悟是錯誤的。因爲六祖說『一悟即至佛地』，那才對，所以人家講的才對，我們蕭老師講的『悟後只是第七住位』是不對的。」於是在會裡暗中極力推廣那位居士弘傳的月溪法師的離念靈知心。唉呀！我看著是沒辦法了，只好在一些已用過的紙張背面開始寫起講稿綱要來，當時題目叫作「批月集」，因爲要批判月溪法師。他們專門在搞月溪法師的意識境界法，那時候台灣是東西南北都有人在講月溪法師的東西，那時蠻風行的。在台北市有誰在講呢？在武昌街，是誰在搞？我就不說了，這是北部。南部有沒有？南部也有一個某某講堂，現在我就不講出名字，不想讓他們難堪。東部有沒有？東岸也有，有個某某居士，他後來出家了，我也不講他的名字。西海岸有沒有？有啊！嘉義也有個居士也在講。你看，原來當時月溪法師的意識境界法也成了東西南北。

可是問題來了，我說：「『一悟即至佛地』，只是六祖惠能的方便說。」剛開始我也不多說，我只說：「如果誰能宣講悟後起修的內涵，他一定是眞悟者。誰講『不必悟後起修』，說『悟了就成佛』，他一定是悟錯了。」結果話傳回來，又開始爭執了，我說：「那乾脆我就講完以後寫了印在書上廣爲流通吧。」所以，我就把關於悟後起修的討論文字附在《護法集》後面，那時候出版前就把原來預定的《批月集》先改名作《護法集》，隨後又加了個正書名叫作《正法眼藏》，因爲那書裡講的都是正法，而正法的眼目就在其中。後來又把這個關於悟後起修辨正的內容分析出來，單獨成爲一本小冊子，就是後來的《生命實相之辨正》。我在其中提出問題來了，請問：「六祖悟了沒有？文殊、普賢、持世菩薩等等人悟了沒有？禪宗諸祖悟了沒有？」這一問，那些主張一悟即成佛的人，不論是法師或居士，到現在都沒有人敢回答。這是我一貫的風格，誰要是反對了，我就提出來，寫在書中去流通，對方都沒辦法回答的。我們弘法幾十年來，寫的書都是如此。

所以，進了同修會到底是你們活該倒楣，還是應該慶幸呢？我也不知道。因為一般人在外面，他們說開悟明心了，可就參禪事畢，從此以後每天就是著衣吃飯，夜來睡一覺，冬來添棉襖，夏裡吹涼風，再也沒別的事了。沒想到，進了同修會，不只是修證禪宗的法，明心以後還有一大堆的修行等事。不信邪，心想：「我等眼見佛性時再說吧！」眼見佛性了，沒想到學道上面的事更多，沒辦法向我說「再見」。有智慧的人卻說：「這是我的幸福，因為妙法學之不盡。」沒智慧的人就說：「這是我的悲哀，悟了以後還不能走人。」但是再想一想，如果未來無量世只能前進一公里，譬如說未來一劫之中只能前進一公里，而我們在這一世很辛苦但可以前進十公里，你到底要取這一世或者未來無量世？這顯然是很清楚可以立即判明的抉擇。所以，諸位應該都是有智慧的，都說：「我好幸福！悟了以後還有學之不盡的法。」你們覺得很幸福，就表示道業會快速前進。

五億七千六百萬年後　彌勒尊佛來人間時，也許　彌勒佛哪一天想到這件事情說：「你這蕭平實倒好，幫我度了這些人，根性倒是蠻利的。」那我就夠了，有這一句話就夠我受用了。不是爲了得褒獎，是因爲我已經攝受很多佛土了；你們就是我的佛土，哪裡去有情以外再尋佛土？度眾生就是攝受佛土，想要趕快成就自己將來成佛時的佛土，唯一之道就是趕快攝受眾生。沒有能力出來度眾時，也有辦法攝受佛土——廣結善緣，廣結善緣也是攝受佛土，因爲將來開始弘法度眾時，這些被你結了善緣的眾生就會跟著你學法。這意思就是說，其實佛菩提道深奧而且廣大，難證、難解、難知，並且還要加上一樣：難接觸。只說台灣好了，台灣有多少佛弟子？號稱一千二百萬人，那就是把類似民間信仰的拜佛人也算進來，因爲他們也都說是信佛的人。如果眞要算，有入門也就是有歸依的，大概四百萬人左右。這四百萬佛教徒，有多少人進了正覺同修會聽經學法？不到三千位，就這麼二千多位而已（編案：這是二〇〇八年所說）。那你想，是不是難遇？眞的難遭遇。光是遭遇都不容易，遭遇以後能知，然後才能解，解了以後才有辦法證，可是證了以後修道上的事情更多，所以能夠進入悟後修道階段的人其實很少。

因此，不要小看禪師某一些話，他們有感而發，講出來的那幾句話，往往是你悟後要經歷過很多事，才會瞭解原來他講的是這個道理。絕大多數的人都是自以爲知的，有好多人讀過彌勒菩薩的《瑜伽師地論》，讀了都以爲自己知道其中的法義。我們會裡面也有人悟前讀過，甚至於悟後讀了以後，也認爲自己眞的知道了；等到在增上班的課程上了以後，才知道說：「唉呀！這裡面還有這麼多東西，都是我所不知道的。」這時終於說：「唉呀！原來我眞的不太知道彌勒菩薩的意思。」當他說他不太知道的時候，才表示他知道很多了。所以「法身無相，觸目皆形；般若無知，對緣而照」這十六個字，其中的層次也是千差萬別，但是有多少人能知呢？好，不再講這十六個字了，不然就講不完了。

天台德韶接著說：「一時徹底會取好！」他講完了，要求徒眾們說：「這個在一剎那之間就能一念相應的，大家就徹底把祂會取吧，要這樣才好！」可不要在那邊拖拖拉拉、滯水拖泥，老是不乾脆。不乾脆的人其實也不少，總是拖拖拉拉不肯承擔，但因爲我這幾年急著用人，所以這幾年禪三，比較像玄奘菩薩那個年代，有時是用析理的方法來接引大家。可是有的人剛開始時還是不太能接受：「這個眞的是嗎？眞的是嗎？我不太相信。」然後我教他回了座位以後怎麼體驗整理，我說：「你回去體驗吧！」因爲我知道他心裡面一定會疑，那只好回去體驗看看。回了座，禮禮佛，洗洗碗，不然就下座經行走一走，不然就到佛前拜一拜，試試看吧！我可眞是無所不至，十八般武藝全搬出來幫助他們，然後他們才終於願意承擔下來；因爲我沒有時間再等他第三次、第四次來打禪三，我急著要用人。

這都是因爲他們心裡面猶豫，可是因爲我判定他們的智慧夠、福德夠，以後不會退轉，就不要讓他再來禪三辛苦一次，我也就多了幾個可用之人。有的人原本是該第五次禪三才開悟的，但我就不要讓他再來第五次。何況我沒有虐待狂，以前禪師都好像有虐待狂，就是要把人多磨幾次；明明有人是可以直接悟入的，他卻故意弄出一些閑機境去誤導學人，讓學人要再混上十幾年才能悟入，因爲禪師想：「這樣子，他才會佩服師父我，將來也不會退轉。」可是我們正在用人之秋，想要復興了義佛法大業就必須要有很多很多的人共同作事，所以我雖然幫你們開悟時顯得比較急躁一點，但是我可以在增上班裡幫大家更深入般若、種智而不退轉，正法的力量可以因此加速擴大。也就是說，只要悟緣夠了，這個人將來智慧生長的情況就不會壞到哪裡去；我只等他住胎八個月滿了，就爲他剖腹取胎，讓他提早出生，那我就提早一個多月有人可用了。但是，絕對不能夠在住胎兩個月、三個月就把他剖腹生產，那問題可就嚴重了，可能都養不活，這就是我們現在禪三的方式。可是法身慧命出生了以後，卻要不斷地把他磨呀、磨呀，多打磨一、兩次再讓他通過，品質就會比較好。人家說臨陣磨槍不亮也光，就是要這樣子。黃金一定要打磨，黃金的造形弄好了，如果不拿瑪瑙把它推磨一番就不會明亮。古時候都是用瑪瑙來把它推亮的。

天台德韶嘴裡說「**一時徹底會取好**」，可是他卻從來都不放手，他一生手頭都很儉。爲什麼要這樣呢？因爲正要這樣才顯得禪師尊貴。我這個人當禪師，是因爲每年要辦禪三幫大家證悟。我每年當禪師只有十二天，前後總共加起來只有十四天；因爲每一梯次禪三，我只有當三天禪師，所以平常就像個俗人一樣混入人群之中，誰都不知不覺我的存在，就這樣平淡地過日子。可是天台德韶門庭孤峻，這回上堂來講得鑾老婆的，等到徒弟跟他要法，他手頭卻又變得很儉了。禪師家一向如此，古來難得幾個手頭寬鬆的。他這樣開示完了，又說：「**諸位上座！**」因爲這是晚上小參的時候對徒眾們說的，都是出家的徒弟們，就說：「諸位上座！出家兒，合作麼生？」也就是督促他們：「你們都是出家的人，出了家的目的是爲什麼？在這件事情上面，你們該怎麼辦呢？」這句話其實現在應該寫好了再護貝，然後廣寄各道場：「諸大師啊！出家兒，合作麼生？」因爲他們都在醉生夢死。如果他們得度了，佛弟子四眾得度的人不就更多了嗎？了義法不就更加鞏固了嗎？也就不會被相似像法所淹沒了。可是也實在沒辦法，因爲他們每一個人的面皮都有好幾斤重，不論咱怎麼講，他們都不改，咱也沒辦法，奈何不了他們。

天台德韶禪師當然知道這個道理，所以把話頭拉回來說：「此是本有之理，未爲分外。」意思就是說，不要把它想得太難了，這是每一個人本來就有的實際理地。每一個人分內都有，不是分外事，不要以爲說：「那是大師們才能悟入，我們凡夫是不可能的。」不該這樣想。天台德韶這樣子鼓勵了一下，卻又下起手段殺人：「識心達本源，故名爲沙門。」你看，剛剛還在鼓勵，現在又罵人說：「一定要認識這一個實相心，能夠到達諸法的本源，這樣的人才能叫作出家人。」完了！聽他這麼一講，糟糕了！如今天下可就沒有出家人了。你看，他就這樣子罵人，就是要讓那些徒弟們知道慚愧，知慚愧時才會努力想要求悟，想要成為真正的出家人。然後就說：「如果找到祂而認識了這個本心，你心裡就會很清楚很明白，猶如烏雲飄散後的清明滿月一樣，很清楚、很明亮地顯示在那邊，你隨時隨地想要看見祂的時候，本來就沒有一絲一毫的障礙。」然後，大概是講到口水乾了就說：「諸位上座，你們也站很久了，珍重啊！」叫大家下去休息。

諸位上座！你們在這裡聽我講經，坐了兩個鐘頭，腿痠不痠啊？古人參學時若還在學人階位中，去聽和尚開示時都是座下立地，沒有座位可坐。所以從今以後，可別私底下說：「喔！我去正覺講堂聽那兩個鐘頭的佛法，腿也是好痠欸！」你如果這樣子想，那麼古時候那些叢林「立地」的學人們，那些出家人又怎麼想？和尚如果一時興起，講上兩個鐘頭，他們就得要站兩個鐘頭呢。所以你們應該這樣想：「我來正覺學法，還算幸福，因為都不必在地上站著，還有聞法座位可以坐。」

請問：天台德韶這麼講了，有沒有為人處？其實真悟禪師的一言一語、一舉一動，莫非有為人處。但問題是，他的為人處在哪裡？如果你請了大師來，他就說：「有啊！你看他苦口婆心為大家講了這麼多。」你們能不能認同他的說法？確實啊！天台德韶眞的是苦口婆心，大法師這樣講也沒錯啊！可是我們卻說他講錯了，因爲天台德韶的苦口婆心，並不是在這些語言文字上。

再來看看，宗門裡面在這個理上是怎麼說的？宗門裡面常常說到這個法身無相，我們來看寶誌和尚是怎麼說的，《景德傳燈錄》卷二十九：**【寶誌和尚云：「四大身中無價寶，陽焰空華不肯拋，作意修行轉辛苦。不曾迷，莫求悟，任爾朝陽幾迴暮；有相身中無相身，無明路上無生路。」】**

（詳續第五輯演述。）

佛教正覺同修會〈修學佛道次第表〉

第一階段

* 以憶佛及拜佛方式修習動中定力。
* 學第一義佛法及禪法知見。
* 無相拜佛功夫成就。
* 具備一念相續功夫—動靜中皆能看話頭。
* 努力培植福德資糧，勤修三福淨業。

第二階段

* 參話頭，參公案。
* 開悟明心，一片悟境。
* 鍛鍊功夫求見佛性。
* 眼見佛性〈餘五根亦如是〉親見世界如幻，成就如幻觀。
* 學習禪門差別智。
* 深入第一義經典。
* 修除性障及隨分修學禪定。
* 修證十行位陽焰觀。

第三階段

* 學一切種智真實正理—楞伽經、解深密經、成唯識論…。
* 參究末後句。
* 解悟末後句。
* 透牢關—親自體驗所悟末後句境界，親見實相，無得無失。
* 救護一切衆生迴向正道。護持了義正法，修證十迴向位如夢觀。
* 發十無盡願，修習百法明門，親證猶如鏡像現觀。
* 修除五蓋，發起禪定。持一切善法戒。親證猶如光影現觀。
* 進修四禪八定、四無量心、五神通。進修大乘種智，求證猶如谷響現觀。

佛菩提二主要道次第概要表——二道並修，以外無別佛法

佛菩提道——大菩提道

遠波羅蜜多

資糧位

十信位修集信心——一劫乃至一萬劫

初住位修集布施功德（以財施為主）。

二住位修集持戒功德。

三住位修集忍辱功德。

四住位修集精進功德。

五住位修集禪定功德。

六住位修集般若功德（熏習般若中觀及斷我見，加行位也）。

外門廣修六度萬行

七住位明心般若正觀現前，親證本來自性清淨涅槃。

八住位起於一切法現觀般若中道。漸除性障。

十住位眼見佛性，世界如幻觀成就。

一至十行位，於廣行六度萬行中，依般若中道慧，現觀陰處界猶如陽焰，至第十行滿心位，陽焰觀成就。

一至十迴向位熏習一切種智；修除性障，唯留最後一分思惑不斷。第十迴向滿心位成就菩薩道如夢觀。

內門廣修六度萬行

見道位

初地：第十迴向位滿心時，成就道種智一分（八識心王一一親證後，領受五法、三自性、七種第一義、七種性自性、二種無我法）復由勇發十無盡願，成通達位菩薩。復又永伏性障而不具斷，能證慧解脫而不取證，由大願故留惑潤生。此地主修法施波羅蜜多及百法明門。證「猶如鏡像」現觀，故滿初地心。

二地：初地功德滿足以後，再成就道種智一分而入二地；主修戒波羅蜜多及一切種智。滿心位成就「猶如光影」現觀，戒行自然清淨。

解脫道：二乘菩提

→ 斷三縛結，成初果解脫

→ 薄貪瞋癡，成二果解脫

→ 斷五下分結，成三果解脫

入地前的四加行令煩惱障現行悉斷，成四果解脫，留惑潤生。分段生死已斷，煩惱障習氣種子開始斷除，兼斷無始無明上煩惱。

近波羅蜜多

修道位

三地：二地滿心再證道種智一分，故入三地。此地主修忍波羅蜜多及四禪八定、四無量心、五神通。能成就俱解脫果而不取證，留惑潤生。滿心位成就「猶如谷響」現觀及無漏妙定意生身。

四地：由三地再證道種智一分故入四地。主修精進波羅蜜多，於此土及他方世界廣度有緣，無有疲倦。進修一切種智，滿心位成就「如水中月」現觀。

五地：由四地再證道種智一分故入五地。主修禪定波羅蜜多及一切種智，斷除下乘涅槃貪。滿心位成就「變化所成」現觀。

六地：由五地再證道種智一分故入六地。此地主修般若波羅蜜多——依道種智現觀十二因緣一一有支及意生身化身，皆自心眞如變化所現，「非有似有」，成就細相觀，不由加行而自然證得滅盡定，成俱解脫大乘無學。

七地：由六地「非有似有」現觀，再證道種智一分故入七地。此地主修一切種智及方便波羅蜜多，由重觀十二有支一一支中之流轉門及還滅門一切細相，成就方便善巧，念念隨入滅盡定。滿心位證得「如犍闥婆城」現觀。

七地滿心斷除故意保留之最後一分思惑時，煩惱障所攝色、受、想三陰有漏習氣種子同時斷盡。

大波羅蜜多

八地：由七地極細相觀成就故再證道種智一分而入八地。此地主修一切種智及願波羅蜜多。至滿心位純無相觀任運恆起，故於相土自在，滿心位復證「如實覺知諸法相意生身」故。

九地：由八地再證道種智一分故入九地。主修力波羅蜜多及一切種智，成就四無礙，滿心位證得「種類俱生無行作意生身」。

十地：由九地再證道種智一分故入此地。此地主修一切種智——智波羅蜜多。滿心位起大法智雲，及現起大法智雲所含藏種種功德，成受職菩薩。

等覺：由十地道種智成就故入此地。此地應修一切種智，圓滿等覺地無生法忍；於百劫中修集極廣大福德，以之圓滿三十二大人相及無量隨形好。

煩惱障所攝行、識二陰無漏習氣種子任運漸斷，所知障所攝上煩惱任運漸斷。

圓滿波羅蜜多

究竟位

妙覺：示現受生人間已斷盡煩惱障一切習氣種子，並斷盡所知障一切隨眠，永斷變易生死無明，成就大般涅槃，四智圓明。人間捨壽後，報身常住色究竟天利樂十方地上菩薩；以諸化身利樂有情，永無盡期，成就究竟佛道。

斷盡變易生死
成就大般涅槃

圓滿成就究竟佛果

佛子蕭平實 謹製
（二〇〇九、〇二 修訂）
（二〇一二、〇二 增補）

佛教正覺同修會 共修現況 及 招生公告 2015/09/06

一、共修現況：（請在共修時間來電，以免無人接聽。）

台北正覺講堂 103 台北市承德路三段 277 號九樓 捷運淡水線圓山站旁

Tel..**總機** 02-25957295（晚上）（**分機：九樓**辦公室 10、11；知客櫃檯 12、13。 **十樓**知客櫃檯 15、16；書局櫃檯 14。 **五樓**辦公室 18；知客櫃檯 19。**二樓**辦公室 20；知客櫃檯 21。）

Fax..25954493

第一講堂 台北市承德路三段 277 號九樓

禪淨班：週一晚上班、週三晚上班、週四晚上班、週五晚上班、週六下午班、週六上午班（皆須報名建立學籍後始可參加共修，欲報名者詳見本公告末頁）

增上班：瑜伽師地論詳解：每月第一、三、五週之週末 17.50～20.50 平實導師講解（僅限已明心之會員參加）

禪門差別智：每月第一週日全天 平實導師主講（事冗暫停）。

佛藏經詳解 平實導師主講。已於 2013/12/17 開講，歡迎已發成佛大願的菩薩種性學人，攜眷共同參與此殊勝法會聽講。詳解 釋迦世尊於《佛藏經》中所開示的眞實義理，更爲今時後世佛子四眾，闡述佛陀演說此經的本懷。眞實尋求佛菩提道的有緣佛子，親承聽聞如是勝妙開示，當能如實理解經中義理，亦能了知於大乘法中：如何是諸法實相？善知識、惡知識要如何簡擇？如何才是清淨持戒？如何才能清淨說法？於此末法之世，眾生五濁益重，不知佛、不解法、不識僧，唯見表相，不信眞實，貪著五欲，諸方大師不淨說法，各各將導大量徒眾趣入三塗，如是師徒俱堪憐憫。是故，平實導師以大慈悲心，用淺白易懂之語句，佐以實例、譬喻而爲演說，普令聞者易解佛意，皆得契入佛法正道，如實了知佛法大藏。

此經中，對於實相念佛多所著墨，亦指出念佛要點：以實相爲依，念佛者應依止淨戒、依止清淨僧寶，捨離違犯重戒之師僧，應受學清淨之法，遠離邪見。本經是現代佛門大法師所厭惡之經典：一者由於大法師們已全都落入意識境界而無法親證實相，故於此經中所說實相全無所知，都不樂有人聞此經名，以免讀後提出問疑時無法回答；二者現代大乘佛法地區，已經普被藏密喇嘛教滲透，許多有名之大法師們大多已曾或繼續在修練雙身法，都已失去聲聞戒體及菩薩戒體，成爲地獄種姓人，已非眞正出家之人，本質只是身著僧衣而住在寺院中的世俗人。這些人對於此經都是讀不懂的，也是極爲厭惡的；他們尚不樂見此經之印行，何況流通與講解？今爲救護廣大學佛人，兼欲護持佛教血脈永續常傳，特選此經宣講之。每逢週二 18.50~20.50 開示，不限制聽講資格。會外人士需憑身分證件換證入內聽講（此是大樓管理處之安全規定，敬請見諒)。桃園、台中、台南、高雄等地講堂，亦於每週二晚上播放平實導師所講本經之 DVD，不必出示身分證件即可入內聽講，歡迎各地善信同霑法益。

第二講堂　台北市承德路三段 267 號十樓。

禪淨班：週一晚上班、週四晚上班、週六下午班。

進階班：週三晚上班、週五晚上班（禪淨班結業後轉入共修）。

佛藏經詳解：平實導師講解。每週二 18.50~20.50（影像音聲即時傳輸）。本會學員憑上課證進入聽講，會外學人請以身分證件換證進入聽講（此爲大樓管理處安全管理規定之要求，敬請諒解）。

第三講堂　台北市承德路三段 277 號五樓。

進階班：週一晚上班、週三晚上班、週四晚上班、週五晚上班、週六下午班。

佛藏經詳解：平實導師講解。每週二 18.50~20.50（影像音聲即時傳輸）。本會學員憑上課證進入聽講，會外學人請以身分證件換證進入聽講（此爲大樓管理處安全管理規定之要求，敬請諒解）。

第四講堂　台北市承德路三段 267 號二樓。

進階班：週三晚上班、週四晚上班（禪淨班結業後轉入共修）。

佛藏經詳解：平實導師講解。每週二 18.50~20.50（影像音聲即時傳輸）。本會學員憑上課證進入聽講，會外學人請以身分證件換證進入聽講（此爲大樓管理處安全管理規定之要求，敬請諒解）。

第五、第六講堂　爲**開放式講堂**，不需以身分證件換證即可進入聽講，台北市承德路三段 267 號地下一樓、地下二樓。已規劃整修完成，每逢週二晚上講經時段開放給會外人士自由聽經，請由大樓側面梯階逕行進入聽講。**聽講者請尊重講者的著作權及肖像權，請勿錄音錄影，以免違法；若有錄音錄影被查獲者，將依法處理。**

正覺祖師堂　大溪鎮美華里信義路 650 巷坑底 5 之 6 號（台 3 號省道 34 公里處 妙法寺對面斜坡道進入）電話 03-3886110　傳眞 03-3881692 本堂供奉 克勤圓悟大師，專供會員每年四月、十月各二次精進禪三共修，兼作本會出家菩薩掛單常住之用。除禪三時間以外，每逢單月第一週之週日 9:00~17:00 開放會內、外人士參訪，當天並提供午齋結緣。教內共修團體或道場，得另申請其餘時間作團體參訪，務請事先與常住確定日期，以便安排常住菩薩接引導覽，亦免妨礙常住菩薩之日常作息及修行。

桃園正覺講堂（第一、第二講堂）：桃園市介壽路 286、288 號 10 樓（陽明運動公園對面）電話：03-3749363（請於共修時聯繫，或與台北聯繫）

禪淨班：週一晚上班、週三晚上班、週四晚上班、週五晚上班。

進階班：週六上午班、週五晚上班。

佛藏經詳解：平實導師講解 每逢週二晚上，以台北正覺講堂所錄 DVD 放映；歡迎會外學人共同聽講，不需出示身分證件。

新竹正覺講堂 新竹市東光路55號二樓之一　電話 03-5724297（晚上）

第一講堂：

禪淨班：週一晚上班、週三晚上班、週五晚上班、週六上午班。

進階班：週三晚上班、週四晚上班（由禪淨班結業後轉入共修）。

佛藏經詳解：平實導師講解，每週二晚上。以台北正覺講堂所錄 DVD 放映。歡迎會外學人共同聽講，不需出示身分證件。

第二講堂：

禪淨班：週三晚上班、週四晚上班。

佛藏經詳解：每週二晚上與第一講堂同時播放佛藏經詳解 DVD。

台中正覺講堂 04-23816090（晚上）

第一講堂 台中市南屯區五權西路二段666號13樓之四（國泰世華銀行樓上。鄰近縣市經第一高速公路前來者，由五權西路交流道可以快速到達，大樓旁有停車場，對面有素食館）。

禪淨班：週三晚上班、週四晚上班、週五晚上班、週六早上班。

進階班：週一晚上班（由禪淨班結業後轉入共修）。

增上班：單週週末以台北增上班課程錄成 DVD 放映之，限已明心之會員參加。

佛藏經詳解：平實導師講解。以台北正覺講堂所錄 DVD 放映。每週二晚上放映，歡迎會外學人共同聽講，不需出示身分證件。

第二講堂 台中市南屯區五權西路二段666號4樓

禪淨班：週一晚上班。

進階班：週五晚上班、週六早上班（由禪淨班結業後轉入共修）。

佛藏經詳解：每週二晚上與第一講堂同時播放佛藏經詳解 DVD。

第三講堂、第四講堂：台中市南屯區五權西路二段666號4樓。

嘉義正覺講堂 嘉義市友愛路288號八樓之一　電話：05-2318228

第一講堂：

禪淨班：預定2014 /10/23週四開課，歡迎報名參加共修。

佛藏經詳解：自2014/10/28起每週二晚上18:50～20:50播放台北講堂錄製的講經 DVD。

第二講堂 嘉義市友愛路288號八樓之二。

台南正覺講堂

第一講堂 台南市西門路四段15號4樓。06-2820541（晚上）

佛藏經詳解：平實導師講解。以台北正覺講堂所錄 DVD 放映。每週二晚上放映，歡迎會外學人共同聽講，不需出示身分證件。

禪淨班：週一晚上班、週三晚上班、週六下午班。

進階班：雙週週末下午班（由禪淨班結業後轉入共修）。

增上班：單週週末下午，以台北增上班課程錄成 DVD 放映之，限已明心之會員參加。

第二講堂　台南市西門路四段 15 號 3 樓。

佛藏經詳解：每週二晚上與第一講堂同時播放佛藏經詳解 DVD。

第三講堂　台南市西門路四段 15 號 3 樓。

佛藏經詳解：每週二晚上與第一講堂同時播放佛藏經詳解 DVD。

禪淨班：週四晚上班、週六晚上班。

進階班：週五晚上班、週六早上班（由禪淨班結業後轉入共修）。

高雄正覺講堂　高雄市新興區中正三路 45 號五樓 07-2234248（晚上）

第一講堂（五樓）：

佛藏經詳解：平實導師講解。以台北正覺講堂所錄 DVD 放映。每週二晚上放映，歡迎會外學人共同聽講，不需出示身分證件

禪淨班：週三晚上班、週四晚上班、週末上午班。

進階班：週一晚上班（由禪淨班結業後轉入共修）。

增上班：單週週末下午，以台北增上班課程錄成 DVD 放映之，限已明心之會員參加。

第二講堂（四樓）：

佛藏經詳解：每週二晚上與第一講堂同時播放佛藏經詳解 DVD。

禪淨班：週三晚上班、週四晚上班。

進階班：週四晚上班（由禪淨班結業後轉入共修）。

第三講堂（三樓）：（尚未開放使用）。

美國洛杉磯正覺講堂　**☆已遷移新址☆**

825 S. Lemon Ave Diamond Bar, CA 91798 U.S.A.

Tel. (909) 595-5222（請於週六 9:00~18:00 之間聯繫）

Cell. (626) 454-0607

禪淨班：每逢週末 15：30~17：30 上課。

進階班：每逢週末上午 10：00 上課。

佛藏經詳解：平實導師講解 以台北正覺講堂所錄 DVD，每週六下午放映(13：00~15：00)，歡迎各界人士共享第一義諦無上法益，不需報名。

香港正覺講堂　**☆另覓新址正在遷移中，暫停招收新學員☆**

二、招生公告　本會台北講堂及全省各講堂，每逢**四月、十月**中旬開新班，每週共修一次（每次二小時。開課日起三個月內仍可插班）；但美國洛杉磯共修處得隨時插班共修。各班共修期間皆爲二年半，欲參加者請向本會函索報名表（各共修處皆於共修時間方有人執事，非共修時間請勿電詢或前來洽詢、請書），**或直接從成佛之道網站下載報名表**。共修期滿時，若經報名禪三審核通過者，可參加四天三夜之禪

三精進共修，有機會明心、取證如來藏，發起般若實相智慧，成爲實義菩薩，脫離凡夫菩薩位。

三、新春禮佛祈福 農曆年假期間停止共修：自農曆新年前七天起停止共修與弘法，正月 8 日起回復共修、弘法事務。新春期間正月初一～初七 9.00～17.00 開放台北講堂、大溪禪三道場（正覺祖師堂），方便會員供佛、祈福及會外人士請書。美國洛杉磯共修處之休假時間，請逕詢該共修處。

密宗四大派修雙身法，是外道性力派的邪法；又以生滅的識陰作為常住法，是常見外道，是假的藏傳佛教。

西藏覺囊巴以他空見弘揚第八識如來藏勝法，才是真藏傳佛教

佛教正覺同修會　弘法行事表　2014/08/19

1、**禪淨班**　以無相念佛及拜佛方式修習動中定力，實證一心不亂功夫。傳授解脫道正理及第一義諦佛法，以及參禪知見。共修期間：二年六個月。每逢四月、十月開新班，詳見招生公告表。

2、**《佛藏經》詳解**　平實導師主講。已於 2013/12/17 開講，歡迎已發成佛大願的菩薩種性學人，攜眷共同參與此殊勝法會聽講。詳解釋迦世尊於《佛藏經》中所開示的眞實義理，更爲今時後世佛子四眾，闡述 佛陀演說此經的本懷。眞實尋求佛菩提道的有緣佛子，親承聽聞如是勝妙開示，當能如實理解經中義理，亦能了知於大乘法中：如何是諸法實相？善知識、惡知識要如何簡擇？如何才是清淨持戒？如何才能清淨說法？於此末法之世，眾生五濁益重，不知佛、不解法、不識僧，唯見表相，不信眞實，貪著五欲，諸方大師不淨說法，各各將導大量徒眾趣入三塗，如是師徒俱堪憐憫。是故，平實導師以大慈悲心，用淺白易懂之語句，佐以實例、譬喻而爲演說，普令聞者易解佛意，皆得契入佛法正道，如實了知佛法大藏。每逢週二 18.50~20.50 開示，不限制聽講資格。會外人士需憑身分證件換證入內聽講（此是大樓管理處之安全規定，敬請見諒）。桃園、新竹、台中、台南、高雄等地講堂，亦於每週二晚上播放平實導師講經之 DVD，不必出示身分證件即可入內聽講，歡迎各地善信同霑法益。

有某道場專弘淨土法門數十年，於教導信徒研讀《佛藏經》時，往往告誡信徒曰：「**後半部不許閱讀。**」由此緣故坐令信徒失去提升念佛層次之機緣，師徒只能低品位往生淨土，令人深覺愚癡無智。由有多人建議故，平實導師開始宣講《佛藏經》，藉以轉易如是邪見，並提升念佛人之知見與往生品位。此經中，對於實相念佛多所著墨，亦指出念佛要點：**以實相爲依，念佛者應依止淨戒、依止清淨僧寶，捨離違犯重戒之師僧，應受學清淨之法，遠離邪見**。本經是現代佛門大法師所厭惡之經典：**一者由於大法師們已全都落入意識境界而無法親證實相，故於此經中所說實相全無所知，都不樂有人聞此經名，以免讀後提出問疑時無法回答；二者現代大乘佛法地區，已經普被藏密喇嘛教滲透，許多有名之大法師們大多已曾或繼續在修練雙身法，都已失去聲聞戒體及菩薩戒體，成爲地獄種姓人，已非眞正出家之人，本質上只是身著僧衣而住在寺院中的世俗人。**這些人對於此經都是讀不懂的，也是極爲厭惡的；他們尚不樂見此經之印行，何況流通與講解？今爲救護廣大學佛人，兼欲護持佛教血脈永續常傳，特選此經宣講之，主講者平實導師。

3、**瑜伽師地論**詳解　詳解論中所言凡夫地至佛地等 17 師之修證境界與理論，從凡夫地、聲聞地……宣演到諸地所證一切種智之眞實正理。由平實導師開講，每逢一、三、五週之週末晚上開示，僅限已明心之會員參加。

4、**精進禪三**　主三和尚：平實導師。於四天三夜中，以克勤圓悟大師及大慧宗杲之禪風，施設機鋒與小參、公案密意之開示，幫助會員剋期取證，親證不生不滅之眞實心——人人本有之如來藏。每年四月、十月各舉辦二個梯次；平實導師主持。僅限本會會員參加禪淨班共修期滿，報名審核通過者，方可參加。並選擇會中定力、慧力、福德三條件皆已具足之已明心會員，給以指引，令得眼見自己無形無相之佛性遍佈山河大地，眞實而無障礙，得以肉眼現觀世界身心悉皆如幻，具足成就如幻觀，圓滿十住菩薩之證境。

5、**阿含經**詳解　選擇重要之阿含部經典，依無餘涅槃之實際而加以詳解，令大眾得以現觀諸法緣起性空，亦復不墮斷滅見中，顯示經中所隱說之涅槃實際—如來藏—確實已於四阿含中隱說；令大眾得以聞後觀行，確實斷除我見乃至我執，證得**見到**眞現觀，乃至**身證**……等眞現觀；已得大乘或二乘見道者，亦可由此聞熏及聞後之觀行，除斷我所之貪著，成就慧解脫果。由平實導師詳解。不限制聽講資格。

6、**大法鼓經**詳解　詳解末法時代大乘佛法修行之道。佛教正法消毒妙藥塗於大鼓而以擊之，凡有眾生聞之者，一切邪見鉅毒悉皆消殞；此經即是大法鼓之正義，凡聞之者，所有邪見之毒悉皆滅除，見道不難；亦能發起菩薩無量功德，是故諸大菩薩遠從諸方佛土來此娑婆聞修此經。由平實導師詳解。不限制聽講資格。

7、**解深密經**詳解　重講本經之目的，在於令諸已悟之人明解大乘法道之成佛次第，以及悟後進修一切種智之內涵，確實證知三種自性性，並得據此證解七眞如、十眞如等正理。每逢週二 18.50~20.50 開示，由平實導師詳解。將於《大法鼓經》講畢後開講。不限制聽講資格。

8、**成唯識論**詳解　詳解一切種智眞實正理，詳細剖析一切種智之微細深妙廣大正理；並加以舉例說明，使已悟之會員深入體驗所證如來藏之微密行相；及證驗見分相分與所生一切法，皆由如來藏—阿賴耶識—直接或展轉而生，因此證知一切法無我，證知無餘涅槃之本際。將於增上班《瑜伽師地論》講畢後，由平實導師重講。僅限已明心之會員參加。

9、**精選如來藏系經典**詳解　精選如來藏系經典一部，詳細解說，以此完全印證會員所悟如來藏之眞實，得入不退轉住。另行擇期詳細解說之，由平實導師講解。僅限已明心之會員參加。

10、**禪門差別智**　藉禪宗公案之微細淆訛難知難解之處，加以宣說及剖析，以增進明心、見性之功德，啓發差別智，建立擇法眼。每月第一週日全天，由平實導師開示，僅限破參明心後，復又眼見佛性者參加（事冗暫停）。

11、**枯木禪**　先講智者大師的《小止觀》，後說《釋禪波羅蜜》，詳解四禪八定之修證理論與實修方法，細述一般學人修定之邪見與岔路，及對禪定證境之誤會，消除枉用功夫、浪費生命之現象。已悟般若者，可以藉此而實修初禪，進入大乘通教及聲聞教的三果心解脫境界，配合應有的大福德及後得無分別智、十無盡願，即可進入初地心中。親教師：平實導師。未來緣熟時將於大溪正覺寺開講。不限制聽講資格。

註：本會例行年假，自 2004 年起，改爲每年農曆新年前七天開始停息弘法事務及共修課程，農曆正月 8 日回復所有共修及弘法事務。新春期間（每日 9.00~17.00）開放台北講堂，方便會員禮佛祈福及會外人士請書。大溪鎮的正覺祖師堂，開放參訪時間，詳見〈正覺電子報〉或成佛之道網站。本表得因時節因緣需要而隨時修改之，不另作通知。

佛教正覺同修會　贈閱書籍 目錄　2015/09/29

1.**無相念佛**　平實導師著　回郵 10 元
2.**念佛三昧修學次第**　平實導師述著　回郵 25 元
3.**正法眼藏—護法集**　平實導師述著　回郵 35 元
4.**真假開悟簡易辨正法＆佛子之省思**　平實導師著　回郵 3.5 元
5.**生命實相之辨正**　平實導師著　回郵 10 元
6.**如何契入念佛法門**（附：印順法師否定極樂世界）平實導師著　回郵 3.5 元
7.**平實書箋**—答元覽居士書　平實導師著　回郵 35 元
8.**三乘唯識**—如來藏系經律彙編　平實導師編　回郵 80 元
（精裝本　長 27 ㎝　寬 21 ㎝　高 7.5 ㎝　重 2.8 公斤）
9.**三時繫念全集**—修正本　回郵掛號 40 元（長 26.5 ㎝×寬 19 ㎝）
10.**明心與初地**　平實導師述　回郵 3.5 元
11.**邪見與佛法**　平實導師述著　回郵 20 元
12.**菩薩正道**—回應義雲高、釋性圓…等外道之邪見　正燦居士著　回郵 20 元
13.**甘露法雨**　平實導師述　回郵 20 元
14.**我與無我**　平實導師述　回郵 20 元
15.**學佛之心態**—修正錯誤之學佛心態始能與正法相應　孫正德老師著　回郵35元
附錄：平實導師著**《略說八、九識並存…等之過失》**
16.**大乘無我觀**—《悟前與悟後》別說　平實導師述著　回郵 20 元
17.**佛教之危機**—中國台灣地區現代佛教之真相（附錄：公案拈提六則）
平實導師著　回郵 25 元
18.**燈 影**—燈下黑（覆「求教後學」來函等）　平實導師著　回郵 35 元
19.**護法與毀法**—覆上平居士與徐恒志居士網站毀法二文
張正圜老師著　回郵 35 元
20.**淨土聖道**—兼評**選擇本願念佛**　正德老師著　**由正覺同修會購贈**　回郵 25 元
21.**辨唯識性相**—對「紫蓮心海《辯唯識性相》書中否定阿賴耶識」之回應
正覺同修會 台南共修處法義組 著　回郵 25 元
22.**假如來藏**—對法蓮法師《如來藏與阿賴耶識》書中否定阿賴耶識之回應
正覺同修會 台南共修處法義組 著　回郵 35 元
23.**入不二門**—公案拈提集錦 第一輯（於平實導師公案拈提諸書中選錄約二十則，
合輯爲一冊流通之）平實導師著　回郵 20 元
24.**真假邪說**—西藏密宗索達吉喇嘛《破除邪說論》真是邪說
釋正安法師著　回郵 35 元
25.**真假開悟**—真如、如來藏、阿賴耶識間之關係　平實導師述著　回郵 35 元
26.**真假禪和**—辨正釋傳聖之謗法謬說　孫正德老師著　回郵 30 元

27.**眼見佛性**—駁慧廣法師眼見佛性的含義文中謬說

游正光老師著　回郵 25 元

28.**普門自在**—公案拈提集錦 第二輯（於平實導師公案拈提諸書中選錄約二十則，合輯為一冊流通之）平實導師著　回郵 25 元

29.**印順法師的悲哀**—以現代禪的質疑為線索　恒毓博士著　回郵 25 元

30.**識蘊真義**—現觀識蘊內涵、取證初果、親斷三縛結之具體行門。

—依《成唯識論》及《惟識述記》正義，略顯安慧《大乘廣五蘊論》之邪謬

平實導師著　回郵 35 元

31.**正覺電子報** 各期紙版本　免附回郵　每次最多函索三期或三本。

（已無存書之較早各期，不另增印贈閱）

32.**現代人應有的宗教觀**　蔡正禮老師 著　回郵 3.5 元

33.**遠惑趣道**—正覺電子報般若信箱問答錄　第一輯　回郵 20 元

34.**遠惑趣道**—正覺電子報般若信箱問答錄　第二輯　回郵 20 元

35.**確保您的權益**—器官捐贈應注意自我保護　游正光老師 著　回郵 10 元

36.**正覺教團電視弘法三乘菩提 DVD 光碟（一）**

由正覺教團多位親教師共同講述錄製 DVD 8 片，MP3 一片，共 9 片。有二大講題：一為「三乘菩提之意涵」，二為「學佛的正知見」。內容精闢，深入淺出，精彩絕倫，幫助大眾快速建立三乘法道的正知見，免被外道邪見所誤導。有志修學三乘佛法之學人不可不看。（製作工本費 100 元，回郵 25 元）

37.**正覺教團電視弘法 DVD 專輯（二）**

總有二大講題：一為「三乘菩提之念佛法門」，一為「學佛正知見（第二篇）」，由正覺教團多位親教師輪番講述，內容詳細闡述如何修學念佛法門、實證念佛三昧，以及學佛應具有的正確知見，可以幫助發願往生西方極樂淨土之學人，得以把握往生，更可令學人快速建立三乘法道的正知見，免於被外道邪見所誤導。有志修學三乘佛法之學人不可不看。（一套 17 片，工本費 160 元。回郵 35 元）

38.**佛藏經** 燙金精裝本 每冊回郵 20 元。正修佛法之道場欲大量索取者，請正式發函並蓋用大印寄來索取（2008.04.30 起開始敬贈）

39.**喇嘛性世界**—揭開假藏傳佛教譚崔瑜伽的面紗　張善思 等人合著

由正覺同修會購贈　回郵 20 元

40.**假藏傳佛教的神話**—性、謊言、喇嘛教　張正玄教授編著　回郵 20 元

由正覺同修會購贈　回郵 20 元

41.**隨 緣**—理隨緣與事隨緣　平實導師述　回郵 20 元。

42.**學佛的覺醒**　正枝居士 著　回郵 25 元

43.**導師之真實義**　蔡正禮老師 著　回郵 10 元

44.**淺談達賴喇嘛之雙身法**—兼論解讀「密續」之達文西密碼

吳明芷居士 著　回郵 10 元

45.**魔界轉世**　張正玄居士 著　回郵 10 元

46.**一貫道與開悟**　蔡正禮老師 著　回郵 10 元

47.**博愛**—愛盡天下女人　正覺教育基金會 編印　回郵10元

48.**意識虛妄經教彙編**—實證解脫道的關鍵經文　正覺同修會編印　回郵25元

49.**邪箭囈語**—破斥藏密外道多識仁波切《破魔金剛箭雨論》之邪說
陸正元老師著　上、下冊回郵各30元

50.**真假沙門**—依 佛聖教闡釋佛教僧寶之定義
蔡正禮老師著　俟正覺電子報連載後結集出版

51.**真假禪宗**—藉評論釋性廣《印順導師對變質禪法之批判
及對禪宗之肯定》以顯示真假禪宗
附論一：凡夫知見 無助於佛法之信解行證
附論二：世間與出世間一切法皆從如來藏實際而生而顯
余正偉老師著　俟正覺電子報連載後結集出版　回郵未定

52.**假鋒虛焰金剛乘**—揭示顯密正理，兼破索達吉師徒《般若鋒兮金剛焰》。
釋正安 法師著　俟正覺電子報連載後結集出版

★ 上列贈書之郵資，係台灣本島地區郵資，大陸、港、澳地區及外國地區，請另計酌增（大陸、港、澳、國外地區之郵票不許通用）。尚未出版之書，請勿先寄來郵資，以免增加作業煩擾。

★ 本目錄若有變動，唯於後印之書籍及「成佛之道」網站上修正公佈之，不另行個別通知。

函索書籍請寄：佛教正覺同修會　103台北市承德路3段277號9樓
台灣地區函索書籍者請附寄郵票，無時間購買郵票者可以等值現金抵用，但不接受郵政劃撥、支票、匯票。大陸地區得以人民幣計算，國外地區請以美元計算（請勿寄來當地郵票，在台灣地區不能使用）。欲以掛號寄遞者，請另附掛號郵資。

親自索閱：正覺同修會各共修處。　★請於共修時間前往取書，餘時無人在道場，請勿前往索取；共修時間與地點，詳見書末正覺同修會共修現況表（以近期之共修現況表為準）。

註：正智出版社發售之局版書，請向各大書局購閱。若書局之書架上已經售出而無陳列者，請向書局櫃台指定洽購；若書局不便代購者，請於正覺同修會共修時間前往各共修處請購，正智出版社已派人於共修時間送書前往各共修處流通。 郵政劃撥購書及 大陸地區 購書，請詳別頁正智出版社發售書籍目錄最後頁之說明。

成佛之道 網站：http://www.a202.idv.tw　　正覺同修會已出版之結緣書籍，多已登載於 成佛之道 網站，若住外國、或住處遙遠，不便取得正覺同修會贈閱書籍者，可以從本網站閱讀及下載。　　書局版之《宗通與說通》亦已上網，台灣讀者可向書局洽購，售價 300 元。《狂密與眞密》第一輯~第四輯，亦於 2003.5.1.全部於本網站登載完畢；台灣地區讀者請向書局洽購，每輯約 400 頁，售價 300 元（網站下載紙張費用較貴，容易散失，難以保存，亦較不精美）。

＊＊假藏傳佛教修雙身法，非佛教＊＊

正智出版社 籌募弘法基金發售書籍目錄 2015/9/29

1.**宗門正眼**—公案拈提 第一輯 重拈 平實導師著 500元

因重寫內容大幅度增加故，字體必須改小，並增爲576頁 主文546頁。比初版更精彩、更有內容。初版《禪門摩尼寶聚》之讀者，可寄回本公司免費調換新版書。免附回郵，亦無截止期限。（2007年起，每冊附贈本公司精製公案拈提〈超意境〉CD一片。市售價格280元，多購多贈。）

2.**禪淨圓融** 平實導師著 200元（第一版舊書可換新版書。）

3.**真實如來藏** 平實導師著 400元

4.**禪—悟前與悟後** 平實導師著 上、下冊，每冊250元

5.**宗門法眼**—公案拈提 第二輯 平實導師著 500元

（2007年起，每冊附贈本公司精製公案拈提〈超意境〉CD一片）

6.**楞伽經詳解** 平實導師著 全套共10輯 每輯250元

7.**宗門道眼**—公案拈提 第三輯 平實導師著 500元

（2007年起，每冊附贈本公司精製公案拈提〈超意境〉CD一片）

8.**宗門血脈**—公案拈提 第四輯 平實導師著 500元

（2007年起，每冊附贈本公司精製公案拈提〈超意境〉CD一片）

9.**宗通與說通**—成佛之道 平實導師著 主文381頁 全書400頁售價300元

10.**宗門正道**—公案拈提 第五輯 平實導師著 500元

（2007年起，每冊附贈本公司精製公案拈提〈超意境〉CD一片）

11.**狂密與真密 一～四輯** 平實導師著 西藏密宗是人間最邪淫的宗教，本質不是佛教，只是披著佛教外衣的印度教性力派流毒的喇嘛教。此書中將西藏密宗密傳之男女雙身合修樂空雙運所有祕密與修法，毫無保留完全公開，並將全部喇嘛們所不知道的部分也一併公開。內容比大辣出版社喧騰一時的《西藏慾經》更詳細。並且函蓋藏密的所有祕密及其錯誤的中觀見、如來藏見……等，藏密的所有法義都在書中詳述、分析、辨正。每輯主文三百餘頁 每輯全書約400頁 售價每輯300元

12.**宗門正義**—公案拈提 第六輯 平實導師著 500元

（2007年起，每冊附贈本公司精製公案拈提〈超意境〉CD一片）

13.**心經密意**—心經與解脫道、佛菩提道、祖師公案之關係與密意 平實導師述 300元

14.**宗門密意**—公案拈提 第七輯 平實導師著 500元

（2007年起，每冊附贈本公司精製公案拈提〈超意境〉CD一片）

15.**淨土聖道**—兼評「選擇本願念佛」 正德老師著 200元

16.**起信論講記** 平實導師述著 共六輯 每輯三百餘頁 售價各250元

17.**優婆塞戒經講記** 平實導師述著 共八輯 每輯三百餘頁 售價各250元

18.**真假活佛**—略論附佛外道盧勝彥之邪說（對前岳靈犀網站主張「盧勝彥是證悟者」之修正） 正犀居士（岳靈犀）著 流通價140元

19.**阿含正義**—唯識學探源 平實導師著 共七輯 每輯300元

20.**超意境** CD 以平實導師公案拈提書中超越意境之頌詞，加上曲風優美的旋律，錄成令人嚮往的超意境歌曲，其中包括正覺發願文及平實導師親自譜成的黃梅調歌曲一首。詞曲雋永，殊堪翫味，可供學禪者吟詠，有助於見道。內附設計精美的彩色小冊，解說每一首詞的背景本事。每片 280 元。【每購買公案拈提書籍一冊，即贈送一片。】

21.**菩薩底憂鬱** CD 將菩薩情懷及禪宗公案寫成新詞，並製作成超越意境的優美歌曲。 1.主題曲〈菩薩底憂鬱〉，描述地後菩薩能離三界生死而迴向繼續生在人間，但因尚未斷盡習氣種子而有極深沈之憂鬱，非三賢位菩薩及二乘聖者所知，此憂鬱在七地滿心位方才斷盡；本曲之詞中所說義理極深，昔來所未曾見；此曲係以優美的情歌風格寫詞及作曲，聞者得以激發嚮往諸地菩薩境界之大心，詞、曲都非常優美，難得一見；其中勝妙義理之解說，已印在附贈之彩色小冊中。 2.以各輯公案拈提中直示禪門入處之頌文，作成各種不同曲風之超意境歌曲，值得玩味、參究；聆聽公案拈提之優美歌曲時，請同時閱讀內附之印刷精美說明小冊，可以領會超越三界的證悟境界；未悟者可以因此引發求悟之意向及疑情，眞發菩提心而邁向求悟之途，乃至因此眞實悟入般若，成眞菩薩。 3.正覺總持咒新曲，總持佛法大意；總持咒之義理，已加以解說並印在隨附之小冊中。本 CD 共有十首歌曲，長達 63 分鐘。每盒各附贈二張購書優惠券。每片 280 元。

22.**禪意無限** CD 平實導師以公案拈提書中偈頌寫成不同風格曲子，與他人所寫不同風格曲子共同錄製出版，幫助參禪人進入禪門超越意識之境界。盒中附贈彩色印製的精美解說小冊，以供聆聽時閱讀，令參禪人得以發起參禪之疑情，即有機會證悟本來面目而發起實相智慧，實證大乘菩提般若，能如實證知般若經中的眞實意。本 CD 共有十首歌曲，長達 69 分鐘，每盒各附贈二張購書優惠券。每片 280 元。

23.**我的菩提路**第一輯 釋悟圓、釋善藏等人合著 售價 300 元

24.**我的菩提路**第二輯 郭正益、張志成等人合著 售價 300 元

25.**鈍鳥與靈龜**—考證後代凡夫對大慧宗杲禪師的無根誹謗。

平實導師著 共 458 頁 售價 350 元

26.**維摩詰經講記** 平實導師述 共六輯 每輯三百餘頁 售價各 250 元

27.**真假外道**—破劉東亮、杜大威、釋證嚴常見外道見 正光老師著 200 元

28.**勝鬘經講記**—兼論印順《勝鬘經講記》對於《勝鬘經》之誤解。

平實導師述 共六輯 每輯三百餘頁 售價250 元

29.**楞嚴經講記** 平實導師述 共 **15** 輯，每輯三百餘頁 售價 300 元

30.**明心與眼見佛性**—駁慧廣〈蕭氏「眼見佛性」與「明心」之非〉文中謬說

正光老師著 共 448 頁 售價 300 元

31.**見性與看話頭** 黃正倖老師 著，本書是禪宗參禪的方法論。

內文 375 頁，全書 416 頁，售價 300 元。

32.**達賴真面目**—玩盡天下女人 白正偉老師 等著 中英對照彩色精裝大本 800 元

33.**喇嘛性世界**—揭開假藏傳佛教譚崔瑜伽的面紗　張善思 等人著　200元
34.**假藏傳佛教的神話**—性、謊言、喇嘛教　正玄教授編著　200元
35.**金剛經宗通**　平實導師述　共九輯　每輯售價250元。
36.**空行母**—性別、身分定位，以及藏傳佛教。
珍妮·坎貝爾著 呂艾倫 中譯 售價250元
37.**末代達賴**—性交教主的悲歌　張善思、呂艾倫、辛燕編著 售價250元
38.**霧峰無霧**—給哥哥的信　辨正釋印順對佛法的無量誤解
游宗明 老師著　售價250元
39.**第七意識與第八意識？**—穿越時空「超意識」
平實導師述　每冊300元
40.**黯淡的達賴**—失去光彩的諾貝爾和平獎
正覺教育基金會編著　每冊250元
41.**童女迦葉考**—論呂凱文〈佛教輪迴思想的論述分析〉之謬。
平實導師 著　定價180元
42.**人間佛教**—實證者必定不悖三乘菩提
平實導師 述，定價400元
43.**實相經宗通**　平實導師述　共八輯　每輯250元
44.**真心告訴您(一)**—達賴喇嘛在幹什麼？
正覺教育基金會編著　售價250元
45.**中觀金鑑**—詳述應成派中觀的起源與其破法本質
孫正德老師著　分爲上、中、下三冊，每冊250元
46.**佛法入門**—迅速進入三乘佛法大門，消除久學佛法漫無方向之窘境。
○○居士著　將於正覺電子報連載後出版。售價250元
47.**藏傳佛教要義**—《狂密與真密》之簡體字版　平實導師 著 上、下冊
僅在大陸流通　每冊300元
48.**法華經講義**　平實導師述　共二十五輯　每輯300元
已於2015/05/31起開始出版，每二個月出版一輯
49.**西藏「活佛轉世」制度**—附佛、造神、世俗法
許正豐、張正玄老師合著　定價150元
50.**廣論三部曲**　郭正益老師著　　定價150元
51.**真心告訴您(二)**—達賴喇嘛是佛教僧侶嗎？
—補祝達賴喇嘛八十大壽
正覺教育基金會編著　售價300元
52.**廣論之平議**—宗喀巴《菩提道次第廣論》之平議　正雄居士著
約二或三輯　俟正覺電子報連載後結集出版　書價未定
53.**末法導護**—對印順法師中心思想之綜合判攝　正慶老師著　書價未定
54.**菩薩學處**—菩薩四攝六度之要義　陸正元老師著　出版日期未定。
55.**八識規矩頌**詳解　○○居士 註解　出版日期另訂　書價未定。

56.**印度佛教史**—法義與考證。依法義史實評論印順《印度佛教思想史、佛教史地考論》之謬說　正偉老師著　出版日期未定　書價未定
57.**中國佛教史**—依中國佛教正法史實而論。○○老師 著　書價未定。
58.**中論正義**—釋龍樹菩薩《中論》頌正理。
孫正德老師著　出版日期未定　書價未定
59.**中觀正義**—註解平實導師《中論正義頌》。
○○法師（居士）著　出版日期未定　書價未定
60.**佛藏經講記**　平實導師述　出版日期未定　書價未定
61.**阿含經講記**—將選錄四阿含中數部重要經典全經講解之，講後整理出版。
平實導師述　約二輯　每輯300元　出版日期未定
62.**實積經講記**　平實導師述　每輯三百餘頁 優惠價300元 出版日期未定
63.**解深密經講記**　平實導師述 約四輯　將於重講後整理出版
64.**成唯識論略解**　平實導師著　五～六輯　每輯300元　出版日期未定
65.**修習止觀坐禪法要講記**　平實導師述　每輯三百餘頁
將於正覺寺建成後重講、以講記逐輯出版　出版日期未定
66.**無門關**—《無門關》公案拈提　平實導師著　出版日期未定
67.**中觀再論**—兼述印順《中觀今論》謬誤之平議。正光老師著 出版日期未定
68.**輪迴與超度**—佛教超度法會之真義。
○○法師（居士）著　出版日期未定　書價未定
69.**《釋摩訶衍論》平議**—對偽稱龍樹所造《釋摩訶衍論》之平議
○○法師（居士）著　出版日期未定　書價未定
70.**正覺發願文**註解—以真實大願為因 得證菩提
正德老師著　出版日期未定　書價未定
71.**正覺總持咒**—佛法之總持　正圜老師著　出版日期未定　書價未定
72.**涅槃**—論四種涅槃　平實導師著　出版日期未定　書價未定
73.**三自性**—依四食、五蘊、十二因緣、十八界法，說三性三無性。
作者未定　出版日期未定
74.**道品**—從三自性說大小乘三十七道品　作者未定　出版日期未定
75.**大乘緣起觀**—依四聖諦七真如現觀十二緣起 作者未定　出版日期未定
76.**三德**—論解脫德、法身德、般若德。　作者未定　出版日期未定
77.**真假如來藏**—對印順《如來藏之研究》謬說之平議　作者未定 出版日期未定
78.**大乘道次第**　作者未定　出版日期未定　書價未定
79.**四緣**—依如來藏故有四緣。　作者未定　出版日期未定
80.**空之探究**—印順《空之探究》謬誤之平議　作者未定 出版日期未定
81.**十法義**—論阿含經中十法之正義　作者未定　出版日期未定
82.**外道見**—論述外道六十二見　作者未定　出版日期未定

正智出版社有限公司書籍介紹

禪淨圓融：言淨土諸祖所未曾言，示諸宗祖師所未曾示；禪淨圓融，另闢成佛捷徑，兼顧自力他力，闡釋淨土門之速行易行道，亦同時揭櫫聖教門之速行易行道；令廣大淨土行者得免緩行難證之苦，亦令聖道門行者得以藉著淨土速行道而加快成佛之時劫。乃前無古人之超勝見地，非一般弘揚禪淨法門典籍也，先讀爲快。平實導師著 200元。

宗門正眼—**公案拈提**第一輯：繼承克勤圜悟大師碧巖錄宗旨之禪門鉅作。先則舉示當代大法師之邪說，消弭當代禪門大師鄉愿之心態，摧破當今禪門「世俗禪」之妄談；次則旁通教法，表顯宗門正理；繼以道之次第，消弭古今狂禪；後藉言語及文字機鋒，直示宗門入處。悲智雙運，禪味十足，數百年來難得一睹之禪門鉅著也。平實導師著 500元（原初版書《禪門摩尼寶聚》，改版後補充爲五百餘頁新書，總計多達二十四萬字，內容更精彩，並改名爲《宗門正眼》，讀者原購初版《禪門摩尼寶聚》皆可寄回本公司免費換新，免附回郵，亦無截止期限）（2007年起，凡購買公案拈提第一輯至第七輯，每購一輯皆贈送本公司精製公案拈提〈超意境〉CD一片，市售價格280元，多購多贈）。

禪—悟前與悟後：本書能建立學人悟道之信心與正確知見，圓滿具足而有次第地詳述禪悟之功夫與禪悟之內容，指陳參禪中細微淆訛之處，能使學人明自眞心、見自本性。若未能悟入，亦能以正確知見辨別古今中外一切大師究係眞悟？或屬錯悟？便有能力揀擇，捨名師而選明師，後時必有悟道之緣。一旦悟道，遲者七次人天往返，便出三界，速者一生取辦。學人欲求開悟者，不可不讀。　平實導師著。上、下冊共500元，單冊250元。

眞實如來藏：如來藏眞實存在，乃宇宙萬有之本體，並非印順法師、達賴喇嘛等人所說之「唯有名相、無此心體」。如來藏是涅槃之本際，是一切有智之人竭盡心智、不斷探索而不能得之生命實相；是古今中外許多大師自以爲悟而當面錯過之生命實相。如來藏即是阿賴耶識，乃是一切有情本自具足、不生不滅之眞實心。當代中外大師於此書出版之前所未能言者，作者於本書中盡情流露、詳細闡釋。眞悟者讀之，必能增益悟境、智慧增上；錯悟者讀之，必能檢討自己之錯誤，免犯大妄語業；未悟者讀之，能知參禪之理路，亦能以之檢查一切名師是否眞悟。此書是一切哲學家、宗教家、學佛者及欲昇華心智之人必讀之鉅著。　平實導師著　售價400元。

宗門法眼—**公案拈提**第二輯：列舉實例，闡釋土城廣欽老和尚之悟處；並直示這位不識字的老和尚妙智橫生之根由，繼而剖析禪宗歷代大德之開悟公案，解析當代密宗高僧卡盧仁波切之錯悟證據，並例舉當代顯宗高僧、大居士之錯悟證據（凡健在者，爲免影響其名聞利養，皆隱其名）。藉辨正當代名師之邪見，向廣大佛子指陳禪悟之正道，彰顯宗門法眼。悲勇兼出，強捋虎鬚；慈智雙運，巧探驪龍；摩尼寶珠在手，直示宗門入處，禪味十足；若非大悟徹底，不能爲之。禪門精奇人物，允宜人手一冊，供作參究及悟後印證之圭臬。本書於2008年4月改版，增寫為大約500頁篇幅，以利學人研讀參究時更易悟入宗門正法，以前所購初版首刷及初版二刷舊書，皆可免費換取新書。平實導師著 500元（2007年起，凡購買公案拈提第一輯至第七輯，每購一輯皆贈送本公司精製公案拈提〈超意境〉CD一片，市售價格280元，多購多贈）。

宗門道眼—**公案拈提**第三輯：繼宗門法眼之後，再以金剛之作略、慈悲之胸懷、犀利之筆觸，舉示寒山、拾得、布袋三大士之悟處，消弭當代錯悟者對於寒山大士……等之誤會及誹謗。亦舉出民初以來與虛雲和尚齊名之蜀郡鹽亭袁煥仙夫子——南懷瑾老師之師，其「悟處」何在？並蒐羅許多眞悟祖師之證悟公案，顯示禪宗歷代祖師之睿智，指陳部分祖師、奧修及當代顯密大師之謬悟，作爲殷鑑，幫助禪子建立及修正參禪之方向及知見。假使讀者閱此書已，一時尚未能悟，亦可一面加功用行，一面以此宗門道眼辨別眞假善知識，避開錯誤之印證及歧路，可免大妄語業之長劫慘痛果報。欲修禪宗之禪者，務請細讀。平實導師著 售價500元（2007年起，凡購買公案拈提第一輯至第七輯，每購一輯皆贈送本公司精製公案拈提〈超意境〉CD一片，市售價格280元，多購多贈）。

楞伽經詳解：本經是禪宗見道者印證所悟眞僞之根本經典，亦是禪宗見道者悟後起修之依據經典；故達摩祖師於印證二祖慧可大師之後，將此經典連同佛缽祖衣一併交付二祖，令其依此經典佛示金言、進入修道位，修學一切種智。由此可知此經對於眞悟之人修學佛道，是非常重要之一部經典。此經能破外道邪說，亦破佛門中錯悟名師之謬說，亦破禪宗部分祖師之狂禪：不讀經典、一向主張「一悟即成究竟佛」之謬執。並開示愚夫所行禪、觀察義禪、攀緣如禪、如來禪等差別，令行者對於三乘禪法差異有所分辨；亦糾正禪宗祖師古來對於如來禪之誤解，嗣後可免以訛傳訛之弊。此經亦是法相唯識宗之根本經典，禪者悟後欲修一切種智而入初地者，必須詳讀。平實導師著，全套共十輯，已全部出版完畢，每輯主文約320頁，每冊約352頁，定價250元。

宗門血脈—**公案拈提第四輯**：末法怪象—許多修行人自以爲悟，每將無念靈知認作眞實；崇尚二乘法諸師及其徒眾，則將外於如來藏之緣起性空—無因論之無常空、斷滅空、一切法空—錯認爲 佛所說之般若空性。這兩種現象已於當今海峽兩岸及美加地區顯密大師之中普遍存在；人人自以爲悟，心高氣壯，便敢寫書解釋祖師證悟之公案，大多出於意識思惟所得，言不及義，錯誤百出，因此誤導廣大佛子同陷大妄語之地獄業中而不能自知。彼等書中所說之悟處，其實處處違背第一義經典之聖言量。彼等諸人不論是否身披袈裟，都非佛法宗門血脈，或雖有禪宗法脈之傳承，亦只徒具形式；猶如螟蛉，非眞血脈，未悟得根本眞實故。禪子欲知佛、祖之眞血脈者，請讀此書，便知分曉。平實導師著，主文452頁，全書464頁，定價500元（2007年起，凡購買公案拈提第一輯至第七輯，每購一輯皆贈送本公司精製公案拈提〈超意境〉CD一片，市售價格280元，多購多贈）。

宗通與說通：古今中外，錯誤之人如麻似粟，每以常見外道所說之靈知心，認作眞心；或妄想虛空之勝性能量爲眞如，或錯認物質四大元素藉冥性（靈知心本體）能成就吾人色身及知覺，或認初禪至四禪中之了知心爲不生不滅之涅槃心。此等皆非通宗者之見地。復有錯悟之人一向主張「宗門與教門不相干」，此即尚未通達宗門之人也。其實宗門與教門互通不二，宗門所證者乃是眞如與佛性，教門所說者乃說宗門證悟之眞如佛性，故教門與宗門不二。本書作者以宗教二門互通之見地，細說「宗通與說通」，從初見道至悟後起修之道、細說分明；並將諸宗諸派在整體佛教中之地位與次第，加以明確之教判，學人讀之即可了知佛法之梗概也。欲擇明師學法之前，允宜先讀。平實導師著，主文共381頁，全書392頁，只售成本價300元。

宗門正道—**公案拈提**第五輯：修學大乘佛法有二果須證解脫果及大菩提果。二乘人不證大菩提果，唯證解脫果；此果之智慧，名爲聲聞菩提、緣覺菩提。大乘佛子所證二果之菩提果爲佛菩提，故名大菩提果，其慧名爲一切種智函蓋二乘解脫果。然此大乘二果修證，須經由禪宗之宗門證悟方能相應。而宗門證悟極難，自古已然；其所以難者，咎在古今佛教界普遍存在三種邪見：1.以修定認作佛法，2.以無因論之緣起性空—否定涅槃本際如來藏以後之一切法空作爲佛法，3.以常見外道邪見（離語言妄念之靈知性）作爲佛法。如是邪見，或因自身正見未立所致，或因邪師之邪教導所致，或因無始劫來虛妄熏習所致。若不破除此三種邪見，永劫不悟宗門眞義、不入大乘正道，唯能外門廣修菩薩行。平實導師於此書中，有極爲詳細之說明，有志佛子欲摧邪見、入於內門修菩薩行者，當閱此書。主文共496頁，全書512頁。售價500元（2007年起，凡購買公案拈提第一輯至第七輯，每購一輯皆贈送本公司精製公案拈提〈超意境〉CD一片，市售價格280元，多購多贈）。

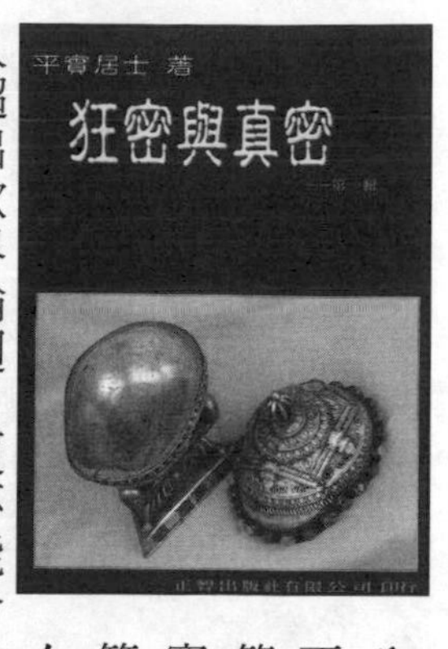

狂密與真密：密教之修學，皆由有相之觀行法門而入，其最終目標仍不離顯教經典所說第一義諦之修證；若離顯教第一義經典、或違背顯教第一義經典，即非佛教。西藏密教之觀行法，如灌頂、觀想、遷識法、寶瓶氣、大聖歡喜雙身修法、喜金剛、無上瑜伽、大樂光明、樂空雙運等，皆是印度教兩性生生不息思想之轉化，自始至終皆以如何能運用交合淫樂之法達到全身受樂爲其中心思想，純屬欲界五欲的貪愛，不能令人超出欲界輪迴，更不能令人斷除我見；何況大乘之明心與見性，更無論矣！故密宗之法絕非佛法也。而其明光大手印、大圓滿法教，又皆同以常見外道所說離語言妄念之無念靈知心錯認爲佛地之眞如，不能直指不生不滅之眞如。西藏密宗所有法王與徒眾，都尚未開頂門眼，不能辨別眞僞，以依人不依法、依密續不依經典故，不肯將其上師喇嘛所說對照第一義經典，純依密續之藏密祖師所說爲準，因此而誇大其證德與證量，動輒謂彼祖師上師爲究竟佛、爲地上菩薩；如今台海兩岸亦有自謂其師證量高於 釋迦文佛者，然觀其師所述，猶未見道，仍在觀行即佛階段，尚未到禪宗相似即佛、分證即佛階位，竟敢標榜爲究竟佛及地上法王，誑惑初機學人。凡此怪象皆是狂密，不同於眞密之修行者。近年狂密盛行，密宗行者被誤導者極眾，動輒自謂已證佛地眞如，自視爲究竟佛，陷於大妄語業中而不知自省，反謗顯宗眞修實證者之證量粗淺；或如義雲高與釋性圓…等人，於報紙上公然誹謗眞實證道者爲「騙子、無道人、人妖、癩蛤蟆…」等，造下誹謗大乘勝義僧之大惡業；或以外道法中有爲有作之甘露、魔術……等法，誑騙初機學人，狂言彼外道法爲眞佛法。如是怪象，在西藏密宗及附藏密之外道中，不一而足，舉之不盡，學人宜應愼思明辨，以免上當後又犯毀破菩薩戒之重罪。密宗學人若欲遠離邪知邪見者，請閱此書，即能了知密宗之邪謬，從此遠離邪見與邪修，轉入眞正之佛道。平實導師著 共四輯 每輯約400頁（主文約340頁）每輯售價300元。

宗門正義—公案拈提第六輯：佛教有六大危機，乃是藏密化、世俗化、膚淺化、學術化、宗門密意失傳、悟後進修諸地之次第混淆；其中尤以宗門密意之失傳，爲當代佛教最大之危機。由宗門密意失傳故，易令世尊本懷普被錯解，易令世尊正法被轉易爲外道法，以及加以淺化、世俗化，是故宗門密意之廣泛弘傳與具緣佛弟子，極爲重要。然而欲令宗門密意之廣泛弘傳予具緣之佛弟子者，必須同時配合錯誤知見之解析、普令佛弟子知之，然後輔以公案解析之直示入處，方能令具緣之佛弟子悟入。而此二者，皆須以公案拈提之方式爲之，方易成其功、竟其業，是故平實導師續作宗門正義一書，以利學人。全書500餘頁，售價500元（2007年起，凡購買公案拈提第一輯至第七輯，每購一輯皆贈送本公司精製公案拈提〈超意境〉CD一片，市售價格280元，多購多贈）。

心經密意—心經與解脫道、佛菩提道、祖師公案之關係與密意。二乘菩提所證之解脫道，實依第八識心之斷除煩惱障現行而立解脫之名；大乘菩提所證之佛菩提道，實依親證第八識如來藏之涅槃性、清淨自性、及其中道性而立般若之名；禪宗祖師公案所證之眞心，即是此第八識如來藏；是故三乘佛法所修所證之三乘菩提，皆依此如來藏心而立名也。此第八識心，即是《心經》所說之心也。證得此如來藏已，即能漸入大乘佛菩提道，亦可因證知此心而了知二乘無學所不能知之無餘涅槃本際，是故《心經》之密意，與三乘佛菩提之關係極爲密切、不可分割，三乘佛法皆依此心而立名故。今者平實導師以其所證解脫道之無生智及佛菩提之般若種智，將《心經》與解脫道、佛菩提道、祖師公案之關係與密意，以演講之方式，用淺顯之語句和盤托出，發前人所未言，呈三乘菩提之眞義，令人藉此《心經密意》一舉而窺三乘菩提之堂奧，迥異諸方言不及義之說；欲求眞實佛智者、不可不讀！主文317頁，連同跋文及序文…等共384頁，售價300元。

宗門密意—公案拈提第七輯：佛教之世俗化，將導致學人以信仰作爲學佛，則將以感應及世間法之庇祐，作爲學佛之主要目標，不能了知學佛之主要目標爲親證三乘菩提。大乘菩提則以般若實相智慧爲主要修習目標，以二乘菩提解脫道爲附帶修習之標的；是故學習大乘法者，應以禪宗之證悟爲要務，能親入大乘菩提之實相般若智慧中故，般若實相智慧非二乘聖人所能知故。此書則以台灣世俗化佛教之三大法師，說法似是而非之實例，配合眞悟祖師之公案解析，提示證悟般若之關節，令學人易得悟入。平實導師著，全書五百餘頁，售價500元（2007年起，凡購買公案拈提第一輯至第七輯，每購一輯皆贈送本公司精製公案拈提〈超意境〉CD一片，市售價格280元，多購多贈）。

淨土聖道—兼評日本本願念佛：佛法甚深極廣，般若玄微，非諸二乘聖僧所能知之，一切凡夫更無論矣！所謂一切證量皆歸淨土是也！是故大乘法中「聖道之淨土、淨土之聖道」，其義甚深，難可了知；乃至眞悟之人，初心亦難知也。今有正德老師眞實證悟後，復能深探淨土與聖道之緊密關係，憐憫眾生之誤會淨土實義，亦欲利益廣大淨土行人同入聖道，同獲淨土中之聖道門要義，乃振奮心神、書以成文，今得刊行天下。主文279頁，連同序文等共301頁，總有十一萬六千餘字，正德老師著，成本價200元。

起信論講記：詳解大乘起信論**心生滅門**與**心眞如門**之眞實意旨，消除以往大師與學人對起信論所說**心生滅門**之誤解，由是而得了知眞心如來藏之非常非斷中道正理；亦因此一講解，令此論以往隱晦而被誤解之眞實義，得以如實顯示，令大乘佛菩提道之正理得以顯揚光大；初機學者亦可藉此正論所顯示之法義，對大乘法理生起正信，從此得以眞發菩提心，眞入大乘法中修學，世世常修菩薩正行。平實導師演述，共六輯，都已出版，每輯三百餘頁，售價各250元。

優婆塞戒經講記：本經詳述在家菩薩修學大乘佛法，應如何受持菩薩戒？對人間善行應如何看待？對三寶應如何護持？應如何正確地修集此世後世證法之福德？應如何修集後世「行菩薩道之資糧」？並詳述第一義諦之正義：五蘊非我非異我、自作自受、異作異受、不作不受……等深妙法義，乃是修學大乘佛法、行菩薩行之在家菩薩所應當了知者。出家菩薩今世或未來世登地已，捨報之後多數將如華嚴經中諸大菩薩，以在家菩薩身而修行菩薩行，故亦應以此經所述正理而修之，配合《楞伽經、解深密經、楞嚴經、華嚴經》等道次第正理，方得漸次成就佛道；故此經是一切大乘行者皆應證知之正法。平實導師講述，每輯三百餘頁，售價各250元；共八輯，已全部出版。

真假活佛—略論附佛外道盧勝彥之邪說：人人身中都有眞活佛，永生不滅而有大神用，但眾生都不了知，所以常被身外的西藏密宗假活佛籠罩欺瞞。本來就眞實存在的眞活佛，才是眞正的密宗無上密！諾那活佛因此而說禪宗是大密宗，但藏密的所有活佛都不知道、也不曾實證自身中的眞活佛。本書詳實宣示眞活佛的道理，舉證盧勝彥的「佛法」不是眞佛法，也顯示盧勝彥是假活佛，直接的闡釋第一義佛法見道的眞實正理。眞佛宗的所有上師與學人們，都應該詳細閱讀，包括盧勝彥個人在內。正犀居士著，優惠價140元。

阿含正義—唯識學探源：廣說四大部《阿含經》諸經中隱說之眞正義理，一一舉示佛陀本懷，令阿含時期初轉法輪根本經典之眞義，如實顯現於佛子眼前。並提示末法大師對於阿含眞義誤解之實例，一一比對之，證實唯識增上慧學確於原始佛法之阿含諸經中已隱覆密意而略說之，證實 世尊確於原始佛法中已曾密意而說第八識如來藏之總相；亦證實 世尊在四阿含中已說此藏識是名色十八界之因、之本—證明如來藏是能生萬法之根本心。佛子可據此修正以往受諸大師（譬如西藏密宗應成派中觀師：印順、昭慧、性廣、大願、達賴、宗喀巴、寂天、月稱、……等人）誤導之邪見，建立正見，轉入正道乃至親證初果而無困難；書中並詳說三果所證的**心解脫**，以及四果**慧解脫**的親證，都是如實可行的具體知見與行門。全書共七輯，已出版完畢。平實導師著，每輯三百餘頁，售價300元。

超意境CD：以平實導師公案拈提書中超越意境之頌詞，加上曲風優美的旋律，錄成令人嚮往的超意境歌曲，其中包括正覺發願文及平實導師親自譜成的黃梅調歌曲一首。詞曲雋永，殊堪翫味，可供學禪者吟詠，有助於見道。內附設計精美的彩色小冊，解說每一首詞的背景本事。每片280元。【每購買公案拈提書籍一冊，即贈送一片。】

鈍鳥與靈龜：鈍鳥及靈龜二物，被宗門證悟者說爲二種人：前者是精修禪定而無智慧者，也是以定爲禪的愚癡禪人；後者是或有禪定、或無禪定的宗門證悟者，凡已證悟者皆是靈龜。但後來被人虛造事實，用以嘲笑大慧宗杲禪師，說他雖是靈龜，卻不免被天童禪師預記「患背」痛苦而亡：「鈍鳥離巢易，靈龜脫殼難。」藉以貶低大慧宗杲的證量。同時將天童禪師實證如來藏的證量，曲解爲意識境界的離念靈知。自從大慧禪師入滅以後，錯悟凡夫對他的不實毀謗就一直存在著，不曾止息，並且捏造的假事實也隨著年月的增加而越來越多，終至編成「鈍鳥與靈龜」的假公案、假故事。本書是考證大慧與天童之間的不朽情誼，顯現這件假公案的虛妄不實；更見大慧宗杲面對惡勢力時的正直不阿，亦顯示大慧對天童禪師的至情深義，將使後人對大慧宗杲的誣謗至此而止，不再有人誤犯毀謗賢聖的惡業。書中亦舉證宗門的所悟確以第八識如來藏爲標的，詳讀之後必可改正以前被錯悟大師誤導的參禪知見，日後必定有助於實證禪宗的開悟境界，得階大乘眞見道位中，即是實證般若之賢聖。全書459頁，售價350元。

我的菩提路第一輯：凡夫及二乘聖人不能實證的佛菩提證悟，末法時代的今天仍然有人能得實證，由正覺同修會釋悟圓、釋善藏法師等二十餘位實證如來藏者所寫的見道報告，已爲當代學人見證宗門正法之絲縷不絕，證明大乘義學的法脈仍然存在，爲末法時代求悟般若之學人照耀出光明的坦途。由二十餘位大乘見道者所繕，敘述各種不同的學法、見道因緣與過程，參禪求悟者必讀。全書三百餘頁，售價300元。

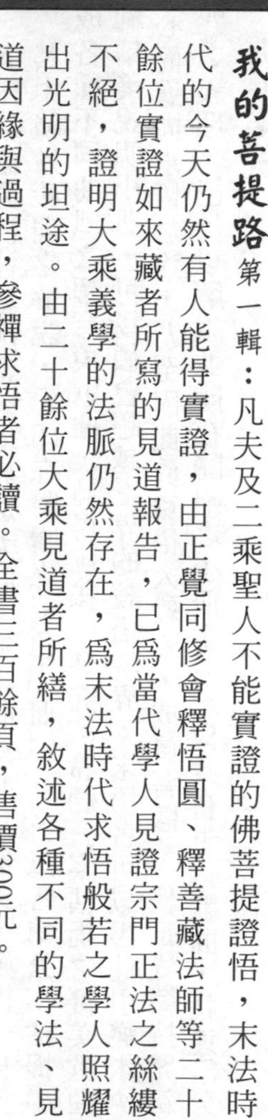

我的菩提路第二輯：由郭正益老師等人合著，書中詳述彼等諸人歷經各處道場學法，一一修學而加以檢擇之不同過程以後，因閱讀正覺同修會、正智出版社書籍而發起抉擇分，轉入正覺同修會中修學；乃至學法及見道之過程，都一一詳述之。其中張志成等人係由前現代禪轉進正覺同修會，張志成原爲現代禪副宗長，以前未閱本會書籍時，曾被人藉其名義著文評論平實導師（詳見《宗通與說通》辨正及《眼見佛性》書末附錄…等）；後因偶然接觸正覺同修會書籍，深覺以前聽人評論平實導師之語不實，於是投入極多時間閱讀本會書籍、深入思辨，詳細探索中觀與唯識之關聯與異同，認爲正覺之法義方是正法，深覺相應；亦解開多年來對佛法的迷雲，確定應依八識論正理修學方是正法。乃不顧面子，毅然前往正覺同修會面見平實導師懺悔，並正式學法求悟。今已與其同修王美伶（亦爲前現代禪傳法老師），同樣證悟如來藏而證得法界實相，生起實相般若眞智。此書中尙有七年來本會第一位眼見佛性者之見性報告一篇，一同供養大乘佛弟子。全書四百頁，售價300元。

維摩詰經講記：本經係 世尊在世時，由等覺菩薩維摩詰居士藉疾病而演說之大乘菩提無上妙義，所說函蓋甚廣，然極簡略，是故今時諸方大師與學人讀之悉皆錯解，何況能知其中隱含之深妙正義，是故普遍無法爲人解說；若強爲人說，則成依文解義而有諸多過失。今由平實導師公開宣講之後，詳實解釋其中密意，令維摩詰菩薩所說大乘不可思議解脫之深妙正法得以正確宣流於人間，利益當代學人及與諸方大師。書中詳實演述大乘佛法深妙不共二乘之智慧境界，顯示諸法之中絕待之實相境界，建立大乘菩薩妙道於永遠不敗不壞之地，以此成就護法偉功，欲冀永利娑婆人天。已經宣講圓滿整理成書流通，以利諸方大師及諸學人。全書共六輯，每輯三百餘頁，售價各250元。

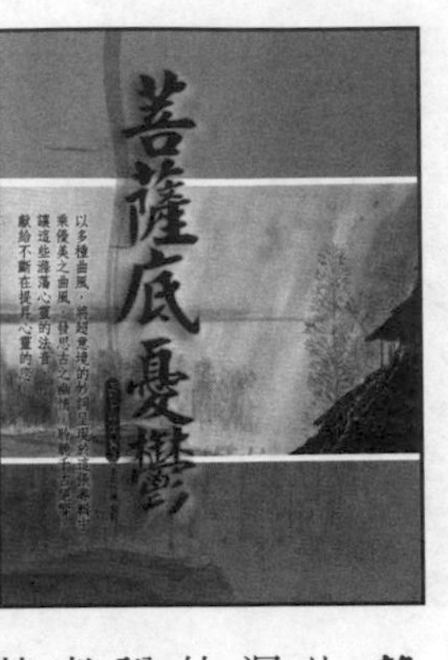

菩薩底憂鬱ＣＤ將菩薩情懷及禪宗公案寫成新詞，並製作成超越意境的優美歌曲。1.主題曲〈菩薩底憂鬱〉，描述地後菩薩能離三界生死而迴向繼續生在人間，但因尚未斷盡習氣種子而有極深沈之憂鬱，非三賢位菩薩及二乘聖者所知，此憂鬱在七地滿心位方才斷盡；本曲之詞中所說義理極深，昔來所未曾見；此曲係以優美的情歌風格寫詞及作曲，聞者得以激發嚮往諸地菩薩境界之大心，詞、曲都非常優美，難得一見；其中勝妙義理之解說，已印在附贈之彩色小冊中。2.以各輯公案拈提中直示禪門入處之頌文，作成各種不同曲風之超意境歌曲，值得玩味、參究；聆聽公案拈提之優美歌曲時，請同時閱讀內附之印刷精美說明小冊，可以領會超越三界的證悟境界；未悟者可以因此引發求悟之意向及疑情，眞發菩提心而邁向求悟之途，乃至因此眞實悟入般若，成眞菩薩。3.正覺總持咒新曲，總持佛法大意；總持咒之義理，已加以解說並印在隨附之小冊中。本CD共有十首歌曲，長達63分鐘，附贈二張購書優惠券。每片280元。

勝鬘經講記：如來藏爲三乘菩提之所依，若離如來藏心體及其含藏之一切種子，即無三界有情及一切世間法，亦無二乘菩提緣起性空之出世間法；本經詳說無始無明、一念無明皆依如來藏而有之正理，藉著詳解煩惱障與所知障間之關係，令學人深入了知二乘菩提與佛菩提相異之妙理；聞後即可了知佛菩提之特勝處及三乘修道之方向與原理，邁向攝受正法而速成佛道的境界中。平實導師講述，共六輯，每輯三百餘頁，售價各250元。

楞嚴經講記：楞嚴經係密教部之重要經典，亦是顯教中普受重視之經典；經中宣說明心與見性之內涵極爲詳細，將一切法都會歸如來藏及佛性—妙眞如性；亦闡釋佛菩提道修學過程中之種種魔境，以及外道誤會涅槃之狀況，旁及三界世間之起源。然因言句深澀難解，法義亦復深妙寬廣，學人讀之普難通達，是故讀者大多誤會，不能如實理解佛所說之明心與見性內涵，亦因是故多有悟錯之人引爲開悟之證言，成就大妄語罪。今由平實導師詳細講解之後，整理成文，以易讀易懂之語體文刊行天下，以利學人。全書十五輯，全部出版完畢。每輯三百餘頁，售價每輯300元。

售價300元。

明心與眼見佛性：本書細述明心與眼見佛性之異同，同時顯示了中國禪宗破初參明心與重關眼見佛性二關之間的關聯；書中又藉法義辨正而旁述其他許多勝妙法義，讀後必能遠離佛門長久以來積非成是的錯誤知見，令讀者在佛法的實證上有極大助益。也藉慧廣法師的謬論來教導佛門學人回歸正知正見，遠離古今禪門錯悟者所墮的意識境界，非唯有助於斷我見，也對未來的開悟明心實證第八識如來藏有所助益，是故學禪者都應細讀之。游正光老師著　共448頁

見性與看話頭：黃正倖老師的《見性與看話頭》於《正覺電子報》連載完畢，今結集出版。書中詳說禪宗看話頭的詳細方法，並細說看話頭與眼見佛性的關係，以及眼見佛性者求見佛性前必須具備的條件。本書是禪宗實修者追求明心開悟時參禪的方法書，也是求見佛性者作功夫時必讀的方法書，內容兼顧眼見佛性的理論與實修之方法，是依實修之體驗配合理論而詳述，條理分明而且極為詳實、周全、深入。本書內文375頁，全書416頁，售價300元。

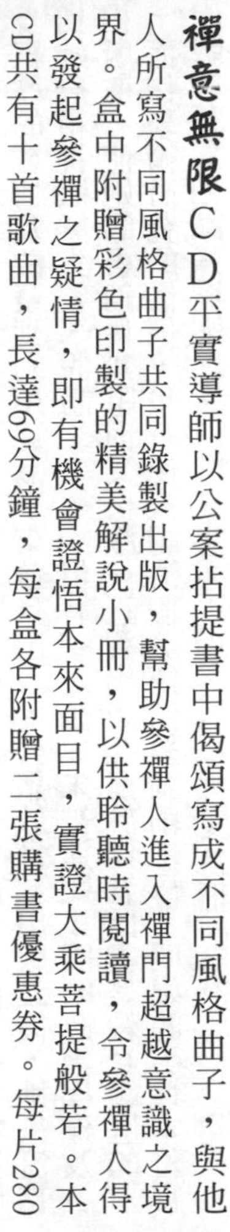

禪意無限CD平實導師以公案拈提書中偈頌寫成不同風格曲子，與他人所寫不同風格曲子共同錄製出版，幫助參禪人進入禪門超越意識之境界。盒中附贈彩色印製的精美解說小冊，以供聆聽時閱讀，令參禪人得以發起參禪之疑情，即有機會證悟本來面目，實證大乘菩提般若。本CD共有十首歌曲，長達69分鐘，每盒各附贈二張購書優惠券。每片280元。

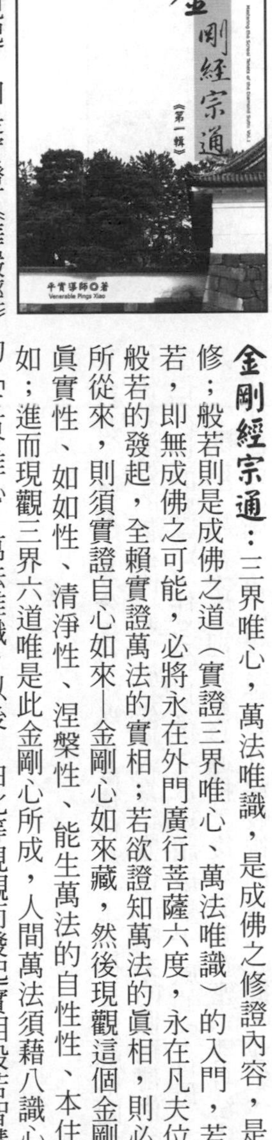

金剛經宗通：三界唯心，萬法唯識，是成佛之修證內容，是諸地菩薩之所修；般若則是成佛之道（實證三界唯心、萬法唯識）的入門，若未證悟實相般若，即無成佛之可能，必將永在外門廣行菩薩六度，永在凡夫位中。然而實相般若的發起，全賴實證萬法的實相；若欲證知萬法的眞相，則必須探究萬法之所從來，則須實證自心如來—金剛心如來藏，然後現觀這個金剛心的金剛性、眞實性、如如性、清淨性、涅槃性、能生萬法的自性性、本住性，名爲證眞如；進而現觀三界六道唯是此金剛心所成，人間萬法須藉八識心王和合運作方能現起。如是實證《華嚴經》的「三界唯心、萬法唯識」以後，由此等現觀而發起實相般若智慧，繼續進修第十住位的如幻觀、第十行位的陽焰觀、第十迴向位的如夢觀，再生起增上意樂而勇發十無盡願，方能滿足三賢位的實證，轉入初地；自知成佛之道而無偏倚，從此按部就班、次第進修乃至成佛。第八識自心如來是般若智慧之所依，般若智慧的修證則要從實證金剛心自心如來開始；《金剛經》則是解說自心如來之經典，是一切三賢位菩薩所應進修之實相般若經典。這一套書，是將平實導師宣講的《金剛經宗通》內容，整理成文字而流通之；書中所說義理，迥異古今諸家依文解義之說，指出大乘見道方向與理路，有益於禪宗學人求開悟見道，及轉入內門廣修六度萬行。講述完畢後結集出版，總共9輯，每輯約三百餘頁，售價各250元。

真假外道：本書具體舉證佛門中的常見外道知見實例，並加以教證及理證上的辨正，幫助讀者輕鬆而快速的了知常見外道的錯誤知見，進而遠離佛門內外的常見外道知見，因此即能改正修學方向而快速實證佛法。游正光老師著。成本價200元。

空行母—性別、身分定位，以及藏傳佛教：本書作者爲蘇格蘭哲學家，因爲嚮往佛教深妙的哲學內涵，於是進入當年盛行於歐美的假藏傳佛教密宗，擔任卡盧仁波切的翻譯工作多年以後，被邀請成爲卡盧的空行母（又名佛母、明妃），開始了她在密宗裡的實修過程；後來發覺在密宗雙身法中的修行，其實無法使自己成佛，也發覺密宗對女性岐視而處處貶抑，並剝奪女性在雙身法中擔任一半角色時應有的身分定位。當她發覺自己只是雙身法中被喇嘛利用的工具，沒有獲得絲毫應有的尊重與基本定位時，發現了密宗的父權社會控制女性的本質；於是作者傷心地離開了卡盧仁波切與密宗，但是卻被恐嚇不許講出她在密宗裡的經歷，也不許她說出自己對密宗的教義與教制下對女性剝削的本質，否則將被咒殺死亡。後來她去加拿大定居，十餘年後方才擺脫這個恐嚇陰影，下定決心將親身經歷的實情及觀察到的事實寫下來並且出版，公諸於世。出版之後，她被流亡的達賴集團人士大力攻訐，誣指她爲精神狀態失常、說謊……等。但有智之士並未被達賴集團的政治操作及各國政府政治運作吹捧達賴的表相所欺，使她的書銷售無阻而又再版。正智出版社鑑於作者此書是親身經歷的事實，所說具有針對「藏傳佛教」而作學術研究的價值，也有使人認清假藏傳佛教剝削佛母、明妃的男性本位實質，因此洽請作者同意中譯而出版於華人地區。珍妮．坎貝爾女士著，呂艾倫 中譯，每冊250元。

霧峰無霧—給哥哥的信：本書作者藉兄弟之間信件往來論義，略述佛法大義；並以多篇短文辨義，舉出釋印順對佛法的無量誤解證據，並一一給予簡單而清晰的辨正，令人一讀即知。久讀、多讀之後即能認清楚釋印順的六識論見解，與眞實佛法之牴觸是多麼嚴重；於是在久讀、多讀之後，於不知不覺之間提升了對佛法的極深入理解，正知正見就在不知不覺間建立起來了。當三乘佛法的正知見建立起來之後，對於三乘菩提的見道條件便將隨之具足，於是聲聞解脫道的見道也就水到渠成；接著大乘見道的因緣也將次第成熟，未來自然也會有親見大乘菩提之道的因緣，悟入大乘實相般若也將自然成功，自能通達般若系列諸經而成實義菩薩。作者居住於南投縣霧峰鄉，自喻見道之後不復再見霧峰之霧，故鄉原野美景一一明見，於是立此書名爲《霧峰無霧》；讀者若欲撥霧見月，可以此書爲緣。游宗明　老師著　售價250元。

假藏傳佛教的神話—性、謊言、喇嘛教：本書編著者是由一首名叫「阿姊鼓」的歌曲爲緣起，展開了序幕，揭開假藏傳佛教—喇嘛教—的神秘面紗。其重點是蒐集、摘錄網路上質疑「喇嘛教」的帖子，以揭穿「假藏傳佛教的神話」爲主題，串聯成書，並附加彩色插圖以及說明，讓讀者們瞭解西藏密宗及相關人事如何被操作爲「神話」的過程，以及神話背後的眞相。作者：張正玄教授。售價200元。

達賴真面目—玩盡天下女人：假使您不想戴綠帽子，請記得詳細閱讀此書；假使您不想讓好朋友戴綠帽子，請您將此書介紹給您的好朋友。假使您想保護家中的女性，也想要保護好朋友的女眷，請記得將此書送給家中的女性和好友的女眷都來閱讀。本書爲印刷精美的大本彩色中英對照精裝本，爲您揭開達賴喇嘛的眞面目，內容精彩不容錯過，爲利益社會大眾，特別以優惠價格嘉惠所有讀者。編著者：白志偉等。大開版雪銅紙彩色精裝本。售價800元。

喇嘛性世界—揭開假藏傳佛教譚崔瑜伽的面紗：這個世界中的喇嘛，號稱來自世外桃源的香格里拉，穿著或紅或黃的喇嘛長袍，散布於我們的身邊傳教灌頂，吸引了無數的人嚮往學習；這些喇嘛虔誠地爲大眾祈福，手中拿著寶杵（金剛）與寶鈴（蓮花），口中唸著咒語：「唵‧嘛呢‧叭咪‧吽……」，咒語的意思是說：「我至誠歸命金剛杵上的寶珠伸向蓮花寶穴之中」！「喇嘛性世界」是什麼樣的「世界」呢？本書將爲您呈現喇嘛世界的面貌。當您發現眞相以後，您將會唸：「噢！喇嘛‧性‧世界，譚崔性交嘛！」作者：張善思、呂艾倫。售價200元。

末代達賴—性交教主的悲歌：簡介從藏傳僞佛教（喇嘛教）的修行核心—性力派男女雙修，探討達賴喇嘛及藏傳僞佛教的修行內涵。書中引用外國知名學者著作、世界各地新聞報導，包含：歷代達賴喇嘛的祕史、達賴六世修雙身法的事蹟，以及《時輪續》中的性交灌頂儀式……等；達賴喇嘛書中開示的雙修法、達賴喇嘛的黑暗政治手段；達賴喇嘛所領導的寺院爆發喇嘛性侵兒童；新聞報導《西藏生死書》作者索甲仁波切性侵女信徒、澳洲喇嘛秋達公開道歉、美國最大假藏傳佛教組織領導人邱陽創巴仁波切的性氾濫，等等事件背後眞相的揭露。作者：張善思、呂艾倫、辛燕。售價250元。

第七意識與第八意識？—穿越時空「超意識」「三界唯心，萬法唯識」是佛教中應該實證的聖教，也是《華嚴經》中明載而可以實證的法界實相。唯心者，三界一切境界、一切諸法唯是一心所成就，即是每一個有情的第八識如來藏，不是意識心。唯識者，即是人類各各都具足的八識心王——眼識、耳鼻舌身意識、意根、阿賴耶識，第八阿賴耶識又名如來藏，人類五陰相應的萬法，莫不由八識心王共同運作而成就，故說萬法唯識。依聖教量及現量、比量，都可以證明意識是二法因緣生，是由第八識藉意根與法塵二法爲因緣而出生，又是夜夜斷滅不存之生滅心，即無可能反過來出生第七識意根、第八識如來藏，當知不可能從生滅性的意識心中，細分出恆審思量的第七識意根，更無可能細分出恆而不審的第八識如來藏。本書是將演講內容整理成文字，細說如是內容，並已在〈正覺電子報〉連載完畢，今彙集成書以廣流通，欲幫助佛門有緣人斷除意識我見，跳脫於識陰之外而取證聲聞初果；嗣後修學禪宗時即得不墮外道神我之中，得以求證第八識金剛心而發起般若實智。平實導師 述，每冊300元。

黯淡的達賴—失去光彩的諾貝爾和平獎：本書舉出很多證據與論述，詳述達賴喇嘛不爲世人所知的一面，顯示達賴喇嘛並不是眞正的和平使者，而是假借諾貝爾和平獎的光環來欺騙世人；透過本書的說明與舉證，讀者可以更清楚的瞭解，達賴喇嘛是結合暴力、黑暗、淫欲於喇嘛教裡的集團首領，其政治行爲與宗教主張，早已讓諾貝爾和平獎的光環染污了。本書由財團法人正覺教育基金會寫作、編輯，由正覺出版社印行，每冊250元。

人間佛教—實證者必定不悖三乘菩提 「大乘非佛說」的講法似乎流傳已久，卻只是日本人企圖擺脫中國正統佛教的影響，而在明治維新時期才開始提出來的說法；台灣佛教、大陸佛教的淺學無智之人，由於未曾實證佛法而迷信日本人錯誤的學術考證，錯認爲這些別有用心的日本佛學考證的講法爲天竺佛教的眞實歷史；甚至還有更激進的反對佛教者提出「釋迦牟尼佛並非眞實存在，只是後人捏造的假歷史人物」，竟然也有少數人願意跟著「學術」的假光環而信受不疑，於是開始有一些佛教界人士造作了反對中國佛教而推崇南洋小乘佛教的行爲，使佛教的信仰者難以檢擇，導致一般大陸人士開始轉入基督教的盲目迷信中。在這些佛教及外教人士之中，也就有一分人根據此邪說而大聲主張「大乘非佛說」的謬論，這些人以「人間佛教」的名義來抵制中國正統佛教，公然宣稱中國的大乘佛教是由聲聞部派佛教的凡夫僧所創造出來的。這樣的說法流傳於台灣及大陸佛教界凡夫僧之中已久，卻非眞正的佛教歷史中曾經發生過的事，只是繼承六識論的聲聞法中凡夫僧依自己的意識境界立場，純憑臆想而編造出來的妄想說法，卻已經影響許多無智之凡夫僧俗信受不移。本書則是從佛教的經藏法義實質及實證的現量內涵本質立論，證明大乘佛法本是佛說，是從《阿含正義》尚未說過的不同面向來討論「人間佛教」的議題，證明「大乘眞佛說」。閱讀本書可以斷除六識論邪見，迴入三乘菩提正道發起實證的因緣；也能斷除禪宗學人學禪時普遍存在之錯誤知見，對於建立參禪時的正知見有很深的著墨。　平實導師　述，內文488頁，全書528頁，定價400元。

童女迦葉考——論呂凱文〈佛教輪迴思想的論述分析〉之謬　童女迦葉是佛世率領五百大比丘遊行於人間的歷史事實，是以童貞行而依止菩薩戒弘化於人間的大菩薩，不依別解脫戒（聲聞戒）來弘化於人間。這是大乘佛教與聲聞佛教同時存在於佛世的歷史明證，證明大乘佛教不是從聲聞法中分裂出來的部派佛教的產物，卻是聲聞佛教分裂出來的部派佛教聲聞凡夫僧所不樂見的史實；於是古今聲聞法中的凡夫都欲加以扭曲而作詭說，更是末法時代高聲大呼「大乘非佛說」的六識論聲聞凡夫極力想要扭曲的佛教史實之一，於是想方設法扭曲迦葉菩薩爲聲聞僧，以及扭曲迦葉童女爲比丘僧等荒謬不實之論著便陸續出現，古時聲聞僧寫作的《分別功德論》是最具體之事例，現代之代表作則是呂凱文先生的〈佛教輪迴思想的論述分析〉論文。鑑於如是假藉學術考證以籠罩大眾之不實謬論，未來仍將繼續造作及流竄於佛教界，繼續扼殺大乘佛教學人法身慧命，必須舉證辨正之，遂成此書。平實導師　著，每冊180元。

中觀金鑑——詳述應成派中觀的起源與其破法本質　學佛人往往迷於中觀學派之不同學說，被應成派與自續派所迷惑；修學般若中觀二十年後自以爲實證般若中觀了，卻仍不曾入門，甫聞實證般若中觀者之所說，則茫無所知，迷惑不解；隨後信心盡失，不知如何實證佛法；凡此，皆因惑於這二派中觀學說所致。自續派中觀所說同於常見，以意識境界立爲第八識如來藏之境界，應成派所說則同於斷見，但又同立意識爲常住法，故亦具足斷常二見。今者孫正德老師有鑑於此，乃將起源於密宗的應成派中觀學說，追本溯源，詳考其來源之外，亦一一舉證其立論內容，詳加辨正，令密宗雙身法祖師以識陰境界而造之應成派中觀學說本質，詳細呈現於學人眼前，令其維護雙身法之目的無所遁形。若欲遠離密宗此二大派中觀謬說，欲於三乘菩提有所進道者，允宜具足閱讀並細加思惟，反覆讀之以後將可捨棄邪道返歸正道，則於般若之實證即有可能，證後自能現觀如來藏之中道境界而成就中觀。本書分上、中、下三冊，每冊250元，已全部出版完畢。

實相經宗通：學佛之目的在於實證一切法界背後之實相，禪宗稱之爲本來面目或本地風光，佛菩提道中稱之爲實相法界；此實相法界即是金剛藏，又名佛法之祕密藏，即是能生有情五陰、十八界及宇宙萬有（山河大地、諸天、三惡道世間）的第八識如來藏，又名阿賴耶識心，即是禪宗祖師所說的眞如心，此心即是三界萬有背後的實相。證得此第八識心時，自能瞭解般若諸經中隱說的種種密意，即得發起實相般若——實相智慧。每見學佛人修學佛法二十年後仍對實相般若茫然無知，亦不知如何入門，茫無所趣；更因不知三乘菩提的互異互同，是故越是久學者對佛法越覺茫然，都肇因於尚未瞭解佛法的全貌，亦未瞭解佛法的修證內容即是第八識心所致。本書對於修學佛法者所應實證的實相境界提出明確解析，並提示趣入佛菩提道的入手處，有心親證實相般若的佛法實修者，宜詳讀之，於佛菩提道之實證即有下手處。平實導師述著，共八輯，全部出版完畢，每輯成本價250元。

真心告訴您（一）——達賴喇嘛在幹什麼？這是一本報導篇章的選集，更是「破邪顯正」的暮鼓晨鐘。「破邪」是戳破假象，說明達賴喇嘛及其所率領的密宗四大派法王、喇嘛們，弘傳的佛法是仿冒的佛法；他們是假藏傳佛教，是坦特羅（譚崔性交）外道法和藏地崇奉鬼神的苯教混合成的「喇嘛教」，推廣的是以所謂「無上瑜伽」的男女雙身法冒充佛法的假佛教，詐財騙色誤導眾生，常常造成信徒家庭破碎、家中兒少失怙的嚴重後果。「顯正」是揭櫫眞相，指出眞正的藏傳佛教只有一個，就是覺囊巴，傳的是　釋迦牟尼佛演繹的第八識如來藏妙法，稱爲他空見大中觀。正覺教育基金會即以此古今輝映的如來藏正法正知見，在眞心新聞網中逐次報導出來，將箇中原委「眞心告訴您」，如今結集成書，與想要知道密宗眞相的您分享。售價250元。

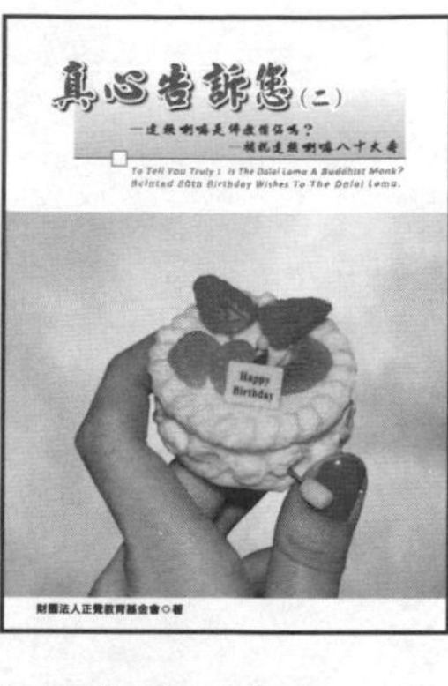

真心告訴您（二）——達賴喇嘛是佛教僧侶嗎？補祝達賴喇嘛八十大壽：這是一本針對當今達賴喇嘛所領導的喇嘛教，冒用佛教名相、於師徒間或師兄姊間，實修男女邪淫，而從佛法三乘菩提的現量與聖教量，揭發其謊言與邪術，證明達賴及其喇嘛教是仿冒佛教的外道，是「假藏傳佛教」。藏密四大派教義雖有「八識論」與「六識論」的表面差異，然其實修之內容，皆共許「無上瑜伽」四部灌頂為究竟「成佛」之法門，也就是共以男女雙修之邪淫法為「即身成佛」之密要，雖美其名曰「欲貪為道」之「金剛乘」，並誇稱其成就超越於（應身佛）釋迦牟尼佛所傳之顯教般若乘之上；然詳考其理論，則或以意識離念時之粗細心為第八識如來藏，或以中脈裡的明點為第八識如來藏，或如宗喀巴與達賴堅決主張第六意識為常恆不變之眞心者，分別墮於外道之常見與斷見中；全然違背 佛說能生五蘊之如來藏的實質。售價300元。

西藏「活佛轉世」制度——附佛、造神、世俗法：歷來關於喇嘛教活佛轉世的研究，多針對歷史及文化兩部分，於其所以成立的理論基礎，較少系統化的探討。尤其是此制度是否依據「佛法」而施設？是否合乎佛法眞實義？現有的文獻人多含糊其詞，或人云亦云，不曾有明確的闡釋與如實的見解。因此本文先從活佛轉世的由來，探索此制度的起源、背景與功能，並進而從活佛的尋訪與認證之過程，發掘活佛轉世的特徵，以確認「活佛轉世」在佛法中應具足何種果德。定價150元。

法華經講義：此書為平實導師始從2009/7/21演述至2014/1/14之講經錄音整理所成。世尊一代時教，總分五時三教，即是華嚴時、聲聞緣覺教、般若教、種智唯識教、法華時；依此五時三教區分為藏、通、別、圓四教。本經是最後一時的圓教經典，圓滿收攝一切法教於本經中，是故最後的圓教聖訓中，特地指出無有三乘菩提，其實唯有一佛乘；皆因眾生愚迷故，方便區分為三乘菩提以助眾生證道。世尊於此經中特地說明如來示現於人間的唯一大事因緣，便是為有緣眾生「開、示、悟、入」諸佛的所知所見——第八識如來藏妙眞如心，並於諸品中隱說「妙法蓮花」如來藏心的密意。然因此經所說甚深難解，眞義隱晦，古來難得有人能窺堂奧；平實導師以知如是密意故，特為末法佛門四眾演述《妙法蓮華經》中各品蘊含之密意，使古來未曾被古德註解出來的「此經」密意，如實顯示於當代學人眼前。乃至〈藥王菩薩本事品〉、〈妙音菩薩品〉、〈觀世音菩薩普門品〉、〈普賢菩薩勸發品〉中的微細密意，亦皆一併詳述之，開前人所未曾言之密意，示前人所未見之妙法。最後乃至以〈法華大意〉而總其成，全經妙旨貫通始終，而依佛旨圓攝於一心如來藏妙心，厥為曠古未有之大說也。平實導師述 已於2015/05/31起開始出版，每二個月出版一輯，共有25輯。每輯300元。

解深密經講記：本經係 世尊晚年第三轉法輪，宣說地上菩薩所應熏修之唯識正義經典，經中所說義理乃是大乘一切種智增上慧學，以阿陀那識—如來藏—阿賴耶識為主體。禪宗之證悟者，若欲修證初地無生法忍乃至八地無生法忍者，必須修學《楞伽經、解深密經》所說之八識心王一切種智；此二經所說正法，方是眞正成佛之道；印順法師否定第八識如來藏之後所說萬法緣起性空之法，是以誤會後之二乘解脫道取代大乘眞正成佛之道，尚且不符二乘解脫道正理，亦已墮於斷滅見中，不可謂為成佛之道也。平實導師曾於本會郭故理事長往生時，於喪宅中從首七開始宣講，於每一七各宣講三小時，至第十七而快速略講圓滿，作為郭老之往生佛事功德，迴向郭老早證八地、速返娑婆住持正法。茲為今時後世學人故，將擇期重講《解深密經》，以淺顯之語句講畢後，將會整理成文，用供證悟者進道；亦令諸方未悟者，據此經中佛語正義，修正邪見，依之速能入道。平實導師述著，全書輯數未定，每輯三百餘頁，將於未來重講完畢後逐輯出版。

佛法入門：學佛人往往修學二十年後仍不知如何入門，茫無所入漫無方向，不知如何實證佛法；更因不知三乘菩提的互異互同之處，導致越是久學者越覺茫然，都是肇因於尚未瞭解佛法的全貌所致。本書對於佛法的全貌提出明確的輪廓，並說明三乘菩提的異同處，讀後即可輕易瞭解佛法全貌，數日內即可明瞭三乘菩提入門方向與下手處。○○菩薩著 出版日期未定。

阿含經講記—小乘解脫道之修證：數百年來，南傳佛法所說證果之不實，所說解脫道之虛妄，所弘解脫道法義之世俗化，皆已少人知之；從南洋傳入台灣與大陸之後，所說法義虛謬之事，亦復少人知之；今時台灣全島印順系統之法師居士，多不知南傳佛法數百年來所說解脫道之義理已然偏斜、已然世俗化、已非眞正之二乘解脫正道，猶極力推崇與弘揚。彼等南傳佛法近代所謂之證果者多非眞實證果者，譬如阿迦曼、葛印卡、帕奧禪師、一行禪師……等人，悉皆未斷我見故。近年更有台灣南部大願法師，高抬南傳佛法之二乘修證行門爲「捷徑究竟解脫之道」者，然而南傳佛法縱使眞修實證，得成阿羅漢，至高唯是二乘菩提解脫之道，絕非究竟解脫，無餘涅槃中之實際尚未得證故，法界之實相尚未了知故，習氣種子待除故，一切種智未實證故，焉得謂爲「究竟解脫」？即使南傳佛法近代眞有實證之阿羅漢，尚且不及三賢位中之七住明心菩薩本來自性清淨涅槃智慧境界，則不能知此賢位菩薩所證之無餘涅槃實際，仍非大乘佛法中之見道者，何況普未實證聲聞果乃至未斷我見之人？謬充證果已屬逾越，更何況是誤會二乘菩提之後，以未斷我見之凡夫知見所說之二乘菩提解脫偏斜法道，焉可高抬爲「究竟解脫」？而且自稱「捷徑之道」？又妄言解脫之道即是成佛之道，完全否定般若實智、否定三乘菩提所依之如來藏心體，此理大大不通也！平實導師爲令修學二乘菩提欲證解脫果者，普得迴入二乘菩提正見、正道中，是故選錄四阿含諸經中，對於二乘解脫道法義有具足圓滿說明之經典，預定未來十年內將會加以詳細講解，令學佛人得以了知二乘解脫道之修證理路與行門，庶免被人誤導之後，未證言證，干犯道禁，成大妄語，欲升反墮。本書首重斷除我見，以助行者斷除我見而實證初果爲著眼之目標，若能根據此書內容，配合平實導師所著《識蘊眞義》《阿含正義》內涵而作實地觀行，實證初果非爲難事，行者可以藉此三書自行確認聲聞初果爲實際可得現觀成就之事。此書中除依二乘經典所說加以宣示外，亦依斷除我見等之證量，及大乘法中道種智之證量，對於意識心之體性加以細述，令諸二乘學人必定得斷我見、常見，免除三縛結之繫縛。次則宣示斷除我執之理，欲令升進而得薄貪瞋痴，乃至斷五下分結…等。平實導師述，共二冊，每冊三百餘頁。每輯300元。

修習止觀坐禪法要講記：修學四禪八定之人，往往錯會禪定之修學知見，欲以無止盡之坐禪而證禪定境界，卻不知修除性障之行門才是修證四禪八定不可或缺之要素，故智者大師云「性障初禪」；性障不除，初禪永不現前，云何修證二禪等？又：行者學定，若唯知數息，而不解六妙門之方便善巧者，欲求一心入定，未到地定極難可得，智者大師名之爲「事障未來」：障礙未到地定之修證。又禪定之修證，不可違背二乘菩提及第一義法，否則縱使具足四禪八定，亦不能實證涅槃而出三界。此諸知見，智者大師於《修習止觀坐禪法要》中皆有闡釋。作者平實導師以其第一義之見地及禪定之實證證量，曾加以詳細解析。將俟正覺寺竣工啓用後重講，不限制聽講者資格；講後將以語體文整理出版。欲修習世間定及增上定之學者，宜細讀之。平實導師述著。

★聲　明★

本社於2015/01/01開始調整本目錄中部分書籍之售價，以因應各項成本的持續增加。

＊喇嘛教修外道雙身法，墮識陰境界，非佛教＊

＊弘揚如來藏他空見的覺囊派才是真正藏傳佛教＊

總經銷： 飛鴻 國際行銷股份有限公司

231 新北市新店區中正路 501 之 9 號 2 樓

Tel.02－82186688（五線代表號） Fax.02-82186458、82186459

零售：1.**全台連鎖經銷書局：**

三民書局、誠品書局、何嘉仁書店

敦煌書店、紀伊國屋、金石堂書局、建宏書局

2.**台北市：**佛化人生 羅斯福路 3 段 325 號 6 樓之 4 台電大樓對面

士林圖書 士林區大東路 86 號

3.**新北市：**春大地書店 **蘆洲**中正路 117 號 明達書局 三重五華街 129 號

4.**桃園市縣：**誠品書局 **桃園市**中正路 20 號遠東百貨地下室一樓

金石堂 **桃園市**大同路 24 號 金石堂 **桃園**八德市介壽路 1 段 987 號

諾貝爾圖書城 **桃園市**中正路 56 號地下室 金義堂 **中壢市**中美路 2 段 82 號

墊腳石文化書店 **中壢市**中正路 89 號 巧巧屋書局 **蘆竹**南崁路 263 號

來電書局 **大溪**慈湖路 30 號 御書堂 **龍潭**中正路 123 號

5.**新竹市縣：**大學書局 **新竹**建功路 10 號 誠品書局 **新竹**東區信義街 68 號

誠品書局 **新竹**東區中央路 229 號 5 樓 誠品書局 **新竹**東區力行二路 3 號

墊腳石文化書店 **新竹**中正路 38 號 金典文化 **竹北**中正西路 47 號

展書堂 **竹東**長春路 3 段 36 號

6.**苗栗市縣：**萬花筒書局**苗栗市**府東路 73 號 展書堂 **竹南**民權街 49-2 號

7.**台中市：** **瑞成**書局、各大連鎖書店。

詠春書局 **台中市**永春東路 884 號 文春書局 **霧峰**中正路 1087 號

8.**彰化市縣：**心泉佛教流通處 **彰化市**南瑤路 286 號

員林鎮：墊腳石圖書文化廣場 中山路 2 段 49 號（04-8338485）

9.**台南市：**博大書局 **新營**三民路 128 號

藝美書局 **善化**中山路 436 號 宏欣書局 **佳里**光復路 214 號

10.**高雄市：**各大連鎖書店、**瑞成**書局

政大書城 **三民區**明仁路 161 號 政大書城 **苓雅區**光華路 148-83 號

明儀書局 **三民區**明福街 2 號 明儀書局 三多四路 63 號

青年書局 青年一路 141 號

11.**宜蘭縣市：**金隆書局 宜蘭市中山路 3 段 43 號

宋太太梅鋪 羅東鎮中正北路 101 號（039-534909）

12.**台東市：**東普佛教文物流通處 台東市博愛路 282 號

13.**其餘鄉鎮市經銷書局：**請電詢總經銷**飛鴻**公司。

14.**大陸地區請洽：**

香港：樂文書店

旺角店 :香港九龍旺角西洋菜街 62 號 3 樓

電話 :(852) 2390 3723 email: luckwinbooks@gmail.com

銅鑼灣店 :香港銅鑼灣駱克道 506 號 2 樓

電話 :(852) 2881 1150 email: luckwinbs@gmail.com

廈門：廈門外圖臺灣書店有限公司

地址：廈門市思明區湖濱南路809 號 廈門外圖書城3 樓 郵編：361004

電話：0592-5061658（臺灣地區請撥打 86-592-5061658）

E-mail：JKB118@188.COM

15.**美國：世界日報圖書部：**紐約圖書部　電話 7187468889#6262

洛杉磯圖書部　電話 3232616972#202

16.**國內外地區網路購書：**

正智出版社 書香園地　http://books.enlighten.org.tw/

（書籍簡介、直接聯結下列網路書局購書）

三民 網路書局　http://www.Sanmin.com.tw

誠品 網路書局　http://www.eslitebooks.com

博客來 網路書局　http://www.books.com.tw

金石堂 網路書局　http://www.kingstone.com.tw

飛鴻 網路書局　http://fh6688.com.tw

附註：1.請儘量向各經銷書局購買：郵政劃撥需要十天才能寄到（本公司在您劃撥後第四天才能接到劃撥單，次日寄出後第四天您才能收到書籍，此八天中一定會遇到週休二日，是故共需十天才能收到書籍）若想要早日收到書籍者，請劃撥完畢後，將劃撥收據貼在紙上，旁邊寫上您的姓名、住址、郵區、電話、買書詳細內容，直接傳眞到本公司 02-28344822，並來電 02-28316727、28327495 確認是否已收到您的傳眞，即可提前收到書籍。 **2**.因台灣每月皆有五十餘種宗教類書籍上架，書局書架空間有限，故唯有新書方有機會上架，通常每次只能有一本新書上架；本公司出版新書，大多上架不久便已售出，若書局未再叫貨補充者，書架上即無新書陳列，則請直接向書局櫃台訂購。 **3**.若書局不便代購時，可於晚上共修時間向正覺同修會各共修處請購（共修時間及地點，詳閱**共修現況表**。每年例行年假期間請勿前往請書，年假期間請見共修現況表）。 **4**.郵購：郵政劃撥帳號 19068241。 **5**.正覺同修會會員購書都以八折計價（戶籍台北市者爲一般會員，外縣市爲護持會員）都可獲得優待，欲一次購買全部書籍者，可以考慮入會，節省書費。入會費一千元（第一年初加入時才需要繳），年費二千元。**6.尚未出版之書籍，請勿預先郵寄書款與本公司，謝謝您！** **7**.若欲一次購齊本公司書籍，或同時取得正覺同修會贈閱之全部書籍者，請於正覺同修會共修時間，親到各共修處請購及索取；**台北市讀者**請洽：103 台北市承德路三段 267 號 10 樓（捷運淡水線 圓山站旁）請書時間：週一至週五爲 18.00~21.00，第一、三、五週週六爲 10.00~21.00，雙週之週六爲 10.00~18.00 請購處專線電話：25957295-分機 14（於請書時間方有人接聽）。

敬告大陸讀者：

大陸讀者購書、索書捷徑（尚未在大陸出版的書籍，以下二個途徑都可以購得，電子書另包括結緣書籍）：

1.**廈門外國圖書公司**：廈門市思明區湖濱南路 809 號 廈門外圖書城 3F
　郵編：361004　電話：0592-5061658　網址：JKB118@188.COM

2.**電子書**：正智出版社有限公司及正覺同修會在台灣印行的各種局版書、結緣書，已有『**正覺電子書**』陸續上線中，提供讀者於手機、平板電腦上購書、下載、閱讀正智出版社、正覺同修會及正覺教育基金會所出版之電子書，詳細訊息敬請參閱『正覺電子書』專頁：
http://books.enlighten.org.tw/ebook

關於平實導師的書訊，請上網查閱：

成佛之道　http://www.a202.idv.tw

正智出版社 書香園地　http://books.enlighten.org.tw/

中國網採訪佛教正覺同修會、正覺教育基金會訊息：

http://big5.china.com.cn/gate/big5/fangtan.china.com.cn/2014-06/19/content_32714638.htm

http://pinpai.china.com.cn/

★ 正智出版社有限公司售書之稅後盈餘，全部捐助財團法人正覺寺籌備處、佛教正覺同修會、正覺教育基金會，供作弘法及購建道場之用；懇請諸方大德支持，功德無量。

★ 聲　明 ★

本社於 2015/01/01 開始調整本目錄中部分書籍之售價，以因應各項成本的持續增加。

＊ 喇嘛教修外道雙身法、墮識陰境界，非佛教 ＊

＊ 弘揚如來藏他空見的覺囊派才是真正藏傳佛教 ＊

售後服務—換書啓事（免附回郵）　2012/09/24

《楞嚴經講記》第 14 輯初版首刷本免費調換新書啓事：本講記第 14 輯出版前因 平實導師諸事繁忙，未將之重新閱讀而只改正校對時發現的錯別字，故未能發覺十年前所說法義有部分錯誤，於第 15 輯付印前重閱時才發覺第 14 輯中有部分錯誤尚未改正。今已重新審閱修改並已重印完成，煩請所有讀者將以前所購第 14 輯初版首刷本，寄回本社免費換新（初版二刷本無錯誤），本社將於寄回新書時同時附上您寄書回來換新時所付的郵資，並在此向所有讀者致上最誠懇的歉意。

《心經密意》初版書免費調換二版新書啓事：本書係演講錄音整理成書，講時因時間所限，省略部分段落未講。後於再版時補寫增加 13 頁，維持原價流通之。茲爲顧及初版讀者權益，自 2003/9/30 開始免費調換新書，原有初版一刷、二刷書籍，皆可寄來本來公司換書。

《宗門法眼》已經增寫改版爲 464 頁新書，2008 年 6 月中旬出版。讀者原有初版之第一刷、第二刷書本，都可以寄回本社免費調換改版新書。改版後之公案及錯悟事例維持不變，但將內容加以增說，較改版前更具有廣度與深度，將更能助益讀者參究實相。

換書者**免附回郵**，亦無截止期限；舊書請寄：111 台北郵政 73-151 號信箱 或 103 台北市承德路三段 267 號 10 樓 正智出版社有限公司。舊書若有塗鴨、殘缺、破損者，仍可換取新書；但缺頁之舊書至少應仍有五分之三頁數，方可換書。所有讀者不必顧念本公司是否有盈餘之問題，都請踴躍寄來換書；本公司成立之目的不是營利，只要能眞實利益學人，即已達到成立及運作之目的。若以郵寄方式換書者，免附回郵；並於寄回新書時，由本社附上您寄來書籍時耗用的郵資。造成您不便之處，再次致上萬分的歉意。

正智出版社有限公司 啓

國家圖書館出版品預行編目資料

實相經宗通／平實導師述. -- 初版. -- 臺北市：
正智, 2014.01 -
冊；　公分

ISBN 978-986-6431-68-5（第1輯：平裝）
ISBN 978-986-6431-78-4（第2輯：平裝）
ISBN 978-986-6431-79-1（第3輯：平裝）
ISBN 978-986-6431-90-6（第4輯：平裝）
ISBN 978-986-5655-00-6（第5輯：平裝）
ISBN 978-986-5655-06-8（第6輯：平裝）
ISBN 978-986-5655-16-7（第7輯：平裝）
ISBN 978-986-5655-31-0（第8輯：平裝）

1.般若部

221.44　　102027143

實相經宗通——第四輯

著述者：平實導師
音文轉換：劉惠莉
校　對：章乃鈞 陳介源 孫淑貞 傅素嫻 王美伶
出版者：正智出版社有限公司
電話：〇二 28327495 28316727（白天）
傳眞：〇二 28344822
111台北郵政 73-151號信箱
郵政劃撥帳號：一九〇六八二四一
正覺講堂：總機〇二 25957295（夜間）
總經銷：聯合發行股份有限公司
231 新北市新店區寶橋路 235 巷 6 弄 6 號 4 樓
電話：〇二 29178022（代表號）
傳眞：〇二 29156275
初版首刷：二〇一四年七月三十一日 二千冊
初版三刷：二〇一五年十月十五日 二千冊
定　價：二五〇元